WORKBOOK FOR FASHION BUYERS

FASHION BUYERS

时装买手
实用手册

（第3版）冷芸 著

中国纺织出版社有限公司

内 容 提 要

鉴于中外零售业态有着诸多差异,因此中外买手的实际工作职责、工作流程及方法也有许多不同。本书特别为国内本土市场的买手而撰写。在通过对本书的系统性学习后,一个零基础的读者有望在国内的鞋服公司成为一位合格的买手助理或者初级买手。本书的第3版在前两版的基础上,适当更新了案例,完善了前两版所欠缺的一些细节,并丰富了与社交电商相关的基本信息。前两版的内容包括:近年来中国零售业态的变化,特别是对互联网业务及品牌集合店的介绍;新型销售模式;如何在全球采购货源及如何在国内外采购不同类型品牌的产品。其他内容还包括买手应该掌握的诸如商品数学、商品企划(基本)、订货会、销售预算等。

本书适合服装专业院校师生及欲从事时装买手相关工作的职场人士使用。

图书在版编目(CIP)数据

时装买手实用手册 / 冷芸著. —3版. —北京:
中国纺织出版社有限公司,2020.5(2025.5重印)
ISBN 978-7-5180-6821-0

Ⅰ.①时… Ⅱ.①冷… Ⅲ.①服装—采购管理—手册
Ⅳ.①F768.3-62

中国版本图书馆CIP数据核字(2019)第217492号

策划编辑:郭慧娟   责任编辑:亢莹莹
责任校对:王蕙莹   责任印制:王艳丽

中国纺织出版社有限公司出版发行
地址:北京市朝阳区百子湾东里A407号楼   邮政编码:100124
销售电话:010—67004422   传真:010—87155801
http://www.c-textilep.com
中国纺织出版社天猫旗舰店
官方微博http://weibo.com/2119887771
北京通天印刷有限责任公司印刷   各地新华书店经销
2011年8月第1版   2016年9月第2版   2020年5月第3版   2025年5月第6次印刷
开本:787×1092   1/16   印张:18
字数:219千字   定价:48.00元

凡购本书,如有缺页、倒页、脱页,由本社图书营销中心调换

自2011年《时装买手实用手册》上市之后，转眼间8年过去了。在这8年里，承蒙读者们的厚爱，本书至今已经更新2版并印刷7次。而同样在这8年里，无论是鞋服业，还是零售业，也经历了巨大的变化。2011年，互联网电商的影响力尚未达到本书第2版印刷时的高峰点（2016年）；而到了现在，传统电商正遭遇流量瓶颈。与此同时，以直播、短视频、社交平台、朋友圈为销售渠道的社交电商又开始逐步走向主流……用"日新月异"来形容当下的时尚零售业一点儿也不为过。每次更新这本书，我都感慨时光的飞逝，以及世界变化之快……这个世界真的已经到了需要我们时刻保持开放以及学习心态的时候，只有这样才不会被世界所淘汰。这也是为什么我与出版社为本书更新了第3版。

虽然世界变化很快，但事物的本质并没有那么容易被改变！比如，零售的本质——"人、场、货的匹配"依然未改变。所被改变的，是"效率"——互联网技术大大提高了这三者之间的匹配效率。而对于买手的工作也是同样的道理。今天的买手所面对的数据量更大了，而且工作节奏也更快了。因此，买手需要使用更多有效的工具来开展自己的工作。但迄今为止买手的工作本质并没有发生变化。买手依然需要通过"企划——采购——运营"这一系列的环节，将与商品相关的各项指标运营到一个相对健康的水准。"千里之行始于足下"。无论世界怎么变化，为自己的专业打好基础依然是亘古不变的道理。而本书主要的作用，仍然是为每一个想成为专业买手的新人打下坚实的买手专业基础。

祝福每一位阅读本书的人，都能够从这本书开始，逐步成长为一位具备优秀职业素养的专业买手！

冷芸

2019年8月15日

前 言

　　非常感谢各位读者的信任！本书第1版于2011年出版后，很快就在两年内重印3次，同时获得中国纺织工业联合会颁发的"2012年度优秀图书奖"。这些成果，离不开出版社的支持及各位读者的信任。在此，首先向出版方——中国纺织出版社的工作人员及各位读者表示由衷的感谢！并期待本书的第2版能够继续得到大家的支持！

　　第2版是在第1版的基础上，根据近5年来中国零售业态的变化，特别是互联网及品牌集合店的迅速发展而做的补充修订。本版除增加了新型销售模式——"品牌集合店"（俗称"买手店"）的线上及线下运营模式，游击店(Pop-up store)与私人沙龙秀（Trunk Show）等；增加了"全球货源采购"，具体讲解如何在国内外采购不同类型品牌的产品，这也是为了适应眼下"品牌集合店"模式的热潮；本版另外还补充了"买手及关联部门"间的合作及沟通问题。市场上大多数相关书籍都比较注重技巧类内容的介绍，而在实际工作中，人际之间的沟通才是最耗费精力的地方，因此本书特别补充了这一方面的内容。

　　若就书中的内容有任何问题，或者意见，欢迎通过本人的微博（冷芸时尚）或者微信公众号（冷芸时尚）联系。

冷芸

2015年11月1日

第 1 版

前 言

　　服装及纺织行业是2008~2009年金融危机下受冲击最严重的行业之一。市场需求的萎缩导致从产业链下游的零售业直至上游的加工业均受到巨大影响。在此种环境下，提升品牌竞争力成为各大服装企业的首要任务。因此，企业对营销类人才必然有了更高的质与量的需求。

　　时装行业对营销类人才的渴望在随着中国市场日益开放及竞争日趋激烈的环境下表现得有增无减。而近年对时装营销专业感兴趣的学生也越来越多。笔者从著名的伦敦时装学院招生处了解到，近两年报考该校时装营销专业的学生数量猛增，但从我国成功录取的学生数量极少。原因是与其他国家的申请学生相比，我国学生的相应资历太薄弱。在我国服装的本科教育到目前为止也只有三十年左右的时间。时装营销在我国高等服装教育中则更是一门新的学科。故无论从教育还是市场需求的角度而言，时装营销类人才的需求空间都是巨大的。

　　目前国内的营销类书籍多为国外引进版或者将国外的相应内容重新编辑后再出版。这些书对我国这一有着独特的政治、经济及文化体系的庞大市场而言，则有些"水土不服"。而针对服装行业的专门类营销出版物则更加少，仅有的几本要么为国外引进版本，缺乏对中国市场的针对性与适应性；要么与普通营销类读本没有太多区别，难以体现"服装"营销中的"服装产品"特点。

　　而时装营销系统中，时装买手是保证与提升商品销售表现的最重要角色之一，并且时装买手现在也是国内目前服装市场最紧俏的岗位之一。

　　鉴于中外零售业态有着本质性的差异，因此中外买手的实际工作职责、工作流程及工作方法也有着诸多不同之处。本书将以西方买手体系为参考，重点介绍符合国内市场实际情况的买手工作内容、方法及流程，以提高针对性与实用性。

　　为了有效提高读者的学习效果，本书中每章都配有丰富的案例，并在每章末列了练习题。请注意作为一门商业学科，买手训练本身具有一定的非标准性与复杂性，本书中的案例和练习的目的是希望加深读者对所学习内容的理解与掌握，但书中所提供的答案均为建议性答案，而非唯一的标准答案。在实际运作中，答案随着实际商业环境及商业要素的改变而改变。请读者在实际工作中予以灵活运用。

冷芸

2011年2月22日

目 录

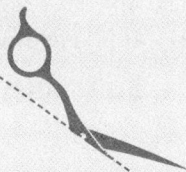

第一章

买手概述

时装买手(Fashion Buyer)在国内属于"年轻的"职业。买手一词最早在国内出现大概是20世纪90年代中早期。尽管买手作为职业在国内已有20多年的历史，但是至今国内服装企业对"买手"一词的理解依然千差万别，甚至许多行业内人士并不清楚买手是干什么的。

其实买手最主要的工作目标就是为各类型的服装零售店铺或者经销渠道组合并采购适当数量与金额的商品。时装买手的核心工作内容全部是围绕"商品"进行的。这样简单的一句概括，实际包含了以下三点要素：

（1）合适的商品，指产品设计符合目标消费者衣着品位、穿着习惯及当地季节气候；商品价格符合目标销售地消费群的购买能力。

（2）商品组合则是指最能够提升并促进销售的商品配搭。比如低、中、高价格的组合，上下装、内外搭配装的组合，时尚款与基本款的组合等。

（3）适当数量与金额则是指所采购的商品数量与金额可以满足销售需求，但也不至于影响企业现金流的周转并给企业带来沉重的库存负担。

为了达到这一工作目标，时装买手需要完成以下工作内容：

（1）通过各种途径了解时尚潮流并选择出符合本地市场的新一年度或者季度的流行趋势。

（2）与供货商谈判并控制进货成本及货品质量。

（3）提供商品计划，为设计部门提供新一季度设计方向与商品需求表。

（4）与销售部及财务部共同制订销售预算并根据销售预算制订货品采购预算。

（5）制订零售价格及促销折扣，从而控制好毛利率及库存。

（6）了解竞争者动态以提升本品牌商品竞争力。

（7）跟踪销售数据并作数据分析。

（8）为新一季度采购商品样品。

（9）参加订货会并订货。

为了完成以上工作内容，买手需要具备以下的基本素质：

（1）既需要拥有对时尚的高度热情，又能够客观冷静地分析市场需求。

（2）商业环境千变万化，专业买手既要讲究严谨的工作原则，又要能够不断适应市场的频繁变化，并且对市场的变化做出快速反应。

（3）既需要对时尚的感性认知，也需要有良好的数字分析能力。

（4）买手通常出差比较频繁，所以需要有很好的体力及适应各地生活的能力。

（5）买手涉及的相关部门很多，包括设计部、生产部、销售部、财务部等部门，又要经常同外部的供应商打交道，所以需要具备很好的协调、沟通与谈判能力。

买手最终是为零售终端服务的。要很好地了解时装买手的工作，就必须先了解其所处的"工作环境"，即"零售市场环境"。本章将介绍零售业态的主要形式及中西方零售市场的主要区别，以及时装买手在企业组织架构中的地位、工作流程、与关联部门之间的沟通，及在我国的职业发展前景。

第一节 | 中西方零售业态

一、服装行业的供应链

从宏观层面来看，服装行业可以分为两大部门：一个是制造部门，完成产品制造过程；另一个是销售部门，完成产品的销售过程。就供应链而言，整个服装业可以分为两大价值链：上游价值链完成制造，下游价值链完成销售。就角色来说，该两大价值链牵涉两个角色："制造商（Manufacturer）"与"销售商（Distributor）"，见图1-1。

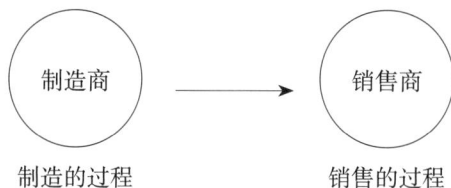

图1-1 服装行业供应链1

随着服装行业的大规模产业化，商品的相似程度提高，市场竞争也越来越激烈，企业开始使用"品牌"概念区分各自的商品及商品特性。

因此，在整个供应链中，又多出个角色："品牌商（Brand Owner）"，见图1-2。

图1-2 服装行业供应链2

从宏观而言，这三个角色就涵盖了整个服装业的供应链。

一家服装企业可以是此供应链三个角色中的某一或者两个角色，也可以承担所有的角色。举例来说，著名的运动用品公司耐克（Nike），就是品牌商。该公司将产品制造及经销全部外包给专业公司，自己则专注于品牌运营，所以行业内人士都称耐克为专业的"营销"（Marketing）公司。而另一服装业巨头Zara品牌，其企业则承担了该品牌的三大运营环节：制造主要由本企业加工厂协同其他外包工厂共同完成；品牌属于企业自有；销售环节则由本企业自建零售渠道完成。这也是为什么Zara能够真正意义上做到对市场"快速反应"的主要原因。在国内，前者以美特斯·邦威为典型，后者则有著名的女鞋企业百丽公司。

图1-2中的供应链反映了服装从"产品"向"商品"流通的过程。在此流通的过程中，产品本身没有什么变化，但其附加值不断被增加，直至最终销售给用户即顾客。因此此供应链也可称为"价值链"。

而国内外服装行业的价值链间最大的不同就是"销售商"这一环节。

销售商分为两种，一种是批发商（Wholesaler），也称为B2B（Business to Business）业务模式。商品进入销售流通环节后，通常由品牌公司将货品批发给专业的销售公司，再由专业的销售公司以再批发或者零售的形式销售给终端顾客。在这种形式中，品牌公司就扮演了批发商的角色，而销售商则可以承担批发与零售两种功能，这类销售商可称为"经销商"（Dealer）或者"分销商"（Distributor）。也有销售商仅承担批发功能，即由销售公司再次批发给其他销售公司（二次批发、三次批发等，这类经销商就被称为"二级经销商"或"三级经销商"）。另一种是仅承担零售功能的销售商，是通过自己的销售渠道直接销售给终端顾客的公司，即为专门的零售商（Retailer），也称为B2C（Business to Consumers）业务模式。

买手属于经销环节中最重要的角色之一。买手所采购的商品，最终要符合终端顾客购买习性与各类需求。

要销售给终端顾客，通常有三个最基本的要素：产品（卖什么）、地点（在哪里卖）、人员（卖给谁，也是我们通常说的"顾客"）。

中西方零售模式中，两者最大的不同，就是销售模式的不同。

（1）西方的中小型独立零售商（很多是类似我们眼中的个体户或中小型家族企业这样类型的规模）比百货商场等超大型零售商更多。而在国内，主流零售业态依然以百货商场渠道为主，近20年出现了大型购物中心这种零售渠道。当然，众所周知，互联网对传统零售业的冲击是巨大的。在这股冲击波中，几乎难有传统品牌公司幸免，包括曾经不可一世的奢侈品公司。曾位居上海零售业老大的太平洋百货公司也抵不过高新技术的冲击，最终沦落为一般百货公司。另外，更多的投资者与创业者开始投入新型零售渠道建设，"品牌集合店"的诞生即是这种趋势的产物。就业市场的不景气，国家对创业的鼓励，以及"80后""90后"青年人的创业欲望，是形成这股创业潮的主要原因。而在这股创业潮的影响下，新秀设计师不断涌现，自然而然，专门销售这类设计师作品的买手店也呼应而出。当然，对于零售来说，任何缺少消费者基础的商业渠道都是不可持续的。

（2）在西方，百货商场通常直接采购（买断或寄卖）品牌商的货品，自己则扮演着货真价实的"零售商"角色——他们销售得到授权的品牌产品给终端顾客，日常的运营工作由商场自己完成。而在国内，百货商场则兼具了"二房东"，即类似于一个"地产商"的角色与部分零售运营的功能。国内的百货商场之所以被称为"二房东"，是因为他们通常会从商业地产商手中承租下一幢楼，然后再以"联合经营"的形式，与国内专业的经销商共同运营品牌。与西方的百货商场相比，国内的百货商场基本不买断任何品牌的经营权，而是以"招商"方式引入经销商。如果一经销商要携带某一品牌进驻商场销售，经销商除了要得到品牌授权方的授权外，还要得到百货商场招商部的确认。进入商场后，品牌的日常运营管理通常由经销商完成，但同时经销商还要听命于百货商场工作人员的管理。百货商场为了商场统一的形象与定位需求，通常在店铺装修、营业员管理、货品管理及促销方面有统一的要求，这大大削弱了经销商管理店铺的自主权。这种由经销商及百货商场共同管理店铺的模式，即为"联合经营"模式。百货商场通常以经销商在该商场的每月业绩为基数提取一定百分比的佣金作为己方的销售收入来源，并且大部分商场常常还要求经销商承诺"最低销售额"，行业内俗称"保底数"。经销商即使实际销售额未达到所承诺的最低销售额，也必须按此最低销售额基数向百货商场缴纳佣金。另外，所有在商场的品牌销售的收银工作也是由商场统一管理的。最后由商场在合同约定的期限内将销售款扣除商场所收取的佣金及杂费后，再返还到经销商的企业账户。而这一流程，无形中延长了经销商的回款周期，增加了经销商企业的现金流负担。有不少中小企业的业务就是因为这个现金流问题而被拖垮的。

国内这种"联合经营"模式与西方的独立零售商最大的区别就是，国内的经销商自主经营权受到百货商场方巨大的影响与限制；而在国外，百货商场本身就是零售商，因此独立性更强。

因此，在中国服装行业的供应链中，有必要再加入一个重要角色——即"地产商"这一角色，也是我们常称为"房东"的人。产品在这一环节没有增加价值，但是这一角色对国内传统零售市场的运作却起着举足轻重的作用。

"品牌商""经销商""地产商"间的双方向箭头循环则表达了在中国这种特殊的零售模式下，各角色相互间的制衡及利益关系。这种相互作用关系常常使得某一市场决策需要得到三个角色共同的确认方可执行。所以销售环节的"经销商"常处于"夹心饼干"的位置，向上要得到"品牌商"的支持，向下则又需要得到"商场"的批准，其独立自主性与西方经销商相比要具有更多挑战性，见图1-3。

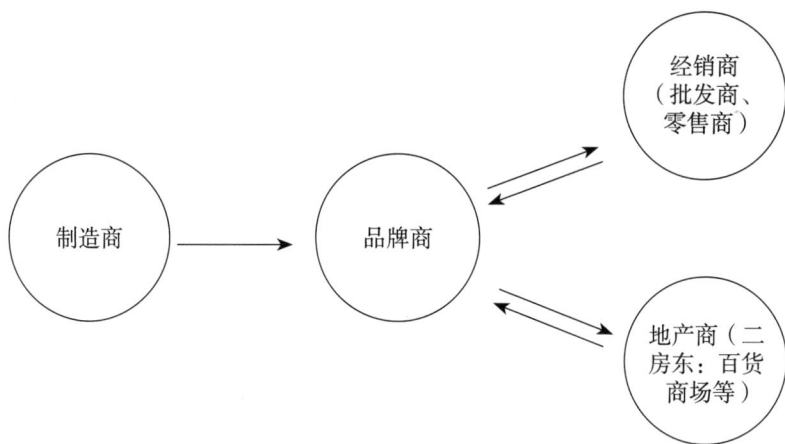

图1-3　服装行业供应链3

（3）在西方市场，"经销商"往往比"品牌商"更具备市场话语权。而在中国，特别是20世纪90年代时，"品牌商"几乎占据了主要话语地位。特别是国外品牌商，当时即便在国外属于二三流级别的甚至根本是无名小辈的品牌，但凡国内经销商听说是"国外"品牌，立刻会给予顶礼膜拜。而当时国内的消费者也更加崇拜贴有"洋"商标的商品（虽然许多是假洋牌）。进入21世纪后，随着中国经济地位的快速提升，国外品牌的大量涌入及本土品牌的迅速成长，现在国内经销商在选择品牌方面已比10多年前成熟与理性许多，并且与品牌商对话时的话语权也加重很多。无论是消费者还是经销商已懂得更加理性地分析品牌及商品，对"洋"品牌的盲目崇拜现象已大大减少。但总体而言，我国经销商体系依然不如西方经销商成熟与完善；在整个供应链中所占的话语权，与西方经销商相比，依然相对处于弱势。特别是面对一些市场影响力较大的国际品牌，国内经销商几乎只有"听从"的权利，这种现象在西方的经销商体系中并不常见。

不过，这些现象在近几年由于互联网的冲击及消费者习性的改变，也在逐步得到改善。首先，不少百货商场开始寻求新的商业模式，包括自己直接经销品牌（而非招募经销商入驻）；甚至，自己开创自有品牌等。其次，由于消费者习性的改变，上海、北京及广州等大都市"80后""90后"青年一代不再喜欢大商场千篇一律的设计，他们更倾向于逛些个性小店，自己组合搭配一些个性装扮，这也是设计师买手店会逐步开始流行的原因之一。这些因素，造成现在的百货商场已经远不如10年前的光景。

二、服装行业主要零售渠道

我国的零售渠道主要有以下几种：

1. 百货商场（Department Store）

百货商场目前依然是我国最为主流的一种传统零售业态（虽然这种业态在近10年受到严重冲击）。实际上，在欧美等发达国家，百货商场并不像我国占有如此高密度的市场。在我国几乎每座城市，至少是省会城市都有一个甚至几个占有市场领导地位的百货商场。这些百货商场可能是全国连锁，也可能是区域连锁，或者只是在当地连锁。比如王府井百货集团，马来西亚的零售巨头百盛集团，上海的百联集团，深圳的天虹百货等。这种业态模式在前文已有叙述，此处不再赘述。

2. 街铺店（Free-standing Shop）

此类业态与国外较为一致。均为品牌公司或者品牌公司授权的经销商在合适的商业地段找到合适的门面，然后自己承租下来经营品牌店铺。这种业态使得房东与经销者之间是纯粹的出租与承租关系。对于房东而言，只要承租人准时足额交纳租金，房东一般是不会干涉店铺任何日常运营管理的，这是它与百货商场形式相比对经销商来说最大的利益点。但是好的铺面租金也是极高的。

3. 购物中心（Shopping Mall）

近20余年，国内另一种主流零售渠道形式是"Shopping Mall"，中文音译为"销品茂"。这是一种结合了部分百货商场与街铺专卖店功能的新型零售形式。目前国内较为有影响力的购物中心，包括上海徐家汇的港汇广场、上海浦东的正大广场、北京的SKP等。

购物中心在一定意义上比百货商场更像个纯粹的地产商，租金（及物业管理费）是他们最主要的收入来源。现在大部分购物中心都会采取"二选一"的方式收取租金。所谓"二选一"的方式，即双方约定一个固定租金，但同时也约定一个根据销售业绩按一定比例提取佣金的方式，房东按高的收取租金。前者的固定租金，可以理解成百货商场收取的保底数，当销售额的销售佣金超过这个保底数时，房东就按销售业绩提成。相对于百货商场，购物中心对供应商的日常管理也没有那么频繁、细致与苛刻。但相对于普通的街铺房东，他们为了保持整体购物中心的形象，通常会在品牌选择、品牌的外观设计及公共场所的卫生与清洁管理上较为严格。但一般情况下购物中心不会像百货商场那样统一大力推广促销活动，而是基本上由经销商自行决定，所以相对而言经销商的自主经营权还比较大。

这类渠道与百货商场另一个大的区别是收银由店铺自行完成，购物中心通常不像百货商场那样统一收银。

4. 超市（Super Market）

进入超市的服装品牌通常都是以大众内衣或者休闲轻便服为主。国内超市与国外超市的运作也不完全一致。即使是像家乐福与沃尔玛这样的国际零售巨头，在中国也开始了像国内百货商场或者购物中心一样的收租或者联营模式。

目前在我国的服装行业，由超市买断并自行销售商品的模式几乎很难找到。市场竞争的激烈——特别是折扣促销类活动的频繁、库存风险的不确定、营运成本的增加是重要的原因。定额收取租金令这些原本专业的国外零售商感觉相对负荷更小，更容易操作与管理，似乎也更适合中国零售市场现状。所以很少有零售渠道愿意自己买断货品进行直接运营了。

进入超市的服装业务主要有两种合作模式。

（1）类似于"代销模式"的"联营模式"，即由超市以批发价"订购"经销商的货品，然后由超市自己定价销售，销售后再将货款结算给经销商。之所以称为"订购"，而非"采购"：一是因为货款并非当即结清，而是等货品销售后再结清；二是销售后所余留的库存还是要返回经销商由经销商自行想办法解决；三是超市除了赚取自行定价与批发价间的差价外，还要在经销商提供的批发价基础上再收取一定比例的佣金提成。这是一种既不完全等同于传统"代销模式"，也不完全等同于百货商场"联营模式"的另一种联营模式。另外，几乎所有在日常运营中与本品牌销售产生的相关费用最终还是要由经销商自己承担（而非"超市"方承担）。同百货商场一样，超市会定期或者不定期，以各种名义向经销商收取所谓的进场费、上架费、管理费等杂费；营业员可以是超市提供，也可以是经销商自己聘用。但羊毛出在羊身上，任何由超市方提供的费用，最后总会结算在经销商头上。由此可以看到，国内经销商的经营成本是非常巨大的。

（2）超市与经销商间的另一种合作模式则是等同于购物中心的租赁方式。现在有些大型的超市会开辟出部分区域，建立一些独立铺位，然后出租给品牌商或者经销商。

5. 电子商务销售（E-commerce）

从阿里巴巴、淘宝网，到京东、当当网、亚马逊，再到如今的有货微商，这些互联网上诞生的平台完全打破了传统的零售业务模式。互联网催生了一批专业的电子商务零售商。确切地说，它们为各电子商务零售商提供了一个专业的平台，在催生了一批个体创业者的同时，也建立了一批专业的电子商务零售商。有的品牌公司选择直接进驻这些平台建立自己的线上直营网络销售渠道；也有的会通过专业电子商务零售商销售。在服饰业中，"韩都衣舍""茵曼"都是纯粹从互联网成长起来的品牌。

6. 产品目录销售（*Catalogue Selling*）

麦考林曾经是服装行业内广为人知的以产品目录销售方式起家的服装公司，它在2008年以前很火。不过随着互联网对人们日常生活的渗透，这一渠道已被逐步淘汰。

7. 电视购物（*TV Shopping*）

电视购物在中国也有十余年历史，不过名声总体不佳。在相当长一段时间，"电视购物"几乎就是"欺诈业"的代名词。所以国家广电总局也发文对此行业进行了大规模深度的整顿。应该说，经过整顿清理后，这个渠道也可以成为一个重要的零售渠道。

目前选择电视购物渠道的服装品牌不多。由于电视购物很难像线下店铺或者电子商务网站那样在同一时间和空间里提供丰富的产品线供顾客选择，所以一般较适合单款量大的标准类产品。

电视购物面对的主要目标群体是居家老人。

8. 折扣店（*Discount Store*）

除了以上的主流零售渠道外，还有些专门以销售过季库存为主的零售渠道，比较有名的如奥特莱斯店，俗称"折扣"店。很多品牌为了不影响正价店的品牌形象，对于滞销库存货品，更愿意选择专门的"过季店""折扣店"或者"工厂店"来销售库存。这种渠道通常房东（或者商场）收取的佣金较正价店低很多，各方面合作条件也优惠许多；此种销售通常是短期行为，不必在装修上做大量投入，所以运营成本较低，比较受品牌公司或者品牌公司授权的经销商欢迎。

奥特莱斯店也是品牌折扣店，通常选址比较偏远因此租金及运营成本低很多。近几年奥特莱斯店也在向全方位的生活方式店转型，力争让顾客能在本店逛一整天，提高购物效率。而品牌方/经销商也开始提供奥特莱斯店专供款。

9. 快闪店（*Pop-up Store*）

这是一种短期店铺，运营时间可以从数周到数月不等。有些像巡演一样，通常品牌做完一座城市，会接着再去另一个城市。这类店铺，可以销售过季产品，也可以用于新品推出时测试客户体验。这类销售模式的推崇者，通常是以创意著称的高端时尚类店铺。这些店铺也不一定设在商场，创意家们通过自己的创意，与艺术家和设计师合作，寻找一些能令人感觉惊喜的地方。它们可能是一些被废弃的房子，通过艺术家与设计师创作之手，让这些地方重新焕发荣光；也可以是博物馆、画廊等有艺术氛围的地方，或者临时租用的空间。在装修上简洁但很有创意及设计品位，有时候会融合艺术品的展览。总之，这类店铺虽然属于临时性质，但无论是店面设计还是商品品质，都比较讲究。上海市淮海中路的K11店，是一家博物馆零售店铺，它的内部就有这类快闪店。

10. 私人定制沙龙秀（Trunk Show）

私人定制沙龙秀，是欧美的小型设计师品牌中比较流行的一种销售模式。随着中国新锐设计师的成长，可以预见这类销售模式也会成为一种流行方式。这是一种融合了展示、社交与销售的商业模式。通常设计师会在一家酒店，或者商业楼里临时租用空间，甚至是在家里，邀请品牌的VIP客人前来欣赏、订购最新的一季产品。新品都挂在龙门架上，同时有香槟、甜点、零食供客人享用，还有美妙的音乐陪伴。客人可以将衣架上的每款衣服都一一试过，一旦有喜欢的，可以立刻下单。如果样衣尺寸适合，客人可以直接买走。或者下单，或者预付订金，设计师会根据客人要求做些尺寸调整重新制作一件。当然，即使你什么都不买也没关系。权且当作是一场小型社交，认识些新朋友，和设计师聊聊最新流行趋势。对于客人来说，虽然这种模式也带有交易性质，但温馨亲切的氛围淡化了商业味。并且能与设计师本人亲自沟通，了解最新信息和穿衣打扮之道，确实很有吸引力。当然，这种模式也只适合高端设计品牌。一般价格都在5,000～10,000元人民币，行业内也俗称"小高定"模式。

11. 社交商业渠道（Social Business）

"社交商业"，顾名思义就是以"社交"为手段的一种商业模式。"社交"本身并非新词，即使在没有互联网的时代，无论是家庭、朋友还是同事之间都会有"社交"。这种传统社交时代也会产生商业机会，俗称"口碑"传播。也就是通过口口相传，让更多的人了解品牌并将口碑转化为销售机会。而在互联网时代，特别是社交媒体的诞生，则迅速放大了"社交"的功能。在传统时代，口碑传播的效率很低，一次可抵达的人群范围有限，而社交媒体可以瞬间高效触达粉丝用户。粉丝通过转发、评论等动作可能会让品牌信息再次触及更多人群。这里的"粉丝""人群"，也可被视为我们当下时常说的"流量"。有了"流量"，就有了转化销售的基础。社交商业就是利用这些通过社交媒体聚集起来的流量来进行商业转化的一种模式。

比较典型的社交商业渠道包括：

直播

现在的直播正在经历从"个体运营"时代转向"机构运营"时代。个体运营时代，只要个人的内容足够符合平台用户的口味，大概经历数月或者一两年的时间便可以聚集巨量的粉丝。但是个体运营的问题在于其可持续性很差——毕竟要一个人长期每天面对镜头，滔滔不绝地表演或者说话难度较大，其商业生命周期是非常短暂的。而且因为个体素质参差不齐，以至于他们产生的内容也是鱼龙混杂。因此，从个体运营时代走向机构时代也是迟早的事情。现在平台的流量基本已被直播平台机构所占用。除了一些早期就出道成名的"头部网红"，绝大部分直播网红今天需要依靠直播平台分配的流量才可以生存。

直播在形式上其实与电视购物颇为相似，但是在对直播环境的要求上就没有像电视购物那么复杂。基本上有网络、手机、直播架、话筒即可。直播者可介绍产品，也可以为观众试穿产品。

相比于其他销售渠道，直播最大的好处就是直观、高效、与观众有更好的互动感。直播主持可以直播试穿衣服，告诉观众试穿的感受，观众可以提问，主播会即时答复。观众也可以即时下单买货。

但是直播的弊端也是非常明显的。因为直播销售的成功更多靠的是主播个人魅力及对产品的解说及销售能力，因此常常有顾客凭着一时激动（比如听了诸如"限时抢购"或者"清仓价格"等词语）就立刻下单。在这个群体里，冲动型消费占据多数，以至于最终导致服装类目直播销售的退货率奇高，少则50%，多则80%。造成退货的原因除了因为消费者的冲动之外，也因为部分主播会对产品夸大其词，以至于消费者收到货品后发现实物并非如同主播介绍的那样。

不过，所有新鲜事物诞生时，都可能会处于鱼龙混杂的状态。淘宝刚开始也是主要靠个人运营，也会经常出现些实际产品与图片、文案不符合的情况，甚至还有许多售买假货的情况。但随着平台做大做强，各种规范性的规则也就随之升级。而今天再看天猫与淘宝，俨然已比当初规范、严谨许多。所以直播平台成为一个规范的销售渠道也是指日可待的事情。

社群渠道

社群也是近几年热起来的销售渠道之一。这种渠道主要通过建立大量的微信群来售货。吸收新成员的方法主要靠"群友裂变"。比如通过发送红包、优惠券，请群友邀请新朋友加入等方法。这个听上去比较简单，但是大部分社群都会遭遇因为缺少有价值的内容而导致社群活跃几个月后，用户的热情逐渐消退的问题。因此，为了让社群保持在一个健康的且可持续的活跃度上，社群的运营者需要考虑社群内容主题与策略，特别是当社群销售的是非高频次消费品时。比如大部分人买衣服一年也许就三四次或者四五次的机会，而社群的成员相对又是稳定的，那么如果社群每天发布的都是卖衣服的信息，可能很快就会导致群友潜水或者退群。这样的情况下，社群应该考虑如何通过运营有价值的内容来维持社群的可持续性。

社群销售的好处是可以与消费者保持近距离的接触，时刻与消费者互动并让他们保持良好的粘性。其难度除了前述的如何长期保持群内活跃度外，还有一些其他情况。比如但凡一个群里有一位消费者因故不满意产品，就可能影响那些原本预备购买的人群心理。另外可能出现的状况还有竞争者暗中潜入社群拉人等。

内容营销渠道

通过内容运营商转型成为销售商的平台也是一类渠道。比如"一条"原本主要生产优质的内容。因为生产优质的内容而聚合了一批高知用户。现在的"一条"除了继续生产优质的内容外，也开始销售生活用品。从渠道角度而言，"一条"也可被视为一个优质的销售渠道商。

朋友圈

朋友圈如今也成了一个不可被忽略的"商圈"。现在不少公司都开始利用员工的朋友圈推送产品信息或者广告。假如一家公司有 500 个员工，每个员工朋友圈有 500 人，那每次发布新品就是 25 万人次的曝光，而这一切几乎都是免费的曝光。大家如果去线下店铺购物，一定也发现店员会积极地请求加友，并告知以后有新货上市或者打折信息可以第一时间通知顾客。其实这都是商家积极占领顾客朋友圈的方式。

一些比较有先见之明的企业已经开始认真规划企业员工所形成的朋友圈渠道。比如专门为员工建立微信分销渠道。员工如果在朋友圈推广售货成功，可以获得相应的销售佣金提成，员工朋友圈被视为免费的商圈。不过，需要谨慎的是，如何让员工在推销企业产品的同时，又不在朋友圈形成"总是在推送广告"的负面影响，是需要企业用策略来应对的。

总的来说，各种零售渠道均有自己的优劣势，各渠道在行业内所扮演的角色与功能也有所不同。作为品牌商或者经销商，需要根据本品牌的定位、长短期目标及资源优势，合理布局自己的零售网络。

三、国内外服装零售商主要区别

1. 独立性与平等性

相对来说，欧美市场的品牌商、经销商之间的分工更为明确与独立。在不违反品牌授权权限与规则的前提下，对对方领域的工作不会过多干涉，双方话语权基本对等。许多在国内被追捧为一线品牌的国际品牌，其在欧美市场的运作实际上并不会像在国内这样"大牌"。而在国内，由于在品牌商与经销商之间还夹着一个"半地产商半零售商"的商场角色，使得经销商能够独立发挥的空间非常有限。经销商常常在上游被品牌商"指点"，在下游又被商场各种要求"束缚"着。经销商在中国市场尚处于相对弱势位置。但近十年国内经销商的话语权已大大提升也是个不争的事实。

2. 建立自己专业的"零售商"品牌形象

经销商体系在欧美市场的成熟表现，除了在于话语权的高低外，还在于经销商对自我的定位，作为独立零售商对自己"零售商品牌"的建立与维护则更加专业。一个明显的例子是，国内所能看到的大多是供应商品牌商的品牌名——专业术语上称为"品牌专卖店"。比如我们所看到的绝大多数耐克专卖店，实际是由授权经销商经销运营的，而非耐克公司。许多大家熟知的一线国际品牌，在中国几乎都采取了"自营店（自己直接零售）＋加盟商"，甚至全部以加盟代理模式经销的体系。所以国人看到的很多品牌专卖店，其背后的运营者并非品牌公司自己，而是品牌公司授权的代理商。而在欧美，则很少能看到有这种单一品牌的专卖店。所能见到的仅有的几家品牌专卖店，多是供应商品牌公司为了在市场上树立品牌形象而开设的"形象店"或者"旗舰店"。以运动用品为例，在欧美市场上多是在类似于英国JD Sports或者美国的Footlocker这样专业的体育用品零售商的店铺里看到耐克的产品，而非耐克专卖店。换句话说，国外的零售商很注重建立自己作为独立零售商的品牌形象，而非只是销售其他品牌公司的产品，为他人品牌作嫁衣。这些品牌公司对零售商而言就是供应商，最终零售商更为注重的是自己作为某一领域的专业销售商的品牌形象。

3. 注意市场细分与个性化

欧美市场的经销商除更加注重建立自己作为零售商的品牌形象之外，还很注意市场细分、产品细分和渠道细分，一般不太会一窝蜂地销售同样的产品。所以其服装市场包括的产品就比较全面，呈现多元化。例如，除了和我们一样的各类大众服装外，还有专给特殊尺寸顾客提供产品的零售连锁店（如偏胖女性）；专卖男装配件，如领带、领带夹、男装衬衫纽扣、男式袜子、钱包的零售连锁店；专卖个性服装或者新锐设计师所设计服装的零售店等。因为产品线的专一，零售商对产品线的认识与理解也更加深刻，从而对客户的服务也更加专业。

欧美市场的零售商也很注意个性化服务。一些专业品牌商或者零售商每年都会寻找新的设计师或者作品合作，希望给市场带来新鲜感。例如，英国专卖青年潮流品的零售商Topshop、意大利的Diesel品牌等就常以这种方式为市场带来新概念设计。这一模式，目前也有中国的百货商场在模仿。

4. 专注专业与生命力而非规模

欧美的零售商巨头型企业只有少数的几个公司，大多数的零售商都是中小型的家族企业，几代人经营几个店铺。无论是在英国、法国还是意大利，街上随便看到的一家时装店可能就已经有五六十年的历史。相对来说，国内服装的零售市场就动荡许多，品牌的更新换代更快，寿命相对更短。

四、国内外服装买手职能的主要区别

由于零售业态的不同，国内外买手职能也有许多不同之处：

1. 市场地位的不同

欧美的时尚圈有一句流行语，决定设计师成名的有两个人：一个是做媒体的时尚编辑，通过一些顶尖专业的时尚编辑发掘时尚设计师新星的例子有很多；另一个则就是买手了。前者可以说是给设计师提供一夜成名的机会，后者则是真正能帮设计师和品牌公司赚钱的角色。在国外，很多设计师的产品线，是通过专业买手进入销售渠道的。这些买手或供职于专业的百货公司，或服务于某独立零售商。他们决定每季度为自己的公司买入什么品牌的什么产品线，以什么价格买入等，在公司里享有比较高的决策权，因此买手的市场地位也很高。专业买手也是各大品牌公司及设计师每季新品发布会必邀请的客人。

近10年，国内对买手的认识已经逐步有了改善。特别是随着零售市场越来越难做，企业更加重视商品的有效管理问题，也因此更加注重买手团队的建设。与此同时，专业买手店的蓬勃发展，也是买手这一职业越来越受青睐的主要原因。自从洪晃开的薄荷糯米葱（BNC）专注于销售中国新锐设计师作品后，栋梁、Triple Major、一尚门都正在成长为国内买手店的典范。

不过，受时代观念影响，依然有许多传统企业没有意识到买手在服装企业中的重要性。因此，买手在国内的发展空间依然很大。

2. 专业度的不同

毫无疑问，即使从职业发展历程来说，国内的买手尚处于非常初级的发展阶段。无论是从教育、培训、职场训练还是本身的零售环境而言，国内的买手相对来说都还处于初级发展阶段。这一切因素也使得国内买手缺乏一个真正时尚买手所应具备的专业度。

在国外，买手通常或者拥有设计师背景，或者拥有商科甚至工科背景。这和国内普遍理解的买手应该来自服装设计专业的理解有所不同。毫无疑问，买手需要热爱时尚，了解流行趋势，对时尚有自己敏锐的眼光及判断。但同时买手也是一份非常需要理性的工作，最终一切评估都是以数字说话的——卖了多少钱，赚了多少钱。这也是为什么有很多商科背景或者理工科背景的人加入这个团队。同时，在教育方面，国外也有专门的服装商科学位的正规教育。

另外，国外买手在接触市场资讯方面也比国内买手方便许多。特别是做一线国际品牌的买手，他们可以去全球各地参加服装展会或者时装秀，与各品牌供应商保持密切的关系，可谓是"见多识广"。而这也是能够锻炼出有敏锐独到眼光的买手的必须途径。

目前国内的买手主要由企业内部寻找有零售背景或者设计背景的新人从培训生做起，一步步训练出来。现在资历较高的买手大多是20世纪90年代从中国香港及欧美品牌公司训练出的。

3. 功能的不同

欧美市场的买手主要分布于两种类型的企业。一种是有自营零售业务的服装品牌公司，其内部会设立买手一职为自有品牌的各个店铺买货；另一种是专业的独立零售商，经销或代理外部品牌的公司。如前文所述，欧美的零售商要么是百货公司，要么是自己独立开店的运营商。所以在取得品牌公司授权后，即可在店内销售该品牌的产品线，买手拥有的权利较大。

而国内的买手就职的企业类型及所扮演的角色相对复杂些。对于自有品牌，也如同国外，买手负责为自己的品牌各店铺订货及货品管理。而对于经销代理的品牌，首先，国内买手通常没有那么大的权利，可以为本公司选择品牌，在国内大多数的经销商企业，此工作由老板本人完成；在国外买手通常也有谈价权，即以什么价格来购买供应商或者品牌商的商品，但在国内通常这个工作也是由老板完成。其次，在选择产品线方面，在国内对产品线的选择范围也不如国外那么广。国外的零售商因为注重培养自己零售商品牌，很少经营单一品牌，通常是同时向多家品牌采购产品，故国外买手以多品牌采购为主，而国内买手大多为单一品牌的买手。

4. 国内业态的多样性及复杂性

如前所述，国内零售业态相对较为复杂，各零售渠道合作模式也不尽相同。因此作为国内买手，需要首先了解各渠道的合作模式及特点，这样在做采购预算时才可以做到有针对性及差异性（表1-1）。

表1-1　国内各零售渠道的合作模式及特点

渠道	外在形式	合作模式	优势	劣势
百货商场	中央收银 专柜形式	联合经营	根据销售业绩收扣点，比较灵活，更适合新品牌 商场对店铺有统一的管理，减少品牌公司对零售终端的管理负担	传统地位受到挑战 回款很慢 经营的相对独立性较差，特别是在大促时
购物中心	店中店 各店自行收银	租金模式	店铺的经营独立性比较强 购物中心对店铺有统一的管理，减少品牌公司对零售终端的管理负担	固定租金对新入住品牌可能偏贵
街铺	街面店	租金模式	拥有充分的店铺独立经营性	办公室对店铺管理负担比较重（现金、人员、资产、业绩等） 固定租金负担重
电商平台	线上店铺	扣点模式	网上购物依然是主流	获取流量的成本太高
社交平台	微店 直播 社交媒体	提成模式	相对运营成本比较低 符合社交商业趋势	目前以低端的产品居多
快闪店	临时搭建的店铺	租金或扣点	短期投入，成本相对小 利于测试产品、新品牌	规模小
沙龙秀	沙龙形式走秀，下单	空间租赁	直接与客户、买家沟通 成本投入小	小规模，适合高价产品

第二节 | 时装买手的分类、组织架构、工作流程与关联部门

一、时装买手的分类及组织架构

根据具体企业的类型、规模、定位及组织架构，买手的类型及角色功能也略有不同。

根据品牌所属关系，买手可分为"自有品牌"买手与"经销商型"买手；根据买货品牌的数量，买手可以分为单一品牌买手和多品牌店买手；根据买手工作内容侧重点不同，买手又可分为产品开发型买手、数据分析型买手、跟单型买手。

1. 自有品牌买手

有自有品牌同时也有本品牌零售业务的服装企业中的买手，可以称为"自有品牌买手"。这类买手的工作主要是和企业内部各相关部门沟通。

图1-4为通常自有品牌买手所在公司的组织架构。

```
                      品牌负责人
   ┌──────────┬──────────┬──────────┬──────────┬──────────┐
买手部（商品部）  设计部    生产部   零售运营部    加盟部      推广部
```

图1-4　自有服装品牌常用组织架构

在我国，根据企业的定位、规模及管理模式不同，各服装公司对买手这一职业岗位的称谓、定义及定位也不完全相同。图1-4基本反映了作为自有品牌的买手在日常工作中所需要协调及沟通的相关部门，主要包括设计部（主要协调设计方向与商品总体规划）、生产部（货期、生产成本及品质）、零售运营部（主要涉及日常店铺营运管理、协调促销活动）等。

对于这一类企业，由于品牌属于企业自有，因此公司会尊重买手的意见，并且根据买手的意见对设计或者生产成本及品质进行积极改进。

2. 经销商型买手

经销商型买手又可按照所代理品牌的规模，分为品牌公司经销商型买手和独立设计师品牌经销商型买手。

（1）品牌公司经销商型买手：买手可以发挥的空间较小，这点尤其在国内经销商面对国际知名品牌时表现得更为明显。在国内，经销商对国际知名品牌公司的影响比较小。国际知名品牌公司的规模及市场影响力，决定了他们不会根据某个经销商（哪怕是很大的经销商）来真正改进产品设计或者其他方面的缺陷（至少无法做到快速反应）。买手能做的就是根据品牌公司所提供的产品线，从中选出适合本公司销售渠道的产品。无论在品牌选择上或产品采购价的谈判上，买手在这种模式中能起的作用都相对小。

（2）独立设计师品牌经销商型买手：买手的影响力相对大很多。独立设计师的品牌规模都不大，他们非常需要专业买手给他们提供销售反馈意见。因此，他们会更加注重买手的作用。

在了解究竟什么是独立设计师之前，首先应当了解何为设计师品牌。特别是随着市场对设计师品牌的热捧，自称为"设计师品牌"的品牌越来越多。在学术界及实践中，广泛被接受的定义为：设计师品牌以创意主导设计。与之相对的，则是以市场需求来主导设计的商业品牌。毫无疑问，这并不意味着设计师品牌一定没有商业性，或商业品牌一定没有创意，只是哪一方面居主导地位的问题。从主创设计师的地位来看，在设计师品牌中，设计师占有战略地位；而对于商业品牌而言，设计师更多地服从于市场需求。就商业规模而言，设计师品牌因为更讲究设计的独特性，消费群体相对商业品牌较小，因此其商业规模也就无法与商业品牌相比。

以时尚圈两个大佬级集团公司为例：收购了诸多设计师品牌的法国奢侈品集团公司LVMH及快时尚之鼻祖西班牙的Inditex集团——Zara的母公司。LVMH有近百年的历史，旗下时尚类品牌约15个。根据LVMH 2018年的财务报告显示，其时尚类（时尚＋皮具）产品线年销售收入约为184.5亿欧元（其他的产业，如酒类、地产、珠宝、美妆、零售等不包括在内）。Inditex旗下8个品牌，40余年历史，2018年销售收入为261亿欧元。Inditex年收入比LVMH时尚/皮具业务收入多约40%，但是LVMH下属时尚类品牌数量几乎是Inditex的两倍，而且历史更加悠久，因此可以推算出其单品牌收入远低于Inditex旗下的单品牌。然而，少有人会关注Zara背后的设计师是谁。但即使不是专业的设计师也可能对LVMH旗下品牌的主创设计师如数家珍。因为Zara是典型的将复制时尚，而非创造时尚作为设计策略的品牌公司。

从实践来看，主创设计师的设计创意风格与商业规模有一定的矛盾性。当设计师品牌成长到一定规模时，如何在继续保持稳定的业绩增长的同时坚守个人设计理念与风格是每个设计师品牌必须面临的挑战。因为业绩成长就意味着需要扩大消费受众群体，扩大消费受众群体也就意味着需要考量更广泛的消费者的品位与穿着习性。当受众群体很小时，设计师个人风格比较容易找到类似风格的群体。但当受众群体需要不断扩大时，个人风格就可能受群体规模的影响。此时，设计师就需要找到个人风格与商业规模之间的平衡点，而且很有可能是必须更加倾向于市场接受度而非个人设计风格表达。事实上，在许多光鲜华丽的明星设计师光圈背后，绝大多数设计师是在个人的艺术创作理念与商业规模之间摇摆不定的。

而对于独立设计师的概念，学界并无统一或者明确的定义。但比较约定俗成的理解是设计师为自己的品牌做设计，对品牌拥有较大的自主权。其投资可以来自于设计师本人，也可以来自于合伙人。通常以工作室形式进行，商业规模属于微小型，通常人员只有数人而已。商业模式既可零售，亦可批发、代理，也可以为其他企业提供设计服务。

3. 单一品牌买手

由于国内现在大多数的零售渠道属于品牌专卖店形式，所以大多数公司的买手一般只负责一个品牌的买货工作。

4. 多品牌买手

近几年国内也陆续出现一些学习国外零售商成为某一领域专业零售商品牌的经销

商。他们模仿国外零售商从多家品牌中采购多条产品线并推出自己的零售商品牌。这类买手取决于其在企业里的职位，可以参与决策选择什么品牌、什么产品线、采购价格等。

另外，随着产品选择越来越多样化，服装行业也有品牌不设立设计部，而是以买手直接买货贴自己标牌的形式做品牌。这类模式称为"买手型服装品牌"。这些品牌，会派出专业买手到世界各地采购成品，回来剥样复制，再加工生产。

5. 产品开发型买手

这类买手通常直接去工厂采购成品并贴牌。有的公司买手则去零售市场买样衣，或者通过网络搜图，再对样品或者图片进行微调后给工厂下大货生产订单。这类买手通常具有服装设计背景，主要凭借对产品的熟悉、流行趋势的把握来买货。从要求来说，这类买手也应该具备一定的数据分析能力，这样才可以理性分析产品的优劣势，并确定各个SKU的定量。但真正时尚感好且数字感也好的人并不多，所以有些企业会让买手负责选款，让商品人员来负责定量。

6. 数据分析型买手

这类买手通常就职于商品运营部，主要做与商品销售相关的数据分析。大部分买手的工作都会涉及大量的数据分析工作。这类买手需要熟练使用EXCEL表格。因此，建议有志于做买手的新人首先需要熟练掌握EXCEL表格的诸多函数及数据透视表功能。

7. 跟单型买手

这类买手与工厂直接对接，他们的工作更像是一个跟单，但相比一般只是跟大货生产的跟单，他们还具有采购权。

二、时装买手的主要工作流程

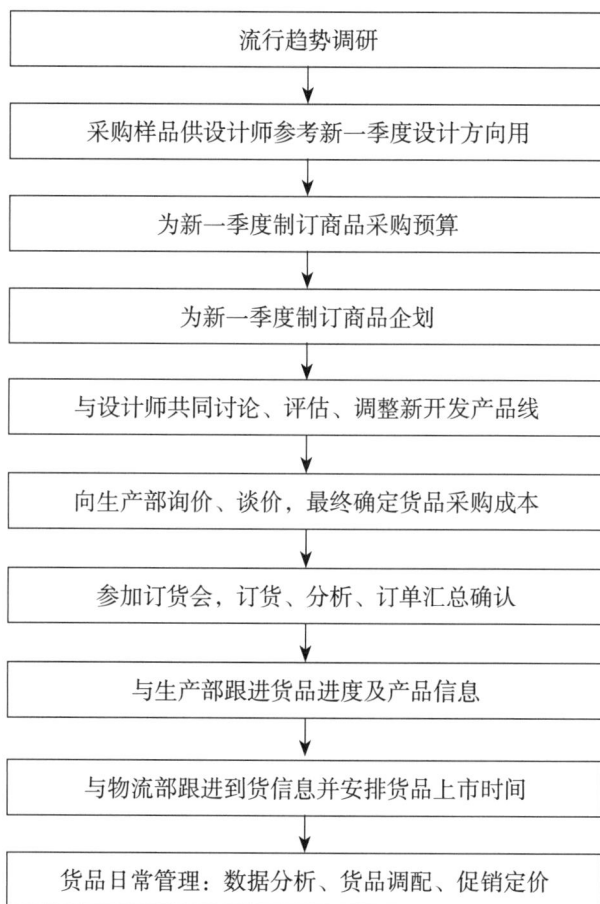

流行趋势调研

↓

采购样品供设计师参考新一季度设计方向用

↓

为新一季度制订商品采购预算

↓

为新一季度制订商品企划

↓

与设计师共同讨论、评估、调整新开发产品线

↓

向生产部询价、谈价，最终确定货品采购成本

↓

参加订货会，订货、分析、订单汇总确认

↓

与生产部跟进货品进度及产品信息

↓

与物流部跟进到货信息并安排货品上市时间

↓

货品日常管理：数据分析、货品调配、促销定价

图1-5　时装买手工作流程

图1-5简单地表达了自有品牌时装买手的大致工作流程。对于经销商型的买手，差异主要在于和品牌商设计师的沟通机会及对产品设计的参与度不如自有品牌的买手那么深入；另外对于经销商买手而言，是无须直接和生产部沟通的，通常是与品牌商的设计师或者销售部沟通。

近年来越来越多的国际服装品牌涌入中国，国内的内销品牌也日益成熟，同时随着外贸服装利润空间的急剧压缩，越来越多的外贸工厂也准备将业务重心转入国内这片广阔的市场来分杯羹。不仅如此，随着互联网的发展，时尚媒体利用自己大量的粉丝也将触角延伸到零售。加入时尚零售热潮的还有近几年不太景气的商业地产商。总之，现今的国内服装零售圈热闹非凡。可以预见市场对各项专业人才的需求也只有更多，要求更高，而正因为买手这一职业体系在中国尚有许多不成熟的地方，因此其职业发展机会及前景将高于一般其他职业。这也恰恰是本书出版的目的——希望为国内市场培养出懂得中国市场特色的专业时装买手。

三、时装买手的关联部门

时装买手涉及的相关部门较多，因此，买手需要具备良好的沟通技巧。特别是每个部门的人都有自己的职业特点，了解相关的职业特点有助于买手更好地与相关部门联络工作。

1. 设计部（设计师）

（1）关联度

设计师是买手最紧密的伙伴。买手与设计师之间沟通最多的是产品设计上的问题。对于绝大多数的设计师而言，自己设计出来的产品肯定都是好的，都是应该受市场欢迎的。所以，买手需要从市场的角度，提供些客观的反馈。还有就是制定产品的开发时间表等。

（2）沟通技巧

如果是自有品牌，则是和公司内部的设计部沟通；若是代理他人品牌，则买手是和公司外部的设计师沟通。从实际情况看，企业内部的沟通通常是直接的及批判式的。有些像和家人说话，都很直白，甚至不太顾及他人情绪。所以，这种沟通的情感伤害比较重。如果是对外沟通，通常大家会比较注意沟通方式。

不过，如果要有效沟通，无论是对内对外，特别是对于设计师这类个性比较强的人而言，买手还是应该注意沟通方式。买手需要认清自己的角色，不要把自己当作能够指导设计师工作的"设计师"，而应是一个代表消费者的市场型工作人员。买手对设计师提出的任何改动意见，都应基于市场的要求，而不是自己对设计的感觉。

2. 生产部（工厂）

（1）关联度

买手的另外一个重要合作部门是生产部。对于自有品牌来说，和工厂的沟通都是经过生产部进行的。这个部门决定着最终买手的进货价格、货品交期与产品质量。如果是代理品牌，买手通常不会和工厂直接接触。对于代理小型设计师品牌的买手店，这类工作通常也由设计师代劳完成。如果是买手自己直接从工厂进货，那么涉及的工作就会复杂许多，从原材料采购，到谈判价格、交期、质检验货，都需要自己亲力亲为。

（2）沟通技巧

和生产型工作人员沟通的技巧，与同设计师的沟通技巧很不一样。设计师大多受过良好的高等教育，有良好的人文修养。生产部和工厂的工作人员，大多是通过长期一线操作一步步成长起来的技术型人才。和他们沟通，在相互尊重的前提下，说话需要简洁明了，特别注意不要讲太多空泛的道理（品牌文化这类话题）。生产人员主要关心技术问题、价格和货品交期，因此与他们沟通，需要务实、简单、直接。

现实生活中，工厂最常出现的问题是答应的交期不能按时交货；承诺的价格签订合同后又涨价；生产过程中出现的各类技术难题。客观地说，下单后在工厂出现意外是不足为奇的事情，比如说技术问题。有时候，工厂做样衣做得很顺利，但是到大货生产时，却又会碰到新的技术难点。从技术层面来说，这种可能是存在的——即做一件成品，与批量做一批成品，所涉及的技术是有差异的。另外，工厂采购的原材料没有准时到货，或者货品出现质量问题；工人突然离职，或者工人罢工，都可能导致订单的交货问题。所以跟单员的素质和能力很重要。也因此，买手需要经常下工厂了解情况。

3. 销售部（销售代理）

（1）关联度

对于自有品牌而言，买手负责商品企划及商品日常的管理（货品调配、促销安排等），销售部则是具体负责销售渠道开发（到哪里卖）以及店铺日常销售运营的。在一家公司内部，设计师、买手、销售部常常是矛盾体。销售部销售不好时，习惯于责怪设计师的设计有问题，或者买手的商品企划和买的货品有问题；而设计师则认为销售部的能力不够，认为"如果货品很好卖，还要销售部干嘛？"等。

从企业运营的角度来说，一个企业内部有合理的矛盾，并不一定是坏事。矛盾从某一角度而言，是保证企业能平衡运营的一个方式。这就好比无论是太左还是太右都不好，就因为左右都存在，事物才能保持平衡的发展。当然，工作中的矛盾有时也确实会影响人际关系。作为一个有职业操守的买手，应该注意到工作中的矛盾是不可避免的，千万不要把其他部门工作人员的反对意见看作是对个人的反对，学会处理问题对事不对人。

如果是经销商品牌型买手，有时候和品牌沟通的成败依赖于品牌的销售代理人或者代理公司。这个在欧美的中小型设计师品牌比较普遍。欧美的中小型设计师品牌通常会委托一些专业的销售代理人和公司帮自己拓展渠道。这些销售代理会帮设计师寻找潜在的买家。在这样一种关系中，销售部成为买手的供货代理人。

（2）沟通技巧

相对而言，在3个部门——设计部、生产部与销售部中，销售部应该是最善于与人沟通的。因为他们的工作就是要依靠自己的沟通去完成销售工作。对于有经验的销售人员来说，他们很懂得如何与不同的人打交道。所以，与销售员打交道，买手应该注意的是如何不受他们主观引导，客观地去看待事物的本质。

买手沟通技巧要点

"沟通技巧"对于买手来说是一项非常重要的，如前文所述，买手这个部门会涉及与多部门沟通的经历。比如与设计部沟通商品企划的事情；与生产部对接大货生产与成本控制的工作；与零售终端部对接促销设置的事情；与财务部对接预算的工作。但这项软技能在现实中经常被忽略，而实际上不恰当的沟通方式会大大降低沟通效率。

那么对于买手来说，具体沟通时，除了一般的沟通技巧（比如肢体语言、表情、表达方式等），还有哪些特别的细节需要注意呢？

①摆事实，讲道理。不要把内容停留在"我感觉"上。

在现实的职场中，同事之间就某个问题有不同的观点是很正常的。但是，大家表达观点时，应该要提供充分的理由。一个人的发言如果只有观点没有依据，是很难让人信服的。比如，如果你说："（某件衣服）好丑！"那么衣服究竟丑在哪里呢？请具体呈现相关的依据。

②说话内容要尽量具体。尽量避免使用抽象的、主观性的词汇。

买手经常要分析为什么某款产品会成为畅销品或者滞销品。但有的买手在表述时，会说些非常主观的词汇。比如，"为什么这款衣服会卖得好呢？因为它很显年轻（或者气质、气场）。"这种分析等于没有分析。什么是"显年轻"？什么是"显气场"？什么是"显气质"？这些词汇都太主观了。10个人可能会为这些词汇定义10个不同的含义。在这个语境里，更加可靠的方式是针对产品的物理属性进行分析，比如可以这样表述："这个色彩是高明度的浅蓝色，这是一种让人感觉平和的色彩，比较符合中国人的穿着习惯。而且价格99元，也符合我们目标群体的购买力。因此它会卖得很好！"

③一次性把话说完整。不要碎片化发言。

自从微信诞生后，它成了一个几乎必备的工作沟通工具。微信确实让大家的沟通方便了很多，但它也破坏了许多原本良好的沟通习惯。比如，当我们在电话里说一件事时，我们会一次性把话说完整，听的人也能立刻明白你在说什么。但是在微信里，我们常常可以看到如下的对话：

甲："在吗？"

过了5分钟，乙看到了，回复："在。"

甲过了10分钟，看到了，回复："有件事问下你。"

乙："说。"

甲："请问。"

甲："你知道？"

甲："哪里有女装加工厂？"

乙："？？？女装加工厂很多。你要哪类？要干嘛？"

......

因为微信大家不是时刻在线，等大家彼此看到后再回复，很可能1个小时已经过去了，但这种现象在微信上很普遍。其实这么简单的对话原本可以用很简单的方式来解决：

甲："你好，×××。请问你那里是否有什么中高端针织女装加工厂资源？最好在×××地区。我们需要加工一批单量在100件左右的针织衫。"

就这么一段话，可以具体说明自己需要什么定位的，什么品类的工厂资源，以及对地理位置与单量的要求。这样对方推荐工厂目标也很清晰。之前的诸如"在吗？""请问""你知道"等碎片式发言都是降低沟通效率的表现。

重点总结

1．中西方零售业态的主要区别

中国的百货商场并非完整意义上的零售商，而是半地产商半零售商的角色。因此国内品牌公司授权经销商并非像欧美市场的经销商对市场影响力那样大。国内经销商通常受品牌供应商（特别是国际品牌供应商）及百货商场的限制较多，独立话语权较小。这也使得买手在国内的工作权限不如西方那么大，同时工作职责也比较单一，在整个企业内乃至行业内的影响力尚不如国外买手那样举足轻重。

另外，国内零售渠道与经销商、品牌商间合作模式的复杂性及多样性，要求国内买手需要深入了解各零售渠道的特点及合作模式，才可以有针对性地为各类零售渠道做好商品规划及采购工作。

2．不同业务模式及组织架构中的买手，岗位职责不完全一样

根据买手所工作的企业类型模式，买手主要分为3种：

（1）自有品牌的买手。其岗位相对重要，参与品牌的运营更多，主要负责或者协调产品开发（与设计部）、产品供货（通过生产部）、订货、零售运营（与销售部、零售部）。

（2）国际知名品牌公司授权经销商的买手。其工作职责相对比较简单，主要负责订货及日常零售店铺的调配货等工作。

（3）对于销售多个独立设计师品牌的品牌集合店，买手更为重要。从前期的品牌谈判，到选择什么品牌的什么产品线、具体选款、销售选点，都很重要。

（案 例）

来自之禾买手的分享：买手究竟是做什么的？

分享者：之禾零售货品主管 宋露璐

本文根据宋露璐于2019年6月25日在由冷芸时尚圈社群与北京服装学院商学院联合举办的"买手沙龙"上的分享整理。

个人简介：宋露璐，现任职于国内服装品牌之禾，系上海零售资深货品主管。

本科主修服装设计与工程，曾经做过服装设计师，后转向货品管理买手方向。之前服务过香港服装公司I.T及G2000，在买手的岗位上任职将近10年。

关于之禾

各位老师，各位同学大家好！我是来自ICICLE之禾的零售货品主管宋露璐。很高兴这一次能够跟大家一起来分享作为ICICLE的买手，我们平日是怎样工作的话题。

首先我先来介绍下之禾品牌。之禾的设计理念基于"天人合一"的古老东方哲学。我们的产品都采用大自然当中高品质的原料，并以对环境负责任的态度摒弃了一些多余的设计以展示服装的天然之美。我们的目标是为全情投入的工作者提供一个舒适自然的通勤体验。

买手所在的部门

我所在的这个部门叫作"零售货品部"。顾名思义，这个部门跟零售以及货品有关。

买手的KPI考核有哪些？

我们作为买手，最重要的考量就是如何尽量做到买货的准确性，同时能将我们的销量最大化，库存最小化。如果买货准确度不高，就会导致很多库存。库存积压下来，就会损害毛利。所以，买手的KPI考核主要是"销售目标""库存"以及"毛利率"并且尽量平衡好它们之间的关系。

这也是为什么对于买手而言，具备良好的数据分析能力及逻辑思维能力很重要。

影响零售的因素有哪些？

在销售的过程中，有很多的因素都会影响到销售，比如说店员培训这样的基础工作。货品上新后，零售终端培训部的同事，或者我们商品部的同事就会给零售终端的店员培训。培训主要目的是传达设计师的设计理念，产品本身的卖点等。除了培训，店铺的视觉陈列也会影响销售。我们的陈列需要在整个店铺当中营造能吸引客人进店、试穿然后购买这样一系列动作的氛围。另外，市场推广，或者是店铺的VIP体验活动都是会影响销售的因素。当然，对于消费者来说，最核心的还是产品的好坏。产品对于消费者来说是否足够好看，是否抓住现在的流行趋势等，这些都会影响到品牌最终的业绩表现。

零售货品的主要工作内容有哪些？

货品部在品牌当中是一个灵魂般的角色。买货是一种购买的艺术。同时这个部门也对经营目标、业绩达标率负责。买手就是一个具备时尚感的理性商人，她/他不仅要对美有认知，还要能做理性的分析。在之禾，我们零售货品主要承担三方面的工作："买货计划（Planning）""买货（Buying）"以及"配货（Allocation）"。

那什么是买货计划呢？这项工作主要规划买什么样的商品，要买多少钱与多少量。这个在买货前期都会先有一个规划。每年我们的品牌都会设定一个业绩目标，分配到我们的零售中心，我们再分配给各个区域，然后再由区域分配到每一家店铺。业绩目标是按月按店分配的。在业绩目标的基础上，我们再按品类来预算各店各品类的采购金额。比如某店需要买多少钱、多少量及多少SKU的男装？多少的女装？多少的配件？随后我们再根据每一个月的业绩，来确定每一个时间波段的货品构成。比如一月份，我们要上一些什么新品？二月份要上什么？品类的构成与季节息息相关。秋冬和春夏季的品类就有很大差别。

最后我们会结合当年的流行趋势以及上一年的历史数据的分析，最终得出我们这一年的买货计划。

而"买货"就是指"下单买货"这个动作。我们买手需要根据历史数据，以及对时尚特别是流行趋势的理解，从理性和感性两个角度去完成买货这个动作。我们买手的主要工作内容是通过自己采购的产品为顾客服务，期望提升她们的生活品质。简单来说，就是要在对的时间把对的产品放到对的店铺，然后让销售人员去销售给对的客人。

"配货"就是商品进入店铺后，我们对货品的一些日常运营及操作。配货的具体工作包括多项内容，最基本的工作是要把货品按照每个店铺分配给每家店，它还包括店铺到店后的运营管理。比如，配货员要对店铺销售进行分析总结。对于某些款式畅销，是否要追加订单，如果货品滞销又该如何处理，还有店铺之间的货品调拨。我们要把卖得不好的SKU调拨到那些卖得好的店铺去。另外，畅销款中，是不是有你订货时预测会畅销的产品？对这些款式也要进行数据分析。配货也要时刻监控库存。

上述这些工作在执行过程中还涉及与其他部门的协调合作。比如与视觉陈列部、市场部、零售运营部等。

总体来说，整个货品部的工作就是我们从采买计划开始，到具体采购下单买货，到与其他部门协调合作销售货品，最终再将销售分析业绩反馈给采买计划并开始一个新的循环。作为一个买手，我们的工作目标就是要站在货品的角度思考问题。在满足销售、完成预算的基础上合理地管控我们的进销存，并期望通过我们所采购的货品，能提升顾客的生活品质。

练习

目的：了解当地市场的零售业态及买手职能

请随意选择一个目标品牌，通过网上调研、向同行打听或实地考察等方式，了解该品牌的相关信息，回答以下问题：

（1）该品牌的主要零售渠道有哪些？

答：_____

（2）该品牌主要自己经营这些零售渠道，还是通过经销商代理模式经营？

答：_____

（3）该品牌或者品牌经销商与零售渠道的主要合作模式有哪些不同？

答：_____

（4）该品牌或者品牌经销商（如有很多经销商，可以选择一家较主要的经销商）是否设有买手一职？他们对买手职能的定义是怎样的？

答：_____

第二章

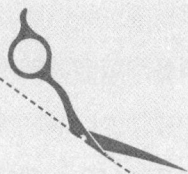

时装商品基础知识

　　时装商品可能是众多商品中最能"跨界"的一类商品——在艺术界，时装设计大师的作品就是纯粹的艺术设计作品，给观众带来美的享受；而在商界，时装更是不可缺少的一类日用商品；即使在技术工程领域，纺织面料工程学、人体工程学、服装制作工艺等学科也都是与时装息息相关的技术要素。没有这些技术要素的支撑，就无法完成时装从平面图纸到三维实物的转变。因此，时装除了具备一般商品所具有的商业属性外，还具备明显的文化、技术属性，并且深受季节、气候等非商业因素影响。许多买手在初涉此行业时，常常是根据个人对服装的喜好为公司订货。作为专业买手，学会从专业的角度去评估每款产品的市场前景非常重要——因为个人喜好及意愿并不能完全代表市场消费者的购买需求。而要做到专业，就必须先对时装商品的属性有专业的了解。

第一节 | 时装商品的文化属性

时装商品的文化属性是显而易见的。我们常说"服装是历史的一面镜子"，这面镜子反映了各国或各民族在历史的长河中其政治、经济、民俗文化及社会价值观的变迁。而任何一个成功的时装品牌，都常强调自己卖的不是"衣服"，而是某种特定的"文化"，这种特有的品牌文化具体的体现就是"品牌价值观"。

审美观也是时装商品文化属性中的重要一部分。从来自于不同文化背景的不同民族到每个个体消费者，在审美观上都有各自的喜好。这是许多国际时装品牌在进入中国这样一个多民族、多人口国家时都会遇到的挑战之一。往往一些在本土销售很好的款式，换在另一个国家市场，未必能够销售很好。

生活习惯的不同也可能导致消费习性的不同，影响最终的产品设计。曾经有家加拿大做皮包的公司初进入中国时，上市了几款皮包都是用一颗扣子固定皮包的开口。很多顾客很喜欢这款皮包的样式、皮质与色彩，但当发现皮包的开口只是用一颗扣子来封闭的，就放弃购买。原因是在加拿大，大家都开私家车，基本不用防小偷。但在中国，大多数人还在搭乘公共交通工具上下班，通常还是比较习惯用全拉链的包。

尽最大可能了解当地目标消费群的文化习俗也很重要。特别是宗教信仰较浓厚的国家或者区域，款式与色彩可能会有不同的象征意义。

第二节 | 时装商品的商业属性

时装商品的商业属性主要在于市场营销学中常说的 4P（People，Product，Price，Place），即卖给谁（目标消费群），卖什么产品（产品定位），卖多少钱（价格定位），在哪里卖（销售渠道）。销售渠道在前一章已有所介绍，故此处不再赘述。

一、目标消费群

目标消费群的分析主要包含以下内容。

1. 目标消费群的年龄

童装：婴儿（0~3岁）、小童（4~10岁）、大童（11~14岁）。

女装：少淑女：15~28岁。

成熟女性：25~50岁。

中老年女性：50岁以上。

2. 性别

男装、女装还是男女装都有。在发达国家，近几年出现了一种名为"中性"或"无性别"的服装，即适合男性与女性穿的服装。其实早期的T恤也可以算是一种无性别服装。

3. 职业

目标群的职业以什么为主。现在主流市场的品牌大多以职场的白领为主。这个人群被称为最有购买力也最愿意在穿着方面花钱的人群。

另外，现在品牌设计方向也有年轻化趋势。主要是现在"80后""90后"正在逐步成为消费的主力军之一。因此，不少品牌现在也将大学生作为主要目标消费群。

一些高端设计师品牌也会以高端富商或者演艺人员为目标消费群。

在西方，目标消费群的划分更加细致与明确。例如，有些个性的设计师品牌销售对象就是艺术工作者，这些艺术工作者包括设计师、艺术家、流行音乐歌手等。所以这些设计师的服装就以"前沿个性"为主。

4. 消费习性

"消费习性"主要研究消费者是如何选择、购买、使用某一产品或者服务的。对于买手而言，了解消费习性非常重要。因为买手买货其实是在为消费者购买，因此只有了解了消费者习性，才可能买到他们真正需要的产品。

然而，现实情况是我们本土市场的品牌公司普遍不太重视对消费者习性的研究。其一是很多本土企业并不觉得这种调研有用，而这种认知又是基于他们对市场调研的不了解。事实上，许多国际品牌都会定期请专业的市调公司做消费者调研。这些数据都会被用来帮助企业做业务决策。但是做市场调研的重要前提是必须聘请一家专业的公司。现在网络上充满了各种消费者报告或者行业报告，但大多数报告都无法说明自己是如何获得原始数据，以及使用了何种方法调研了市场的。这种缺乏可靠数据来源及调研方法说明的报告基本都可以被认为不够专业。因此，聘请专业公司使用专业调研方法调研，是获得一个有效调研报告的重要前提。

其二，很多本土企业认为花钱在市调上很不值得。他们认为市调不就是问些问题吗？谁不会提问呢？所以他们情愿花些小钱让自己的员工做。而事实是，市调是一个非常严谨的过程。从市调计划、样本选择、问卷设计，到数据采集、分析，都是一个非常需要严谨的态度及专业的调研能力的过程。非专业人士做出来的调研，大多数情况只是产出了一堆无效的数据。

另外，很多以线上为主营业务的公司认为后台数据已经足以让他们了解消费者了。事实上，目前的电商后台数据只能告知发生了什么。比如，消费者何时进店，首先进入哪个页面，浏览了哪个产品，停留了多久时间等。但这些数据并无法解释消费者为什么会有这个行动路径。换句话说，电商后台数据基本以定量数据为主，它们只能告诉你发生了什么，却无法解释它为什么发生（定性数据分析）。

因此，作为一家公司的买手，大家也应该多关注消费者动向，多阅读些可靠的行业或者消费者调研报告。可能的话，也可以向公司建议执行专业的市场调研，以真正了解自家的目标消费群体。

二、产品类别

对时装商品而言，产品定位主要是指具体所卖的产品大类、设计风格及潮流感定位。

除内衣（Underwear）外，外穿服装的产品按性别、功能及设计风格可以分为以下几大类：休闲装、运动装、日常时装（通常指女装）、中老年装、职业装、礼服、男装、童装。

这是目前各百货商场或者购物中心较为流行的产品线分类。去一次百货商场就可以大致了解服装产品大类分布情况。这也是国内百货商场的特色之一：各楼层的布局有很大的相似性，所销售品牌也几乎没有太大差异。通常来说，一楼销售一线国际品牌、鞋、化妆品及珠宝；二楼及三楼通常是女装，包括少女装、少淑女装、淑女装；四楼则以男装为主；运动装、休闲装、童装及内衣通常是放在更高的楼层销售。

1. 休闲装（Casual Wear）

整体设计风格较为简单，款式以基本的卫衣、T恤、POLO衫、牛仔裤为主。这些品牌的穿着者主要追求穿着的便利性与舒适性。代表品牌有：美特斯·邦威、盖普（Gap）、牛仔品牌李维斯（Levi's）、李（Lee）等。

2. 运动装（Sports Wear）

以体现运动功能特色为主的服装品牌。最有名的当数耐克、阿迪达斯这样的体育产品巨头。运动装正趋向于时装化，而时装也正趋向于运动装化。近几年连奢侈品都开始趋向于运动风与街头感。

3. 日常时装（Daily Wear）

通常也称为"时装品牌"，只是"礼服"也可以称为"时装"，所以加入"日常"二字以区别礼服。时装也是一大类别的服装品牌。根据具体时装的设计风格及定位不同，时装还可分为：

（1）少女装（Girl's Fashion）：即以16～28岁少女为主要目标群的时装。一般来说风格偏休闲感及中性，但比一般休闲装在设计上体现更多时尚元素与细节。代表品牌：韩都衣舍、Sixty Eight、Only等。

（2）少淑女装（Young Lady's Wear）：即以年轻女性为主要目标群，设计风格较为女性化。就产品线来说，此类产品线通常以裙装为主。代表品牌：Only。

（3）淑女装（Lady's Wear）：销售对象通常是28～45岁的已经有一定工作经验的女性。这批人基本上收入较高，并且有自己独到的时尚品位。代表品牌有：Vero Moda、宝姿（Ports）、雅莹、之禾等。

4. 中老年装（Old Women's Wear）

销售对象通常在50岁以上。比较典型的代表是娜爱斯，还有些中式服装品牌，以及近几年非常火的足力健鞋。

5. 职业装（Professional's Suits）

主要以销售职业套装为主。典型的代表品牌有中国香港的品牌"G2000"及北京的品牌"吉芬"，还有近期转型颇为成功的Lily。

6. 礼服（Gown）

礼服因其对款式及品质的独特要求，以个人定制服务为主。礼服进入商场专柜的较少。

7. 男装（Men's Wear）

男装线通常也分为两类：一类是商务休闲线，典型代表有Jack & Jones和马克·华菲；另一类则是男装正装线，即人们传统说法中的"西装"。销售此类产品的品牌一类主要是国际品牌，另一类就是本土的众多男装品牌。

三、产品潮流感定位

产品设计的定位是时尚潮流的跟随者、领导者还是创造者？这也是决定时装品牌产品定位的要素（图2-1）。

（1）时尚潮流的创造者：通常是一些独立设计师、艺术家或者当代大师级的设计师或者较强调创新设计感的服装品牌公司。这些人具备强烈的创新精神，并不受某一特定商业模式或者思想的约束，敢于为天下之不敢为。

（2）时尚潮流的引领者：指那些对时尚非常敏感的公司。他们是时尚潮流的引领者，也可以被称为时尚潮流的前沿者。通常来说高端的奢侈品及设计师品牌属于此类。

（3）时尚潮流的跟随者：大多数人所能接触到的时装品牌属于此类。这也是为什么大家会发现当某一时尚元素成为"流行"时，服装公司的产品常有雷同之感。对品牌公司而言，做时尚潮流的跟随者相对比较安全，当然相对而言也少了个性与创新性。

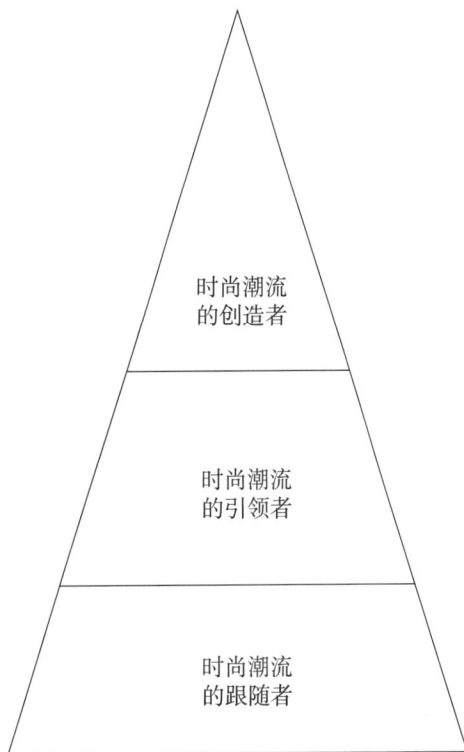

图2-1 时尚潮流感定位

四、价格定位

价格定位是所有商品的最重要商业属性。图2-2勾画了目前国内主流服装市场的大致价格层次图。

高级定制

零售价基本都
在10000元以上

奢侈价定位

零售价基本在
10000元以上

高价定位

零售价基本在
2000~10000元间

江南布衣、例外、ICICLE、
雅莹等

中高价定位

零售价基本介于500~2000元间
LEE、NIKE、ADIDAS等

大众价定位

零售价基本低于1000元
ZARA、H&M、UR等

低价定位

零售价基本低于500元
优衣库、森马、美特斯·邦威、迪卡侬、
小米、网易严选、韩都衣舍等

批发市场

10~500元不等，也有近千元的批发产品
深圳南油批发市场
上海市七浦路市场

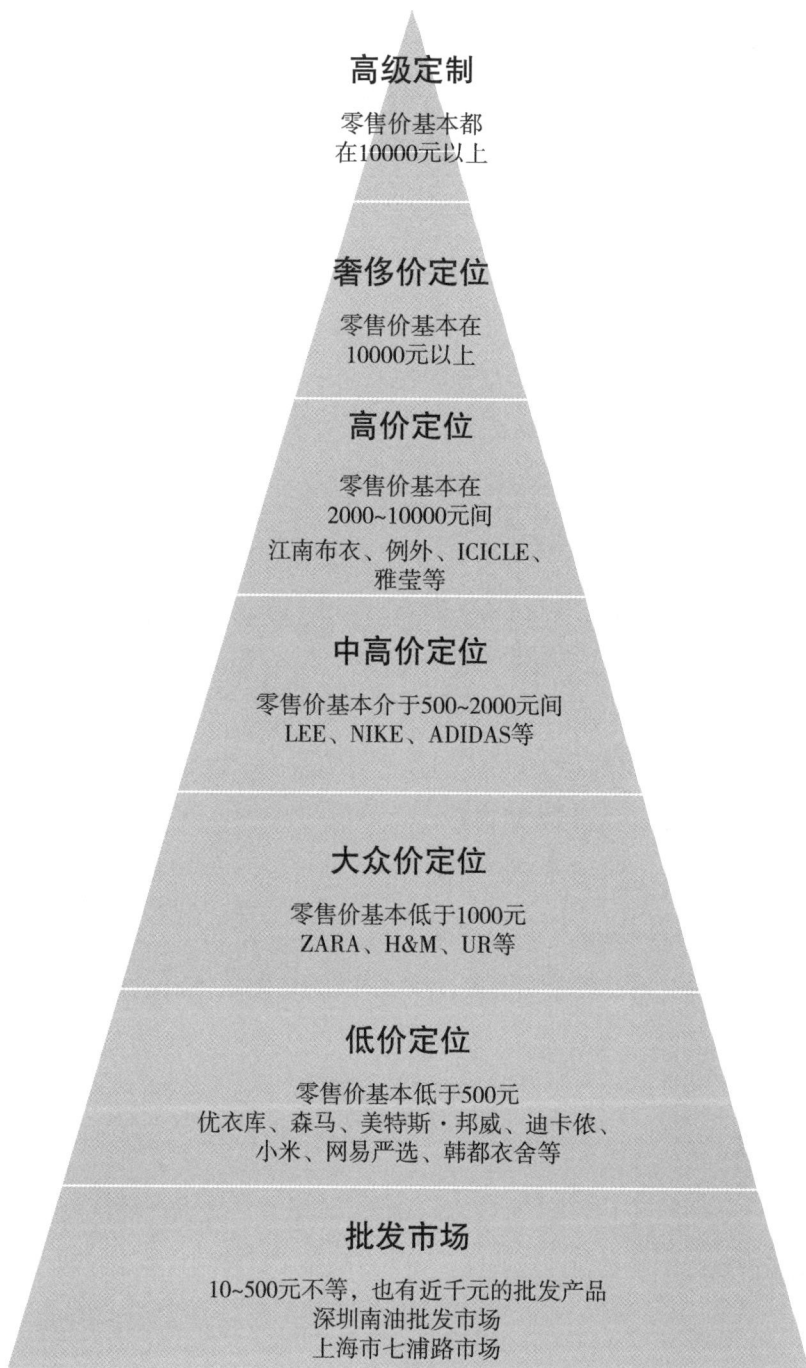

图2-2 品牌价格定位例图

在金字塔的最底端是批发市场。不过，现在的批发市场并不像大众想象的卖的都是低质货品。事实上，国内现在的批发市场无论是设计还是品质方面，他们的整体水平都在提高。比如深圳南油的金晖原创设计中心，就是以原创设计师为主导的批发市场。不少设计师先在批发市场赚了第一桶金后，再去做零售。因此，现在的批发市场也有高中低等级之分。

其他在国内有一定影响力的批发市场还包括杭州的四季青与意法、上海的七浦路等。另外现在的批发市场也会做零售（单卖给顾客），或者通过直播直接销售给顾客。

在以低端市场为目标的，以休闲装和运动装为主的一类低价量贩式服装。这类商品通常款式简单，面料普通，易于标准化生产。并且由于价格低廉，款式传统，更容易帮助品牌扩张到三四级等边远市场（农村、城郊结合处），规模化及标准化生产使其可以在价格上取胜。这类品牌的价位通常在几十元到数百元之间，代表品牌有迪卡侬、美特斯·邦威，优衣库等。值得一提的是，在"低价定位"中还有一些互联网品牌。比如，韩都衣舍目前是中国最大的纯互联网服饰品牌，售卖以韩风为主的潮流款式。其他拥有自有互联网平台品牌的还有小米与网易严选。小米与网易严选主要销售基本款的鞋服类产品。

低价定位之上就是占有最主流市场的"大众定位"。这类定位通常在款式方面较低价产品更显时尚感（以定位都市生活人群为主）、品质方面（面料）较低价位产品略好，在价格上也略高于低价量贩式品牌，但依然在大众容易接受的心理价位范围之内。这类品牌价格通常以数百元为主，很少有超过1,000元的价格。代表品牌有如今快速时尚消费的楷模西班牙品牌Zara和瑞典的H&M，以及近几年崛起的本土品牌UR。

中高价位产品线则基本以500～2,000元的价格为主，冬季产品可高达2,000元以上。这类产品崇尚高品质（或者功能性强），以讲究品位且收入中高的人士为主要目标消费群。通常一些一线的运动品牌，例如，耐克、阿迪达斯，及专业牛仔品牌Lee、Levi's属于此类品牌。

国内目前的高价定位产品通常以国际二、三线品牌及国内设计师类品牌占据主导地位。这些品牌在倡导高品质工艺的同时，也比较推崇独特的设计风格。很多奢侈品牌为了拓展销售规模，都为自己的奢侈品线推出了相对低端的产品线俗称"品牌副线"，最先推出这一商业模式的是意大利最成功的时装品牌阿玛尼（Armani）。如阿玛尼·休闲（Armani Exchange）、阿玛尼·牛仔（Armani Jeans）即是其奢侈线阿玛尼·黑标（Armani Collezioni）及安普里奥·阿玛尼（Emporio Armani）的相对低端价位的补充。国内近几年也成长起一批由本土设计师主导的设计师品牌，它们有自己独特的设计风格，却也并非曲高和寡只能唱秀不能卖钱，恰恰相反，在市场上也相当有影响力。代表品牌有北京谢锋的吉芬、上海王一扬主导设计的素然、设计师马可与毛继鸿在广东创立的"例外"品牌。这类产品售价通常在 2,000～10,000 元。

处于时装市场更高端价位的即是我们通常所说的"奢侈品"品牌，这些品牌所处的地位也代表了时装品牌可达到的最高商业境界。"奢侈品"无论是使用的原材料、制作工艺，还是其所倡导的仅限于小众人群的高端生活方式，都体现了它最大的特点——最精致的品质、令普通人望而生畏的价格、只售给社会最尖端的人群。其在国内售价很少低于 5,000 元。

高级定制代表了时装界最梦幻的阶层，虽然从商业上来说，绝大多数的高级定制屋已很难单纯依靠高级定制生存。不过，在中国市场上情形有些不同，近几年中国高级定制开始逐渐热起来。在国内比较知名的高级定制品牌有郭培及 Grace Chen。他们的消费群通常以高官夫人、女性官员、女性企业家及明星为主。

第三节 | 时装商品的技术属性

一、服装产品线的分类

服装产品线一般按穿着种类有以下几种分类：

（1）整件装（One-piece）：上下两部分相连的服装，主要是指连衣裙。

（2）套装（Suits）：通常指职业套装，即上下装是配套的。

（3）外套（Outwear）：穿在衣服最外层的衣服，有夹克衫、卫衣、大衣、风衣、披风等。

（4）背心（Vest）：穿至上半身的无袖服装，通常长度到腰、臀之间，为略贴身的造型。

（5）T恤（T-shirt）：最常见的就是平时穿的圆领短袖或者长袖T恤。不过现在女装T恤款式也很多样化，是夏天的必备款。

（6）衬衫（Shirts or Blouse）：即平时穿的衬衣或者花式衬衫。

（7）半身裙（Skirt）：从腰部开始的裙。主要有一步裙、A字裙、铅笔裙等。

（8）裤（Pants or Trousers）：从腰部向下至臀部后分为裤腿的衣着形式，穿着行动方便。有长裤、短裤、中裤。

二、服装板型

服装板型（Pattern Cutting）可被理解为穿着的合体性。对买手而言，掌握板型的流行趋势也很重要。如近几年随着休闲时尚风的流行，越来越多女性喜欢穿着一些宽松板型的衣服。

服装板型主要有以下几种，见图2-3：

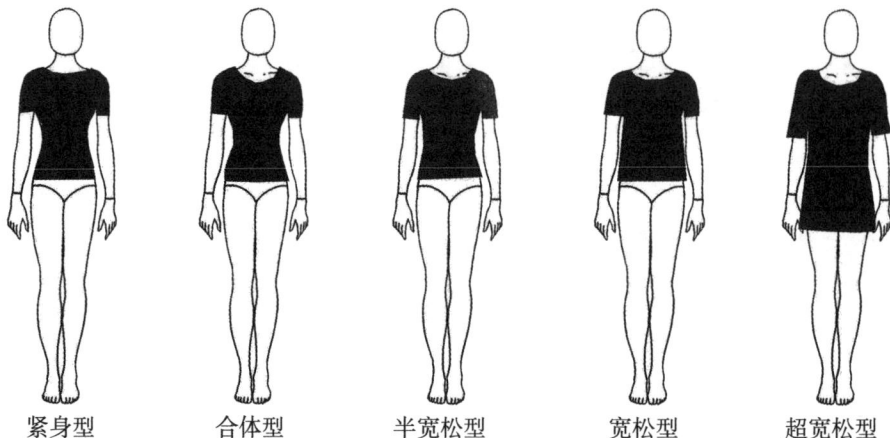

紧身型　　　合体型　　　半宽松型　　　宽松型　　　超宽松型

图2-3　服装板型

（1）紧身型（Slim Fit）：紧贴身体的板型，充分显示女性的曲线线条，通常用于内衣及礼服设计。紧身服一般要使用弹性面料方可充分体现身材。

（2）合体型（Fit）：较紧身稍显宽松，对穿着者而言更加舒适。同样可以较好地显示女性曲线美。大多数时装品牌使用合体型板型。

（3）半宽松型（Semi Fit）：界于合体型与宽松型之间。从腰侧看依然可以隐约看见收腰线条。

（4）宽松型（Loose Fit）：一般运动服、休闲服用的宽松型板型较多，主要为了人体运动功能考虑。人体与服装间的空隙较大。

（5）超宽松型（Oversized）：这也是近期较流行的一种板型——超大尺寸，如流行音乐圈中很多说唱或者嘻哈歌手穿的都是这种板型的衣服。

三、服装设计常用款式及款式学名

一些常用的服装款式常有专有学名。买手应当了解此类学名以免和设计师或者其他同事、同行沟通时产生误解。

1. 夹克（Jacket）

夹克是一种外套类有袖日常上装，通常长度到腰部、胯部或者臀部。随着面料的日新月异、时尚款式的丰富，许多时尚夹克也有到胸部或者腰部的短装款式。以下为常见的夹克学名、款式图片及主要特点。值得注意的是，以下图片均是表达该款式的常用款式。随着面料及设计的日益发展，许多款式已经得到不同程度的改变，但从主体来看，还是保留原款式的主要特色。

球衣（Ball Jacket）

通常指橄榄球球服。通常长度到腰部，领口、袖口及下摆口带针织罗纹，全拉链开口。这是一种运动装常用款式（图2-4）。

图2-4　球衣

休闲便装（Blazer）

采取西装造型，但风格偏休闲，也分单排扣、双排扣门襟。常用的商务休闲类款式之一（图2-5）。

图2-5　休闲便装

波雷诺外套（Bolero）

来源于斗牛士服装的一类女士用短夹克。常用于时装、礼服设计（图2-6）。

图2-6　波雷诺外套

男式晚宴装（Dinner Jacket）

男式晚宴装的一种，需佩戴领结（图2-7）。

图2-7　男式晚宴装

艾森豪威尔夹克（Eisenhower Jacket）

名字由第二次世界大战时期著名的艾森豪威尔将军而来，及腰长度，是合体的一类军服（图2-8）。

图2-8　艾森豪威尔夹克

抓毛卫衣（Fleece Jacket）

用摇粒绒或者单面绒所做的卫衣。是休闲装、运动装的常用款（图2-9）。

图2-9　抓毛卫衣

飞行装
（Flight Jacket）

来自于飞行员装，是一种收袖口的短装夹克（图2-10）。

图2-10　飞行装

苏格兰裙套装
（Kilt Jacket）

传统的苏格兰服之一，下装是苏格兰格子裙，上装是一种叫阿盖尔郡（属苏格兰）的西装（图2-11）。

图2-11　苏格兰裙套装

摩托车手夹克
（Motorcycle Jacket）

短夹克皮装，原为摩托车手所用（图2-12）。

图2-12　摩托车手夹克

诺福克夹克
（Norfolk Jacket）

名字来源于英国的诺福克郡（Norfolk）。是一种宽松式、单排扣、加腰带的外套。前后均有活褶，便于活动（图2-13）。

图2-13　诺福克夹克

尼赫鲁装
（Nehru Jacket）

1947~1964年印度总理尼赫鲁所穿。中式领，但衣服大身使用的是西服的款式，长至臀围（图2-14）。

图2-14　尼赫鲁装

骑手服
（Riding Jacket）

骑手服，是运动服品牌的设计来源之一（图2-15）。

图2-15　骑手服

双排扣水手服上衣
（Reefing Jacket）

源自水手服（Pea Coat），是水手服中的一种（图2-16）。

图2-16　双排扣水手服上衣

田径夹克
（Track Jacket）

运动服的一种（图2-17）。

图2-17　田径夹克

卫衣
（Sweatshirt）

诞生于20世纪30年代的纽约，当时是为冷库工作者生产的工装。现在已成为一类大众服装，是运动品牌及休闲品牌的必备款（图2-18）。

图2-18　卫衣

防风夹克
（Windbreaker）

一种薄型面料的可防风防水的运动型夹克，是运动装的常用款（图2-19）。

图2-19　防风夹克

2. 厚外套（*Heavy Outwear*）

风衣
（Trench Coat）

一种防风雨的薄型大衣，又称风雨衣。最早起源于第一次世界大战时西部战场的军用大衣，被称为"战壕服"。其款式特点是前襟双排扣、右肩附加约克、开袋、配腰带，有肩襻、袖襻（图2-20）。

图2-20　风衣

户外外套
（Anorak or Parka）

由北极因纽特人发明，主要有御寒功能，是户外品牌服装常用的一类秋冬款式。传统的Anorak的面料具有防水功能，带帽，腰部有抽绳，是套头式的外套；Parka则通常会填充人造棉或者羽绒以达到保暖御寒效果，带帽，在门襟处有皮毛的一类厚外套。许多秋冬厚外套都是由这两种基本款式延伸而来（图2-21）。

图2-21　户外外套

便装短外套（Car Coat）

图2-22　便装短外套

原是为了给男士开车穿，所以通常领子可以翻起，扣子可扣到领口，以防风。两侧开衩，便于活动（图2-22）。

短厚大衣（Donkey Jacket）

图2-23　短厚大衣

来源于19世纪英国工人的服装，毛料制作，属于短大衣类。肩部及前胸有薄型材料做的补丁。原是为了写工人服务的公司的名字，或者用亮色的补丁替代以便晚上工人作业时行人或车可以看见作业者（图2-23）。

羽绒服（Down Jacket）

图2-24　羽绒服

充羽绒类服装（图2-24）。

带风帽的粗花呢大衣（Duffle Coat）

图2-25　带风帽的粗花呢大衣

由一种叫的Duffle厚质、粗羊毛面料制作而成的传统英式服装，诞生于1890年，流行于英国海军。主要特征是粗花呢面料、带帽、门襟处有4颗木制或者海象牙制的栓扣，长度及至大腿中部（图2-25）。

中短装风衣（Duster Coat）

图2-26　中短装风衣

早期给骑马人穿的风衣。由轻便面料制作，面料可防水（雨）防尘。后中开衩，方便骑马。长度通常到脚踝。现在已经发展成为中短装类风衣的一种（图2-26）。

海军呢双排扣大衣（Pea Coat）

图2-27　海军呢双排扣大衣

原来由海军穿的厚羊毛面料做的双排扣大衣（图2-27）。

战地服
（Field Jacket）

给战地士兵冬天穿的一类军服外套。第二次世界大战美军军服之一（图2-28）。

图2-28 战地服

3. 衬衣（Shirt）/ T恤（T-shirt）/ 背心（Tank）

便西服衬衣（美式
英语：Dress Shirt；
英式英语：Button-
down Shirt）

带领及袖克夫的轻便式男式衬衣。女式衬衣则称为 "Shirt Waist"（图2-29）。

图2-29 便西服衬衣

轻便绣花衬衣
（Guayabera）

便西服衬衣的一种变形。在胸前带有绣花，有时带有活褶（图2-30）。

图2-30 轻便绣花衬衣

撞料T恤
（Ringer T-shirt）

领部及袖子用不同面料做的撞料T恤（图2-31）。

图2-31 撞料T恤

贴身小背心
（Camisole）

女性贴身穿的小背心（图2-32）。

图2-32 贴身小背心

Polo领T恤
（Polo Shirt）

Polo领的套头T恤。是网球装、高尔夫球装常用的款式（图2-33）。

图2-33 Polo领T恤

橄榄球T恤
（Rugby Shirt）

Polo领T恤。通常领身和袖身使用不同面料与大身面料撞料设计（图2-34）。

图2-34 橄榄球T恤

半开襟T恤
（Henley Shirt）

将Polo领去掉领子部分的半开襟T恤或者衬衣（图2-35）。

图2-35　半开襟T恤

A字背心
（Tank）

无袖的T恤，一般有着较宽松的领部及袖窿。里面需要另穿抹胸或者可外露内衣（图2-36）。

图2-36　A字背心

环领背心
（Halter Top）

无肩无袖的环颈、后部镂空的背心（图2-37）。

图2-37　环领背心

4. 裤子（Pants）

百慕大短裤
（Bermuda Shorts）

不到膝盖长度的半宽松休闲短裤（图2-38）。

图2-38　百慕大短裤

裙裤
（Culottes）

结合了裙子与裤子特点的低裆宽松式裤装（图2-39）。

图2-39　裙裤

打底裤
（Leggings）

通常为了配合短裙穿的一种裤子。比一般长筒袜厚些（图2-40）。

图2-40　打底裤

喇叭裤
（Boot-Cut Pants）

从膝盖处往下裤口逐渐变大的裤型（图2-41）。

图2-41　喇叭裤

哈伦裤
（Harem Pants）

来自于印度的一种低裆宽松裤（图2-42）。

图2-42　哈伦裤

工装裤
（Overalls）

诞生于19世纪末，旧时工人做工时的工服裤（图2-43）。

图2-43　工装裤

卡普里裤
（Capri）

长度至小腿肚的休闲类裤子（图2-44）。

图2-44　卡普里裤

连体裤
（Jumpsuit）

上下身连体的裤子（图2-45）。

图2-45　连体裤

窄脚裤
（Skinny Pants）

裤口窄小的一种合体型裤子。通常面料有一定弹性（图2-46）。

图2-46　窄脚裤

5. 连身裙（Dress）

衬衣裙
（Shirtwaist Dress）

上半身是正装类衬衣下半身是裙的连身裙（图2-47）。

图2-47　衬衣裙

紧身裙
（Sheath Dress）

紧身无袖连衣裙，通常腰部没有分割线（图2-48）。

图2-48　紧身裙

直筒裙
（Shift Dress）

合体无省道连衣裙（图2-49）。

图2-49　直筒裙

无袖圆领背心裙
（Jumper Skirt）

夏天套在衬衫外、冬天套在毛衣外的背心式连身裙（图2-50）。

图2-50　无袖圆领背心裙

太阳裙
（Sundress）

夏日穿的轻便的非正式场合穿的抹胸式无袖连身裙（图2-51）。

图2-51　太阳裙

帐篷裙
（Tent Dress）

自胸下呈A摆的连身裙（图2-52）。

图2-52　帐篷裙

环领裙
（Halter Neck Dress）

无背带环领裙（图2-53）。

图2-53　环领裙

包裹领裙
（Surplice Dress）

领部是由两片面料相互交叉包裹而成的V型领连身裙（图2-54）。

图2-54　包裹领裙

6. 半身裙（*Skirts*）

A摆裙
（A-line Skirt）

从腰部到下摆的线条形状好像英语大写字母A 的形状的半身裙（图2-55）。

图2-55　A摆裙

扫帚裙
（Broomstick Skirt）

压褶半身裙。远看像把扫帚（图2-56）。

图2-56　扫帚裙

灯笼裙
（Bubble Skirt）

下摆抽褶缩起，裙身好像灯笼一样（图2-57）。

图2-57　灯笼裙

伞裙
（Full Skirt）

腰部抽许多碎褶，形状像打开的伞一样的半身裙（图2-58）。

图2-58　伞裙

褶裙
（Pleated Skirt）

用有规则的活褶做出合体的半身裙，与伞裙主要差异是伞裙抽的是碎褶（图2-59）。

图2-59　褶裙

普拉瑞裙
（Prairie Skirt）

有多层荷叶边的大摆长裙（图2-60）。

图2-60　普拉瑞裙

蓬蓬裙
（Rah-rah Skirt）

多层裙摆的迷你短裙（图2-61）。

图2-61　蓬蓬裙

围裙
（Sarong）

用一块方形面料围绕身体一圈在侧边打结成裙样（图2-62）。

图2-62　围裙

7. 主要领型（Neckline）

船领
（Boat Neckline）

图 2-63　船领

大樽领
（Cowl Neckline）

图 2-64　大樽领

低 V 领
（Deep V Neckline）

图 2-65　低 V 领

低方领
（Deep Cut Square Neckline）

图 2-66　低方领

露肩领
（Off-the-shoulder）

图 2-67　露肩领

樽领
（Turtle Neck）

图 2-68　樽领

8. 主要袖型（Sleeve）

蝙蝠袖
（Batwing Sleeve）

袖窿很深，与腰部相连，两个袖子好像蝙蝠的翅膀（图2-69）。

图2-69 蝙蝠袖

喇叭袖
（Bell Sleeve）

从肩部到袖口逐渐变大，好像喇叭形状（图2-70）。

图2-70 喇叭袖

主教袖
（Bishop Sleeve）

喇叭袖在袖口处抽褶用袖克夫连接（图2-71）。

图2-71 主教袖

盖肩袖
（Cap Sleeve）

仅盖过肩部的一种短袖（图2-72）。

图2-72 盖肩袖

多尔曼袖
（Dolman Sleeve）

靠近肩部部分很宽松，到手腕处逐步缩小的一种袖型（图2-73）。

图2-73 多尔曼袖

羊腿袖
（Leg of Mutton Sleeve）

肘上半部分非常宽松，下半部分则为合体型的一种袖型。形状好像羊腿（图2-74）。

图2-74 羊腿袖

诗人袖
（Poet Sleeve）

肘部上半部分合体，下半部分则呈喇叭状，袖口通常带有荷叶边（图2-75）。

图2-75　诗人袖

泡泡袖
（Puffed Sleeve）

肩部呈泡状的袖型（图2-76）。

图2-76　泡泡袖

插肩袖
（Raglan Sleeve）

肩线与领围线相连的袖型（图2-77）。

图2-77　插肩袖

四、纺织面料常识及常规面料的辨识

纺织面料是一门专业的学科。作为时装买手虽不需要像纺织技术人员那样专业地掌握面料知识，但需具备一定的面料常识并且能够辨别常用面料，了解这些面料的优缺点及适用款式。

1. 面料主要信息

（1）面料成分（Fabric Contents）：面料成分，包括材料、手感等，决定了面料的许多属性是顾客购买产品时必须了解的一项内容，所以非常重要。

（2）护理特性（Fabric Care）：面料的护理包括洗涤、保养等，是终端用户会特别关心的一项内容。有时顾客会因为护理太复杂而放弃对产品的购买。

（3）机织物（Woven Fabric）与针织物（Knitwear）：由于织造设备及织造方法的不同，服装用纺织面料有以下最基本的两大类：

①机织物：由两组或多组的纱线相互以直角交错而成，纱线呈现纵向者称为经纱，纱线横向来回者称为纬纱。由于机织物纱线以垂直的方式互相交错，因此具有坚实、稳固、缩水率相对较低的特性。

②针织物：经纱线成圈的结构形成针圈，新的针圈再穿过先前的针圈，如此不断重复，即形成针织物。

（4）面料组织结构：以下是面料最基本的三种原组织，也称基础组织。其他组织都是由这三种组织变化而来。

①平纹组织：平纹组织织物（Plain Weave）的经纱与纬纱间隔地浮沉交织。平纹组织的特点是，织物正反面的外观效果相同，表面平坦，故有平纹组织之称。平纹织物的质地坚牢，其缺点是手感较硬，花纹单调。

②斜纹组织：斜纹组织（Twill Weave）的组织点呈连续的倾斜纹路。斜纹组织织物的特点是，织物有正反面的区别，比平纹织物紧密厚实，光泽较好，手感松软。但在经纬纱粗细、密度相同的条件下，其坚牢度不及平纹组织织物。

③缎纹组织：缎纹组织（Satin Weave）是三个原组织中最复杂的一种组织。缎纹组织的特点是：织物表面平整光滑，富有光泽，质地较柔软，但它与平纹组织织物、斜纹组织织物相比，易受外力摩擦而起毛，甚至破损。缎纹组织主要用于礼服类产品。

（5）面料克重（Fabric Weight）：一般用每平方米克重表示，指面料的每平方米的重量，是表示面料厚薄的指标。作为买手应该了解一般春夏用的常规面料（主要是针织类面料）的常用克重及秋冬季常规面料的常用克重。

2. 纺织纤维的分类

纺织纤维主要分为天然纤维及化学纤维。

（1）天然纤维：指从植物或者动物中获取的纺织纤维。包含植物纤维（棉、麻）及动物纤维（毛、丝）。

（2）化学纤维：主要分为以下三大类：

①再生纤维：由天然纤维素纤维为原料制作的纤维。人造棉、人造丝及人造毛即由此种工艺制作。

②合成纤维：常用的涤纶、腈纶、维纶、丙纶、氯纶即属于此类。

③无机纤维：硅酸盐纤维、金属纤维即属于此类。

3. 常用面料常识

以下为常用面料的主要优缺点及辨别方法。

（1）棉（Cotton）：

①主要特点：

a.吸湿性强。

b.棉布对无机酸非常不稳定。

c.长时间暴露在阳光和大气中，棉布可起缓慢的氧化作用，强力降低。

d.微生物、霉菌等对棉布织品有破坏作用。

②主要优点：

a.布面光泽柔和，手感柔软。

b.吸汗散热，单价相对较低。

c.导热导电良好，没有产生静电之困扰。

d.怕酸不怕碱，可承受强力洗洁剂的清洗。

e.吸湿力强。

f.保暖性强。

③主要缺点：

a.弹性较差，易皱折。

b.初期遇水时会有收缩的现象，洗过之后整件衣服会皱巴巴的，尺寸缩水或变大。

c.易受霉及蛀虫的侵害。

d.汗酸会伤害到棉，使棉的强力减低，易发生变黄现象。

④ 主要判断方法：

a.用手捏紧布料后松开，可见明显折皱，且折痕不易消失。

b.靠近火焰，不缩不熔；接触火焰，迅速燃烧，火焰呈橘黄色，有蓝色烟；离开火焰，继续燃烧；烧后灰烬少，呈线状；灰末细软，呈浅灰色，手触易成粉末。

⑤ 主要护理方法：

a.可机洗或手洗，但因纤维的弹性较差，故洗涤时最好轻洗，不要用大力手洗，以免衣服变形，影响尺寸。

b.棉织品最好用冷水洗，以保持原色泽。

c.除白色棉织品外，其他颜色棉织品最好不要用含有漂白成分的洗涤剂或洗衣粉洗，以免造成脱色。更不可将洗衣粉直接倒落在棉织品上，以免局部脱色。

d.将深颜色衫与浅颜色衫分开洗。

e.脱衣后应迅速平整挂干，以减少折皱。

f.耐高温，可用高温熨烫。

⑥ 主要混纺成分：

a.黏棉：布面光泽柔和明亮，色彩鲜艳，平整光洁，手感柔软，弹性较差。用手捏紧布料后松开，可见明显折痕，且折痕不易消失。

b.涤棉：光泽较纯棉布明亮，布面平整，洁净无纱头或杂质。手感滑爽、挺括，弹性比纯棉布好。手捏紧布料后松开，折痕不明显，且易恢复原状。

⑦ 主要品种：

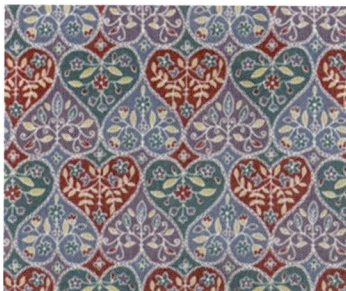

图2-78　府绸

a. 府绸（Poplin）（图2-78）:

主要面料成分：　纯棉或涤棉细特纱。

组织结构：　平纹组织。

主要外观特点：　经纱表面有凸起的菱形粒纹。

主要手感特点：　柔软，滑糯。

主要优点：　布面洁净平整，质地细致，粒纹饱满，光泽莹润柔和。

主要应用：　衬衫、夏令衣衫及日常衣裤。

图2-79　卡其

图2-80　哔叽

图2-81　横贡缎

图2-82　牛仔布

b. 卡其（Khaki）（图2-79）：

主要面料成分：　纯棉或涤棉。

组织结构：　斜纹组织。

主要外观特点：　正反面斜纹组织都很明显的是双面卡其；单面斜纹组织明显的是单面卡其。

主要手感特点：　厚实。

主要优点：　结构紧密厚实、坚牢耐用。

主要应用：　风衣、外套、裤子、工作服。

c. 哔叽（Serge）（图2-80）：

主要面料成分：　纯棉、黏棉、黏纤。

组织结构：　斜纹组织。

主要外观特点：　正反面斜纹方向相反。

主要手感特点：　柔软（与卡其相比，卡其手感较硬）。

主要优点：　质地厚实。

主要应用：　妇女、儿童衣料。

d. 横贡缎（Sateen）（图2-81）：

主要面料成分：　纯精梳棉。

组织结构：　纬面缎纹组织。

主要外观特点：　表面光洁、富有光泽、结构紧密。

主要手感特点：　手感柔软。

主要优点：　手感舒适滑爽。

主要应用：　时装。

e. 牛仔布（Jean）（图2-82）：

主要面料成分：　粗特纱纯棉。

组织结构：　斜纹组织。

主要外观特点：　织物正反异色，正面呈经纱颜色；反面呈纬纱颜色；纹路清晰，质地紧密。

主要手感特点：　手感硬挺。

主要优点：　坚固结实。

主要应用：　工作服、防护服、牛仔衣裤。

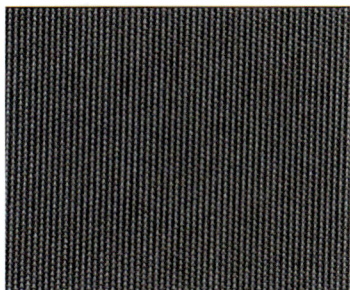

图2-83　牛津布

f. 牛津布（Oxford）（图2-83）：

主要面料成分：	纯棉、涤棉。
组织结构：	平纹变化组织。
主要外观特点：	织物色泽柔和、有双色效应。
主要手感特点：	手感柔软。
主要优点：	透气性好，穿着舒适。
主要应用：	衬衣、睡衣。

图2-84　灯芯绒

g. 灯芯绒（Corduroy）（图2-84）：

主要面料成分：	纯棉、涤棉、氨纶包芯纱。
组织结构：	起毛组织。
主要外观特点：	织物绒条丰满平整、质地厚实。
主要手感特点：	手感柔软。
主要优点：	保暖性好，耐磨、耐穿。
主要应用：	春、秋、冬服装。

图2-85　绉布

h. 绉布（Crepe）（图2-85）：

主要面料成分：	纯棉、涤棉。
组织结构：	平纹组织。
主要外观特点：	织物纵向有均匀绉纹的薄型织物。
主要手感特点：	手感挺爽、柔软，富有弹性。
主要优点：	穿着舒适。
主要应用：	衬衫、裙、睡衣裤。

图2-86　泡泡纱

i. 泡泡纱（Seersucker）（图2-86）：

主要面料成分：	纯棉、涤棉。
组织结构：	平纹组织。
主要外观特点：	织物表面呈凹凸状泡泡的薄型织物，立体感较强。
主要手感特点：	有凹凸泡泡感。
主要优点：	穿着不贴体，凉爽舒适，洗后不用熨烫。
主要应用：	衬衫、裙、睡衣裤。

图2-87　罗纹布

j. 罗纹布（Rib）（图2-87）：

主要面料成分：	纯棉。
组织结构：	针织物。
主要外观特点：	布纹形成凹凸效果。
主要手感特点：	弹性大。
主要优点：	比普通针织布更有弹性，适合于修身款式。
主要应用：	T恤、针织外套。

图2-88　珠地布

k. 珠地布（单珠地布是Pique，双珠地布是Lacoste）（图2-88）：

主要面料成分：	纯棉。
组织结构：	针织物。
主要外观特点：	布表面呈疏孔状，有如蜂巢。
主要手感特点：	有颗粒感。
主要优点：	比普通针织布更透气、干爽及更耐洗。
主要应用：	T恤。

图2-89　毛巾布

l. 毛巾布（Terry）（图2-89）：

主要面料成分：	纯棉或者棉混纺。
组织结构：	针织物。
主要外观特点：	底面如毛巾起圈。
主要手感特点：	柔软。
主要优点：	保暖、柔软、手感舒适。
主要应用：	运动及休闲类外套。

图2-90　毛圈布

m. 毛圈布（French Terry）（图2-90）：

主要面料成分：	纯棉或者棉混纺。
组织结构：	针织物。
主要外观特点：	底面呈圈状物。
主要手感特点：	柔软。
主要优点：	保暖、柔软、手感舒适。
主要应用：	T恤、运动及休闲类外套。

n. 抓毛卫衣布（Fleece）（图2-91）：

主要面料成分： 纯棉或者棉混纺。
组织结构： 针织物。
主要外观特点： 底面呈毛绒感。
主要手感特点： 柔软。
主要优点： 保暖、柔软、手感舒适、吸汗。
主要应用： 冬季运动及休闲类外套。

图2-91 抓毛卫衣布

（2）麻（Flax）：

①主要特点：

a.一般性质与棉纤维相似，但其强度大于棉纤维，湿态时强度更大。

b.导热性能比棉纤维好，故更加透气与凉爽。

c.麻纤维的抗水性能很好，不易受水的侵蚀而发霉腐烂。

d.对酸、碱的敏感性较低。

e.麻纤维的弹性在天然纤维中是最差的，所以麻布容易褶皱，洗涤之后必须上浆或烫，才能保持其挺直板整。

②分类：麻布的分类一般是按麻的品种分为苎麻和亚麻两大类，织纹组织一般是平纹组织。

③主要优点：

a.强度大。

b.透气凉爽。

c.不易发霉腐烂。

④主要缺点：易皱。

⑤主要判断方法：

a.靠近火焰，不缩不熔；接触火焰，迅速燃烧，火焰呈橘黄色，有蓝色烟；离开火焰，继续燃烧。

b.草木灰气味；灰末呈白色，手触易成粉末。

⑥主要护理方法：

a.要勤换洗，否则织物表面的麻结会发黄难洗。

b.不宜浸泡时间太久，应当轻柔洗涤，不应用力搓洗。

c.洗涤温度保持在35～40℃。

d.不宜暴晒。

e.熨烫温度偏高，一般在180～200℃。

⑦主要混纺成分：

a.麻棉：麻棉混纺物一般采用55%的麻与45%的棉混纺或者麻棉各50%混纺。外观上保持了麻织物的粗犷与挺括又具有棉织物柔软的特性，改善了麻织物易起毛的缺点。麻棉织物质地坚牢，多为轻薄型，适合夏季物品。

b.毛麻：将不同比例含量的毛与麻纤维混纺，具有手感滑爽、挺括性好的优点。一般较适合外套类衣物。

⑧主要品种：

图2-92　苎麻布

a. 苎麻布（Ramie）（图2-92）：

主要面料成分：	纯苎麻、棉麻、涤棉和涤麻。
组织结构：	平纹组织。
主要外观特点：	有丝光感。
主要手感特点：	手感挺爽。
主要优点：	凉爽、透气、出汗后不粘身。
主要应用：	夏季衣料、窗帘、装饰。

图2-93　亚麻布

b. 亚麻布（Flax）（图2-93）：

主要面料成分：	纯亚麻、棉麻。
组织结构：	平纹组织。
主要外观特点：	织物纹理清晰。
主要手感特点：	手感挺爽。
主要优点：	散热性好、透凉爽滑、平挺无绉缩、易洗染。
主要应用：	外衣、衬衣、裤子、工作服。

（3）丝（Silk）：丝织品的主要原料有桑蚕丝、柞蚕丝和人造丝。

桑蚕丝和柞蚕丝的主要区别是：桑蚕丝洁白而细腻，光洁优雅，易于印染，织品的外观和手感都好于柞蚕丝织品，但纤维的结构、强力、耐光、耐碱性都不如柞蚕丝。

人造丝属于化学纤维，现在所用的纤维素纤维，其中主要是黏胶纤维和铜氨纤维。黏胶丝的强力及弹力较天然丝差，吸湿性高。日光久晒容易氧化而强力损失；铜氨人造丝则吸色较快，染浴温度要低，纤维有铜残留，影响光泽，并具有导电性能。

①主要判断方法：丝绸属于高端类纺织品。因此作为买手主要学会鉴别真丝与仿真丝类的产品。

a.观察法：真丝具有吸光性能，看上去顺滑，光泽幽雅柔和，呈珍珠光亮；手感柔和飘逸，丝线较密，用手抓会有皱纹，纯度越高，密度越大的丝绸手感越好；两层面料进行摩擦会产生"丝鸣"声。而仿真丝手感虽较软，但绸面发暗，无珍珠光泽；化纤织物虽光泽明亮但很刺眼，手感较硬。

b.燃烧法：抽出部分纱线燃烧，真丝看不见明火，有烧毛发的味道，丝灰烬呈黑色微粒状，可以用手捏碎；仿真丝遇火起火苗，有塑料味，火熄后边缘会留下硬质的胶块。

c.品号识别法：国产绸缎实行由5位阿拉伯数字组成的统一品号，其中第1位数字代表织物材质号：

"1"表示全真丝织物。

"2"表示化纤织物。

"3"表示混纺织物。

"4"表示柞蚕丝织物。

"5"表示人造丝织物。

"6"表示交织物。

"7"表示被面织物。

②主要护理方法：丝绸中的织锦缎、古香缎、大花软缎、乔其绒、金丝绒、漳绒、妆花缎、金宝地以及轻薄的纱、绡、色织塔夫绸等，都不能洗涤而只能干洗。能够洗涤的丝绸织物，在洗涤时要结合其各自特点，使用不同的洗涤方法。以下是有关丝绸织物护理

的几个小常识。

　　a.洗涤时在30℃以下手洗，而且要把衣服翻过来洗，如用滴了几滴香醋的水浸泡一下，这样洗出来的真丝衣服柔软又光滑；切忌用力拧搓或用硬刷刷洗，应轻揉后用清水投净，用手或毛巾轻轻挤出水分，在背阴处晾干。

　　b.洗涤时不宜用碱性洗涤剂和肥皂洗涤，洗后应选择通风处晾干，避免破坏丝质衣服的手感及色泽。

　　c.不要将真丝衣服挂在坚硬的金属钩上，防止绸面损伤。

　　d.真丝衣服不穿时，不宜放樟脑丸，否则容易脆化。

　　e.应在八成干时熨烫，且不宜直接喷水，并要熨服装反面，将温度控制在100～180℃。

　　f.深色的服装或丝绸面料应该同浅色的服装分开来洗。

③主要品种：

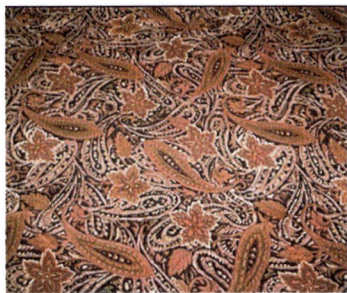

图2-94　双绉

a. 双绉（Crepe de Chine）（图2-94）：

主要面料成分：	桑蚕丝。
组织结构：	平纹组织。
主要外观特点：	绸面呈双向的细微绉纹，色泽鲜艳。
主要手感特点：	柔软。
主要优点：	抗皱性好。
主要应用：	衬衣、裙。

图2-95　桑波缎

b. 桑波缎（Sangbo Satin）（图2-95）：

主要面料成分：	桑蚕丝。
组织结构：	提花组织。
主要外观特点：	缎面纹理清晰、古色古香。
主要手感特点：	柔软、滑爽。
主要优点：	光泽度好。
主要应用：	衬衣、裙、礼服。

图2-96 素绉缎

c. 素绉缎（Crepe Satin Plain）（图2-96）：

主要面料成分： 真丝。
组织结构： 缎纹组织。
主要外观特点： 组织密实。
主要手感特点： 手感滑爽。
主要优点： 抗皱、光滑、柔软。
主要应用： 礼服、裙。

图2-97 塔夫绸

d. 塔夫绸（Taffeta）（图2-97）：

主要面料成分： 桑蚕丝。
组织结构： 平纹组织。
主要外观特点： 经纬结构紧密，绸面异常平挺。
主要手感特点： 坚挺而柔软。
主要优点： 平挺却手感柔软。
主要应用： 礼服。

图2-98 提花绸

e. 提花绸（Silk Jacquard）（图2-98）：

主要面料成分： 真丝
组织结构： 平纹组织、缎纹组织、斜纹组织。
主要外观特点： 轻薄。
主要手感特点： 柔软、滑爽。
主要优点： 华丽。
主要应用： 外衣、内衣、礼服、家用纺织品。

（4）毛（Wool）：毛类织物主要由羊毛、山羊毛、马海毛、兔毛、骆驼毛、牦牛毛等制成。毛类织物分为精纺与粗纺两大类。精纺织物表面平整光洁，织纹紧密清晰。光泽柔和自然，色彩纯正。手感柔软，富有弹性。用手捏紧呢面松开，折痕不明显，且能迅速恢复原状。粗纺面料则呢面丰满，质地紧密厚实。表面有细密的绒毛，织纹一般不显露。手感温暖、丰满，富有弹性。

①主要特点：

a.易吸水；潮湿状态强度降低，但延伸性增加。

b.日光中紫外线对羊毛纤维有破坏作用，时间久了会使其变得枯干、粗硬，易折断。

c.对碱不稳定。

d.弹性大，导热性低，保温性好。

②主要优点：

a.精纺面料手感柔软舒适；粗纺面料手感温暖丰满。

b.高吸水性。羊毛为非常好的亲水性纤维，穿着非常舒适。

c.保暖性。因羊毛具天然卷曲，可以形成许多不流动的空气区间作为屏障。

d.耐用性。羊毛有非常好的拉伸性及弹性恢复性，并具有特殊的毛鳞结构以及极好的弯曲性，因此它也有很好的外观保持性。

③主要缺点：

a.非常容易缩水。在极端条件下，羊毛可收至原来尺寸的一半。

b.羊毛容易被虫蛀，经常摩擦会起球。若长时间置于强光下会令其组织受损，且耐热性差。

④主要鉴别方法：

a.靠近火焰，卷曲不熔；接触火焰，冒烟燃烧，有气泡；离开火焰，继续燃烧，有时自行熄灭，火焰呈橘黄色。

b.烧羽毛或烧毛发的气味；灰烬多，形成有光泽的不定型的黑色块状物，手触易呈灰末状。

⑤主要护理方法：

a.羊毛不易脏，且很容易清洗干净。但最好不要每次穿着后即清洗。在每次穿着后，用软刷拭领上和袖口内部，不但可除去毛织品上的灰尘，也可使毛织品恢复原有的膨松外观。羊毛服饰在每次穿着间应给予一段时间休息，以保持外形。

b.如羊毛服饰已变形，可挂在有热蒸汽处或喷一点水以帮助其外形的恢复。

c.不宜机洗，因羊毛遇力后会加速其收缩。一般应当干洗。

d.绝不能漂，因漂白后的毛织品会变黄。

e.一般毛织物都无须熨，如有需要可用中温蒸汽熨。

⑥主要混纺成分：

a.毛涤混纺呢绒：外观具纯毛织物风格。呢面织纹清晰，平整光滑，手感不如纯毛织物柔软，有硬挺粗糙感，弹性超过全毛和毛黏呢绒。用手捏紧呢面后松开，折痕迅速消失，恢复原状。

b.毛腈混纺呢绒：大多为精纺。毛感强，具毛料风格，有温暖感。弹性不如毛涤。

c.毛锦混纺呢绒：呢面平整，毛感强，外观具蜡样光泽，手感硬挺。手捏紧呢料后松开，有明显折痕，能缓慢地恢复原状。

⑦主要品种（毛及仿毛）：

图2-99 华达呢

a. 华达呢（Gabercord）（图2-99）：

主要面料成分：	100%涤（仿毛）。
组织结构：	斜纹组织。
粗纺/精纺：	精纺。
主要外观特点：	织物表面光洁平整，不起毛，纹路清晰挺直，纱线条干均匀，斜纹角度呈60°左右。
主要手感特点：	手感滑糯。
主要优点：	身骨弹性好，结实耐磨；光泽自然柔和。
主要应用：	职业套装、制服。

图2-100 粗花呢

b. 粗花呢（Tweed）（图2-100）：

主要面料成分：	全涤（仿毛）。
组织结构：	平纹组织、斜纹组织、变化组织。
粗纺/精纺：	粗纺。
主要外观特点：	花色丰富，组织结构丰富。
主要手感特点：	手感丰厚。
主要优点：	色光柔和，身骨弹性好。
主要应用：	西装、中长短大衣。

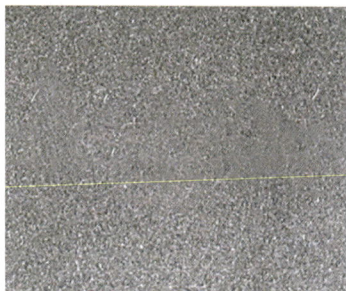

图2-101　麦尔登

c. 麦尔登（Melton）（图2-101）：

主要面料成分：	羊毛。
组织结构：	平纹组织、斜纹组织。
粗纺/精纺：	粗纺。
主要外观特点：	挺括不皱。
主要手感特点：	手感丰润富有弹性。
主要优点：	耐穿耐磨，不皱，抗水抗风。
主要应用：	大衣、制服。

图2-102　法兰绒

d. 法兰绒（Flannel）（图2-102）：

主要面料成分：	羊毛。
组织结构：	平纹组织、斜纹组织。
粗纺/精纺：	精纺。
主要外观特点：	色泽素净大方，一般有浅灰色、中灰色、深灰色。
主要手感特点：	手感柔软平整，比麦尔登薄。
主要优点：	耐穿耐磨，不皱。
主要应用：	西服、大衣。

现在一般大众及中高端市场以天然面料或者天然面料混纺为主。以下简单介绍化学类纤维的主要特点。

（5）人造纤维面料（Man-made Fabric）：主要指黏胶纤维，有人造棉、人造丝、人造毛和富纤等。

主要特点：

a.织品的质地柔软，手感良好，光泽好。

b.钢度差，纤维的抱合力差。

c.吸水性能强。

d.染色性能高，故产品色彩丰富。

e.在湿态时强力下降。

（6）涤纶（Polyester）：

主要特点：

a.强度大、耐磨、耐热、弹性好。所以涤纶广泛地运用在运动装上。

b.吸湿性差、透气性差。易让穿着者感觉不透气。

c.易起毛、结球。

（7）腈纶（Acrylic）：腈纶面料性质与羊毛相似，多作羊毛的代用品，因此又有"合成羊毛"之称。

主要特点：

a.具有良好的弹性。

b.保温性能好。

c.卷曲、蓬松而柔软，颜色鲜艳。

d.强度大。

e.具有良好的耐晒能力。

f.具有良好的耐热性。

g.化学性能较稳定。

h.吸湿性较差，容易沾污。

i.耐磨性很差。

（8）维纶（Vinglon）：维纶性能接近棉布，是现有合成纤维中吸湿性最大的一种。

主要特点：

a.吸湿性能好。

b.具有较强的耐磨性。

c.具有良好的耐腐蚀性。

d.耐干热，不耐湿热。

e.弹性最差。

f.易起皱。

g.染色性能差，色泽不鲜艳。

（9）丙纶（Polyprapylene）：

主要特点：

a.具有很好的强度。

b.是化学纤维中最轻的一种纤维。

c.吸湿率极小。

d.具有良好的耐腐蚀性。

e.难染色。

f.耐光性较差，在高温季节经阳光长时间照射易老化。

g.强度低，面料稳定性不好。

（10）皮革（Leather Goods）：是将动物的毛皮经过鞣制去毛处理后，使其具有一定的柔韧性、耐水性及透气性，使其不易腐烂。皮革也属于时装类产品中一类较常用的材料。

①主要品种：

a.猪皮革：毛孔粗大、表面不平整、粗糙，属于经济实惠的一种皮革。

b.羊皮革：以山羊皮革最好，毛孔呈扁圆，并以鱼鳞状排列，手感柔软而富有弹性，光泽自然，但价钱较贵。

c.牛皮革：皮质较坚硬，分黄牛革和水牛革两种。黄牛革毛孔细小呈圆形，分布均匀且紧密，革面细腻光滑有光泽，手感坚实而富有弹性；水牛革表面凹凸不平，革面粗糙，毛孔比黄牛革粗大，稀少，质地较黄牛革松弛，可用来做多种皮具，价格适中。

②主要特点：

a.原为动物皮肤，所以有一定呼吸性能，可以透气。

b.耐用程度高，因其纤维为多层次结构，单向拉撕很难撕烂。

c.为天然蛋白质，耐高温。

③鉴别质量：

a.真皮从外观看要求光泽丰满自然，颜色有细微差别。而仿皮的颜色则无异，人工痕迹明显。

b.真皮手感柔软，身骨丰满而富有弹性。

c.真皮一般有特殊的皮气味，而仿皮只有塑料味。

④护理方法：

a.不可浸水清洗，可常用皮膏擦拭。

b.不可卷曲或反扭。

c.要放在干燥阴凉的地方。

d.存放时不可折压，以免变形。

e.沾了水的皮带扣要立刻用干布抹干，以免氧化。

f.不得和酸、碱等化学品同放。

五、色彩基本常识

作为一名专业的买手，了解基本的色彩知识主要有两个目的：一是为了与时装设计师建立共同的沟通语言，以便准确沟通未来的时尚潮流趋势，沟通色彩设计方向等；二是为了从色彩角度分析商品的可销售性。

1. 色彩的分类

色彩总的可分为有彩色与无彩色两大类。无彩色即指黑色与白色，如图2-103所示；有彩色主要为红、橙、黄、绿、蓝、紫及这几种基本色混合的颜色，如图2-104所示。

图2-103　无彩色　　　　　　　　　　图2-104　有彩色中的基本色

2. 色彩的三属性

色彩的三属性是指色彩具有的色相、明度、纯度三种性质。三属性是界定色彩感官识别的基础，灵活应用三属性变化是色彩设计的基础。

（1）色相：是指色彩的相貌。在色彩的三种属性中，色相被用来区分我们平时常说的"颜色"，如红色、黄色或绿色等。

色彩有不同的体系，比较常见的有蒙赛尔色彩体系及日本色彩研究所开发的PCCS色彩体系。PCCS色彩体系的最大特点是利用色调调和配色，在服饰色彩领域运用比较广泛。图2-105即为用于表达PCCS色彩体系的色相环。

要了解色相环首先要先了解三原色。原色指不能由其他颜色混合得到而独立存在的颜色，即无法再分离的色彩称为原色。其他颜色都是由三原色混合而成的。原色又分为色料三原色及色光三原色。

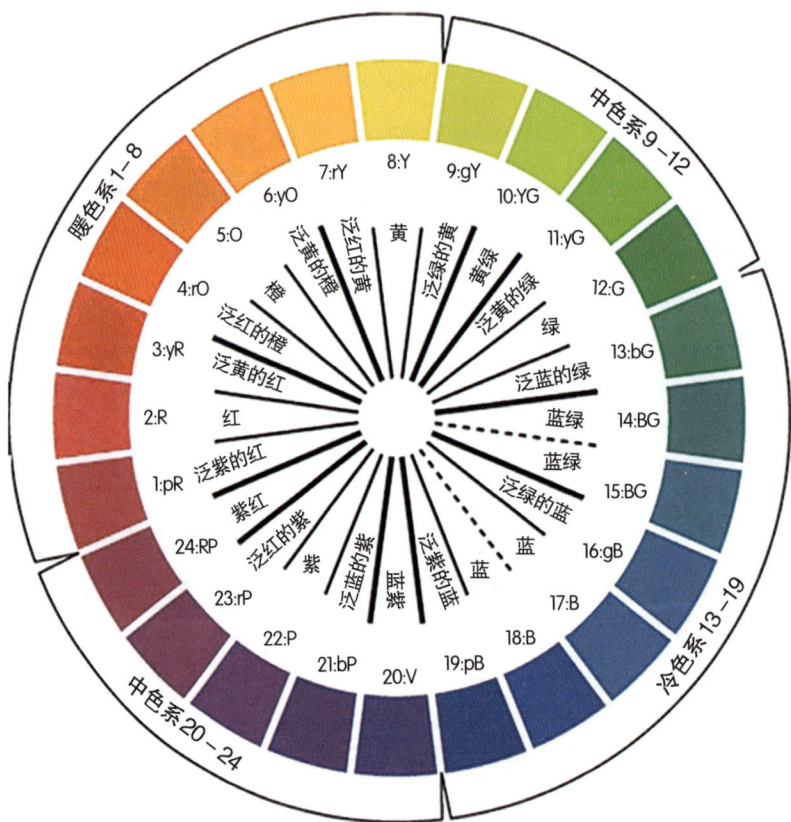

图2-105　PCCS色彩体系

色料三原色即为图2-105中的紫红V24、黄V8及泛绿的蓝V16。色料三原色广泛运用于印刷、油漆、绘画等靠介质表面的反射被动发光的物体上，物体所呈现的颜色是光源中被颜料吸收后所剩余的部分，所以其成色的原理叫作减色法原理。色料三原色按相同比例混合后得到的是黑色（图2-106）。

色光三原色即为图2-105中的泛黄的红V3、绿V12、泛紫的蓝V19。

图2-106　色料三原色

色光三原色广泛运用于电视机、监视器、灯光等主动发光的物体中。光谱中大部分颜色是由色光三原色按不同的比例混合而成。当色光三原色以相同的比例混合时，呈现的是白色。这种混合方法也称为加色法原理（图2-107）。

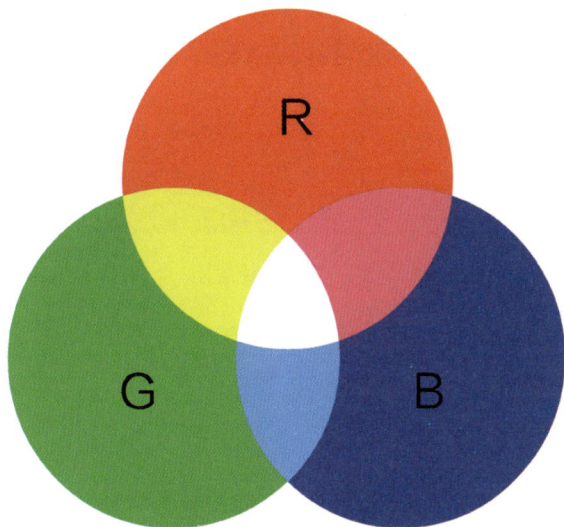

图2-107　色光三原色

PCCS色彩体系的色环的结构，是依据"色料三原色学说"为理论基础的。以红（R）、黄（Y）、蓝（B）为三主色，由红色和黄色产生间色——橙（O）；黄色与蓝色产生间色——绿（G）；蓝色与红色产生间色——紫（P），组成六色相。在这六个色相中，每两个色相分别再均等地调出三个色相，便组成24色色相环。

（2）明度：是指颜色的明暗程度。在色相中分别加入不同量的白色或者黑色就会形成不同明度的明度阶，如图2-108所示。整个色相环中，黄色的明度最高。

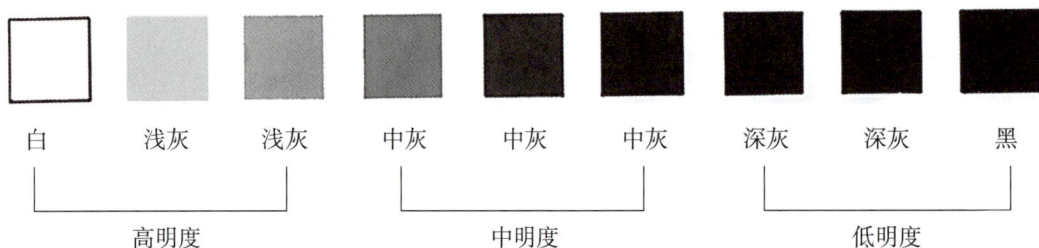

| 白 | 浅灰 | 浅灰 | 中灰 | 中灰 | 中灰 | 深灰 | 深灰 | 黑 |

高明度　　　　　　中明度　　　　　　低明度

图2-108　明度阶

（3）纯度：是指色彩的饱和程度。色彩饱和度越高，色彩纯度也越高。这也是我们平时俗称的色彩的鲜艳程度。黑白灰没有纯度只有明度。

图2-109中红色的纯度下降，色相逐步模糊，鲜艳程度下降。

图2-109　纯度阶

（4）色调：色调能够更加准确地表达色彩。PCCS色相环最大的特点就是利用色调图平面地展示了各色相的明度和纯度的关系。根据每一色相在色调图中的位置，可以准确地知道其纯度和明度的含量。

如图2-110所示，PCCS共有12个色调。这12个色调是以12色相为主体，分别以清色系、暗色系、纯色系、浊色系色彩命名。色调与色调之间的关系同色彩体系的三要素关系的构架是一致的，明暗中轴线由不同明度的色阶组成。

从买手的角度而言，了解这个色调图一是可以更加准确地了解每种色调所表达的心理感觉；二是在必要时向设计师更加准确地表达自己所需要的色彩感觉。

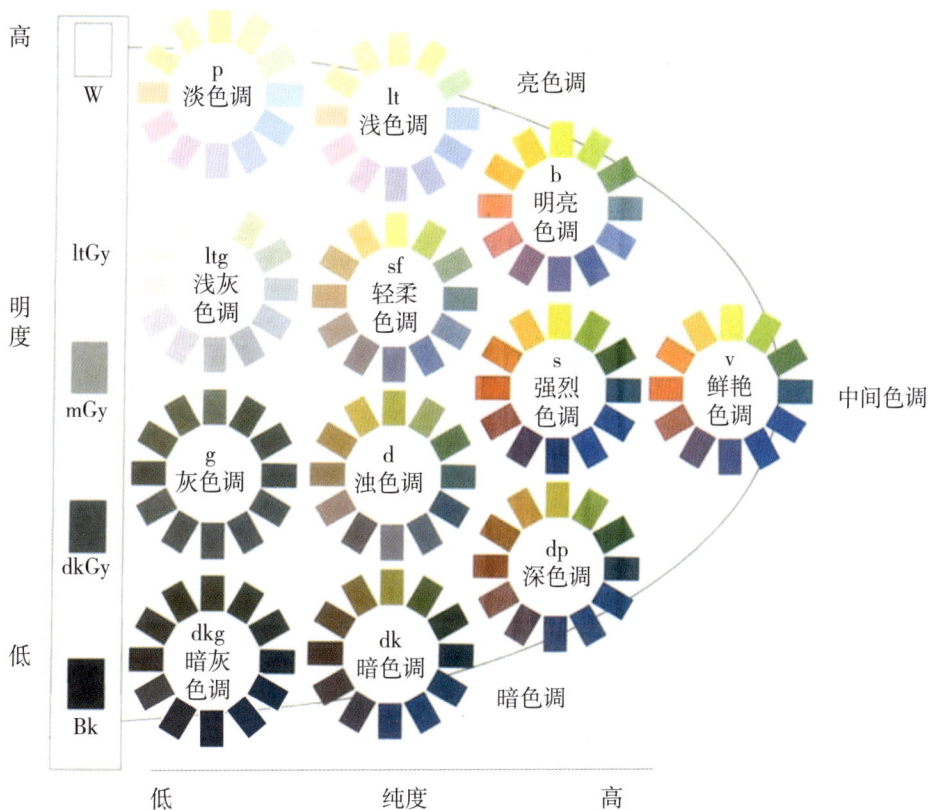

图2-110 PCCS色调图

图2-111　鲜明的纯色调

①鲜明的纯色调（v）：纯色调是由高纯度色相组成的色调。每一个色调个性鲜明，具有挑战性，令人振奋、赏心悦目。强烈的色相对比意味着年轻、充满活力与朝气，如图2-111所示。[①]

②清新的明亮色调（b）：在高纯色调的基础上加入少量白色，提高了明度。因此明亮色调清新、明朗，像少男少女的纯真、朝气蓬勃，具有上进精神，如图2-112中所示的蓝色短裙。

图2-112　清新的明亮色调

---

① 本部分的图片均来自于时装周走秀图。

图2-113　明净的浅色调

③明净的浅色调（lt）：浅色调属于明亮色系列，其特征是在高纯度色调基础上加入了多量的白色，提高整体色调的明度，色彩感相对减弱。浅色调犹如春天的新绿，透明清丽、明净、轻快，如图2-113所示。

图2-114　淡雅的淡色调

④淡雅的淡色调（p）：这是在高纯度色相中加入大量的白色，使色相几乎全部泛白色，色相的感觉模糊化。淡色调让人感觉比较淡雅与恬静，显示出一种安静的美，如图2-114中的上衣所示。

⑤朴实的浅灰色调（ltg）：浅灰色调是一组含大量浅灰色且纯度较低的色调。浅灰调带有几分深沉与暗淡，有着朴实、含蓄、稳重的特色，如图2-115所示。

图2-115　朴实的浅灰色调

⑥浑厚的灰色调（g）：色相环中所有颜色均调入中灰色，使色相感呈低弱灰暗的灰调。就像乌云密布、阴郁暗淡，令人压抑，如图2-116中的上衣大身颜色。

图2-116　浑厚的灰色调

图2-117 沉重的暗灰色调

⑦沉重的暗灰色调（dkg）：暗灰色调里调入了最大量的黑色，原有色相已难以辨清，整体色彩感泛黑，显示了强烈的沉重感，如图2-117中的大衣。原本是红色，加入大量的黑色后，已很难辨别原来的红色。

⑧深沉的暗色调（dk）：暗色调调入了比暗灰色调稍微少量的黑色，形成浓浓的深色调。隐约中略显各色的相貌，这是暗色调的特征。表现出深沉、坚实、冷静、庄重的气质，如图2-118所示。

图2-118 深沉的暗色调

图2-119　稳重的深色调

图2-120　中庸的浊色调

⑨稳重的深色调（dp）：深色调在纯色相中调入了少量黑色。此色调在保持原有色相的基础上又笼罩了一层较深的调子，显得稳重老成、严谨与尊贵。图2-119中的红色上衣即在纯色调的红色中加入了少量黑，使整体感觉沉静却又不显老气。

⑩中庸的浊色调（d）：色相环中加入深灰色，所有色相呈灰色感，总体让人感觉比较中庸但又不乏一些活力。图2-120中的泛灰调的绿色上衣为中庸的浊色调。

⑪柔和的轻柔色调（sf）:轻柔色调是在高纯度色相中加入中等量的浅灰色，使各色相中显出一定的灰度，但原有色相依然清晰可见。该类色调在雅致中又含有稳重的成分，总体视觉效果还显得比较年轻。图2-121中的模特所穿的灰蓝色裤子就属于轻柔色调。

图2-121　柔和的轻柔色调

⑫强烈色调（s）：强烈色调是在高纯度色相中加入少量的中灰色，色彩鲜艳度没有高纯度色调高，但是色相表达依然清晰，少了高纯度的艳丽及强烈对比，多了份调和与稳重，却依然保持了高纯度色相的活跃与鲜明感。图2-122中的橙色上装即比纯色调中的橙色显得纯度低些，但色彩相貌依然非常清晰。

图2-122　强烈色调

3. 色彩的心理感觉

不同的色彩会给人不同的心理感觉。无论是设计师还是买手，可以利用色彩的心理感觉来设计及搭配服装。

（1）冷暖感：色相与色调都可以营造出冷或者暖的感觉，如图2-123所示。

暖的红　　　　　　　　　　　　　　　　冷的蓝

图2-123　冷暖感

在图2-105的色相环中，1~8号的红橙黄色系为暖色系；13~19号的绿蓝色系为冷色系；其余的则为中间色系。色彩的冷暖同时又具有相对性，比如红色与黄色并置，黄色有冷的意味；黄色与蓝色并置，则黄色没有冷的意味。冷暖对比可分为强对比、弱对比、中等对比，冷暖倾向越单纯，对比越强，刺激力越强。

在视觉上，暖色使人有前进感、膨胀感；冷色使人有后退感、收缩感；冷暖色彩对人的生理机制和心理机制也有影响。暖色使人产生兴奋、积极、自信、温暖的感觉；冷色则产生镇静、消极、压抑、寒冷的感觉。

（2）轻重感：轻重感主要与明度相关。明度高的色相感觉轻，明度低的色相感觉重；明度相同，纯度高则感觉轻，纯度低则感觉重；纯度高的暖色感觉重，纯度低的冷色感觉轻。

图2-124中，（a）图中本是强烈色调的红，因混入灰色让人感觉比较沉重；（b）图中的大衣使用的是纯色调的红，让人明显感觉比（a）图中的红轻许多；却又比（c）图中混入大

量白色和少许灰色的高明度蓝感觉重。这三幅图中让人感觉最轻的是（c）图中的蓝色风衣。

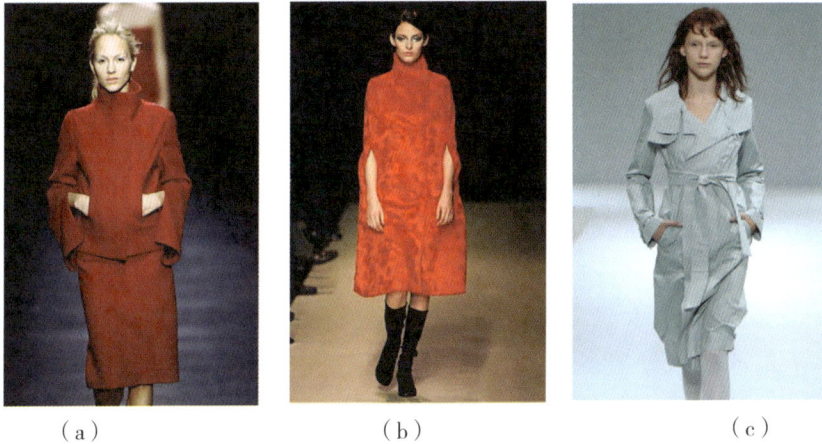

（a）　　　　　　　　　（b）　　　　　　　　　（c）

图2-124　轻重感

（3）软硬感：软硬感与明度及纯度都有关。加入白色或者浅灰色的有彩色感觉柔软；混有中灰、深灰及黑色的色相让人感觉较硬。

图2-125中的（a）图中采用了高明度绿色的裙装让人感觉柔和；而（b）图中的上装虽同属绿色，却因加入了中灰色让人感觉偏硬。

（a）　　　　　　　　　　　（b）

图2-125　软硬感

（4）兴奋感与沉静感：纯度越高的色彩越让人感觉兴奋；纯度越低的则让人感觉越沉静。

如图2-126所示，同样是红色系，短裙因采用了高纯度的红色让人感觉兴奋；上衣采用的是低纯度的暗色调让人感觉沉静。整体一套衣服让人感觉稳重中不乏活力。

（5）华丽感与朴素感：彩度高，明亮色或者色调差较大的纯色与白色、黑色配色时，容易让人产生华丽感；相反，彩度低，深暗色或者低彩度同白色或黑色配色时，易让人产生朴素感。

图2-126　兴奋感与沉静感

如图2-127所示，（a）图中高纯度的冷色调蓝上衣与中性色明亮色调的绿裙搭配时，整体让人感觉较华丽；而（b）图中低纯度的冷色调蓝裙与咖啡色的外套搭配，则让人感觉较朴素。

（a）

（b）

图2-127　华丽感与朴素感

（6）活泼感与忧郁感：纯色或纯色与白色搭配，明亮色或者暖色让人感觉活泼；而纯色与黑色搭配，或者冷色让人感觉忧郁。

图2-128中的（a）图中明亮的黄色让人感觉活泼；而（b）图中的冷调的深蓝让人感觉比较忧郁。

（a） （b）

图2-128　活泼感与忧郁感

（7）前进感与后退感：相同位置的物体，由于颜色不同，会让人感觉其远近距离不同，产生前进感或者后退感。暖色让人感觉前进，冷色则让人感觉后退；明度高的颜色让人感觉前进，明度低的则让人感觉后退。

如图2-129中，明度高的绿色有前进感；明度低的绿色外套则有后退感。

4. 色彩搭配

色彩搭配的方法主要依据于色彩搭配的目的。搭配目的是为了让人感觉和谐统一还是有所冲突决定了色彩搭配的两种主要方法：一种是类似法，另一种是对照法。类似法即在色相、明度、纯度三种要素中，让某种要素相似，变化其他的要素，被称为近似调和。调和的同时要追求统一中的变化，因此一定要依据这个原则来处理好两种对立统一的要素组合关系。而对比调和是以强调变化而组合的和谐色彩。在对比调和中，明度、色相、纯度三种要素可能处于对比状态，因此色彩更富于生动活泼、鲜明的效果。对比调和的色彩组合关系要达到某种既变化又统一的和谐美，主要不是依赖要素的一致，而要靠某种组合秩序来实现。

（a）　　　　　　　　　　　　　（b）

图2-129　前进感与后退感

以下是几类常用色彩搭配方法。

（1）色相对比：

①同类色相对比：在同一色相环上，色相与色相间相隔小于15°的对比搭配法。

在色相环上，同类色相对比，表现在有明度、纯度和冷暖倾向的区别，如图2-130中的上衣及裙子皆为红色，纯度一样，但上装明度高，下装明度低，显得和谐统一中又有略微变化。

图2-130　同类色相对比

图2-131 类似色相对比

图2-132 邻近色相对比

②类似色相对比：在同一色相环上，色相与色相间相隔约15°对比搭配法。

类似色相是色相环上非常邻近的色。类似色相对比的色相差很小，调式统一，这种对比利于突出某一色相的色调。如图2-131中的裤子是橙黄色，上衣是白底上带橙红印花，两者在色相环上相差约15°，属于类似色相配色。

③邻近色相对比：在同一色相环上，色相与色相间相隔约45°的搭配法。

按顺序将相邻于色相环上的基础色相黄与绿、橙与黄、红与橙并置对比，称为邻近色相对比，但只属于色相的弱对比范畴。在黄绿对比中，绿本身有黄色；橙与黄的对比中橙本身有黄色；红与橙对比中橙本身有红色。邻近色相对比的特征是统一明确，对比清晰，是一种易于掌握、易于出效果的配色方法。图2-132中的内衣红色与裙身的橙色就属于相邻色相，而两者的明度与纯度是差不多的，因此虽色相不同，但并不让人感觉突兀。

图2-133　原色对比

图2-134　补色对比

④原色对比：在同一色相环上，色相与色相间相隔约120°的搭配法。

红、黄、蓝表现出最强烈的色相特点，它们之间的对比是色相对比中的最强对比。三原色在并置对比中都具有主动性，但不能征服对方。图2-133中红色的上衣与蓝色的裤装即为原色对比，是一种对比较为强烈的色相，但两者因为均混入了一些中灰，属于深色调，所以色相对比虽然强烈，但感觉并不刺眼。

⑤补色对比：在同一色相环上，色相与色相间相隔约180°的搭配法。

黄与紫是最具冲突的一组色对，其色相个性悬殊、明暗对比强烈，故视觉感强，形象清晰，层次丰富，是最为生动的补色关系；蓝与橙对比，是冷暖对比的代表，红与绿对比明度关系接近，富有色彩表达力度，但容易使眼睛产生眩目感和疲劳感。图2-134中，橙色的外套与蓝紫色的牛仔即为补色对比。此处因为黑色的靴子及深色调的蓝缓和了对比度，混入一些灰度的橙也不再让人感觉跳跃和明亮，因此整体搭配还是很舒服并符合季节感。

（2）明度配色：

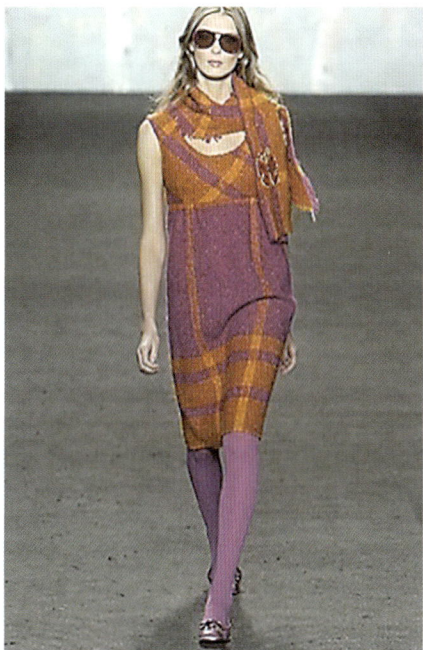

图2-135　相同明度配色

① 相同明度配色：明度相同的配色方法，如同属高明度、中明度或者低明度的配色。图2-135中，从色相中分析两种颜色属于对照色，但两者明度与纯度大致相同，属于明度配色。

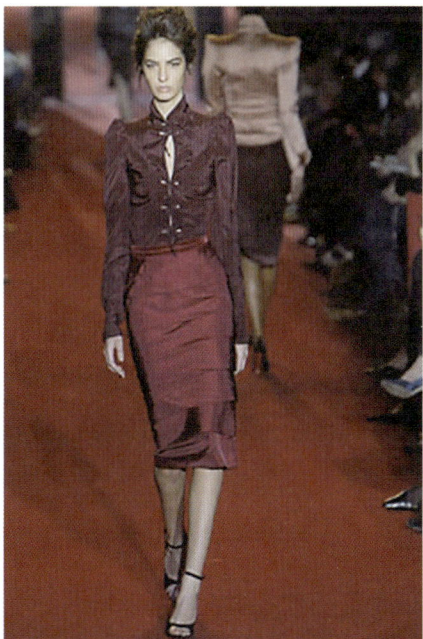

图2-136　类似明度配色

② 类似明度配色：即高明度和中明度相配，或者低明度和中明度相配。为了不显得冲突过大，通常这种情况下会使用同一色相或者类似色相。如图2-136中，上衣与裙同属于红色中泛紫，上衣属于低明度，裙子属于中明度，两者配在一起属于类似明度配色。此类配色表现出含蓄、平凡、明确、稳重的心理。

③对照明度配色：即高明度与低明度相配。如图2-137中的上装就属于高明度，裙子属于低明度，但两者色相同属红色。此类对比表现出明朗、纯洁、活泼、高贵、轻盈的精神。

图2-137　对照明度配色

（3）纯度配色：

①相同纯度配色：纯度相同的配色，如同属高纯度、中纯度或者低纯度的配色。如图2-138中，粉紫色衣身与明黄色手提包都属于高纯度的色彩。

图2-138　相同纯度配色

图2-139 类似纯度配色

②类似纯度配色：即高纯度和中纯度相配，或者低纯度和中纯度相配。图2-139中，上装是中纯度的绿色，裤子是低纯度属于暗灰色调的绿，两者属于类似纯度配色。

③对照纯度配色：即高纯度与低纯度相配。如图2-140中，衬衫与裤子同属于红色，但两者的明度与纯度都有对比性。衬衫的红属于暗色调的红，纯度偏低；而裤子的红属于纯度较高的红。两者对比鲜明。

图2-140 对照纯度配色

配色还有许多其他方法。色彩搭配也是一门专业的学科，此处只能简单地提出些概念性的内容。一般规模较大组织架构完整的服装企业都有自己专门的色彩搭配师。对买手而言，学习色彩的基本常识主要是便于与专业人员的沟通，并且知道如何用专业术语表达自己对色彩的需求即可。专业的色彩搭配工作应由专业人员完成。

5. 色彩的命名

日常生活与工作中，很难总是有机会人手拿一个统一的标准色卡相互沟通关于色彩的问题。同时，一个恰当的色彩表达也有助于消费者对产品的认识。此处是一些常用的色彩命名规则。

（1）无彩色类的系统命名规则：

色名＝色调修饰语＋消色基本色名

由白、灰、黑等一系列中性非色彩构成的色彩称为无彩色。如白色、明灰色、灰色、暗灰色、黑色。

（2）彩色类的系统命名规则：

色名＝色调修饰语＋明度及饱和度修饰语＋彩色基本色名

彩色基本色名包括红色、黄红色、黄色、黄绿色、绿色、青绿色、青色、青紫色、紫色、红紫色10种色彩。描述时可以是纯色调的红色、暗灰色调的绿色、淡色调的紫色等。

（3）其他命名方法：

①以植物的花、茎、叶以及果实的色彩来命名，如玫瑰红、草绿、荷叶绿、橄榄绿、苹果绿、橘红等。

②以动物的特色来命名，如鹅掌黄、蟹青、孔雀蓝等。

③以自然界中的天、地、日、月、星辰、山水、矿石、金属的色彩命名，如天蓝、土黄、月灰、水绿、银灰、翠绿、铅白、石青、石绿等。

④以染料或颜料色的名称命名，如靛青、甲基红等。

⑤以形容色调的深浅、明暗等形容词命名，如朱红、蓝绿、紫灰、明绿、暗蓝、鲜红等。

⑥以其他习惯称呼的色彩名称，如酱色、肉色等。

第四节 │ **时装商品的其他特性**

服装业是典型的"看天吃饭"的行业，受季节、气候的影响较大。

国内的服装上市时间与欧美市场有一些区别。国外的春夏季通常从 1 月起到 6 月止，而秋冬则为 7 ~ 12 月。国内则稍有不同。通常国内的春夏季以春节为起点，而夏季差不多到 8 月中旬才会结束。这也是秋季上新品的时候，冬季品则差不多会到春节后才结束。

了解当地的季节与气候对买手来说非常重要，否则买手很容易以自己居住地的气候来盲目推测目标销售市场的季节与气候。对穿着者来说，服装至少要符合天气需求（凉爽或者保暖等）。常常有初级买手或者设计师会忽略这一看似简单的要点——设计师设计的衣服在当地冬季不够保暖，或者买手忽略气候特点而订购了一批在当地不应季的商品。特别是针对中国这样地广人多的市场，忽略这一要点可能会导致灾难性的销售结果。例如，就中国的北方城市哈尔滨与南方城市深圳相比，在 10 月中下旬北方市场就开始销售羽绒服了，而在深圳真正销售羽绒服的周期很短，差不多只有 12 月底到春节这一段时间。所以买手一定要了解每个销售地区季节气候的更换时间。

另外，西方人的体型与肤色与中国人差异也很大。这也是作为国内买手特别是销售国际品牌的买手所必须注意的。许多国际品牌进入中国市场几乎都会有一个水土不服的阶段。对市场的水土不服，实际上就是对中国地域、季节、气候特征，及中国消费者的穿着与消费习惯的不适应。

欧美人较中国人更为高大，体型较圆、较厚，因此，有一些在国际市场流行的款式，未必适合中国人群。例如，一般情况下，中国女性不适合低胸类产品，也不适合过于宽大或超长的款式。

体型的不同，直接导致欧美尺码及号型不同于中国的标准尺码及号型。有些西方品牌因资源限制，初期进入中国时并没有考虑专门制作亚洲码，而是直接将按欧美尺寸标准制作的成品拿到中国来销售，其结果可想而知。事实上，有不少国外品牌因为尺寸差异问题只好撤出中国市场。

另外，欧美人与中国人肤色的不同，使得双方所喜欢穿着的颜色也有差异。西方人肤色偏白，而中国人是黄色皮肤，一些在西方市场流行的颜色未必适合中国人群。

第五节 | 单款时装商品分析

没有经验的买手初次订货完全是凭感觉订货的——什么款式好看就订什么。而对于专业买手而言，客观地分析某一款式的可销售性非常重要。就单款商品分析而言，对商品做出分析的目的主要是为了预测该商品的受众群大概有多广泛，这将决定该款产品的销售量范围（高销售量、中销售量或低销售量，或者预测几乎无销售量等）。受众群范围大致也分为三种：一类是广泛的销售群，属于跑量款，可以定义为A类款；另一类是只有小众人群会购买，可以定义为C类款；介于两者间的，则属于中等销售量款，可定义为B类款。

对于单款时装产品，可以按照表2-1中的结构分析时装商品的可售性。在后面的案例中将有对此表的具体分析与运用。

表2-1 单款时装产品分析

因素	说明	对受众群的影响
价格	价格越高受众群越小；价格越低受众群则越大	影响受众群范围大小
季节气候	产品适合于什么季节、气候	影响受众群所在地域范围
款式造型	造型总体是前卫的、潮流的还是基本款	款式越超前的潮流受众群相对越小
长短	衣服的长短如何？长短一与流行趋势有关；二与人的体型有关	超短与超长款都比较挑身材。但分析同时还要结合流行趋势
板型	板型属于哪一类型？紧身？合体？宽松？还是超宽松	合体与宽松比较符合大多数人的品位与身型，紧身与超宽松比较挑身材
设计卖点	设计的卖点在哪里？比如款式造型、面料、印花、领部、袖口等细节设计	有设计卖点才让衣服有新意。从设计的角度而言难的是既有新意又不让人感觉夸张。如果价格适中，这类衣服一定好卖
面料特点	对穿着者而言，面料的舒适性、是否易打理、是否够轻、对隐私部位的保护（特别是白色面料）都很重要	面料让人感觉不舒适，或者过于暴露、沉重，都很难销售
色彩	色彩是否可以吸引购买者的注意力？是否挑肤色与身材？是否比较难搭配	过于挑人的颜色总是很难卖的。通常这种颜色也比较难搭配
与其他衣服的搭配性	是否容易搭配其他衣服	可搭配性越强越易销售

通过这样一种分析方法，最终要得出该款商品的可销售性及预计销售量的高低的结论。值得注意的是，商品分析应当结合品牌定位及目标消费群。最重要的是站在目标消费

群的立场分析商品被市场接受的程度与范围。

重点总结

时装商品是众多商品中较为特殊的一类产品。它包含有文化属性、商业属性及技术属性，并深受季节、气候等非商业因素影响。作为时装买手必须了解时装商品的多种属性特征，同时要学会站在目标消费群的立场客观地分析商品的相关属性。

时装商品的文化属性主要指目标消费群的文化背景、审美观、生活习惯与习俗文化等；时装商品的商业属性因素包括目标消费群定位、价格定位、设计风格及潮流感定位；时装商品的技术属性则包括服装造型、板型、面料、色彩等。

时装商品的相关属性决定该商品的可销售性及其受众群范围的大小，因此最终决定该款商品的销量。

时装买手不能完全凭自我感觉什么好看就买什么。

案 例

单款时装商品分析

案例1

（a） （b）

图2-141 服装款式单品分析与对比1

图2—141中的两款衣服都属于偏休闲且少女装类型的服装。分析对比两者的可销售性及可能的受众群范围大小。虽不知道价格，但可以想办法通过图片分析推断价格的高低。

（1）价格分析：从照片中分析，（a）款属于针织面料，主要是服装结构变化，属于T恤裙类别，加工工艺不会特别复杂；而（b）款属于衬衫裙类别，通常来说衬衫的加工工艺要比T恤裙复杂，并且裙下摆的绣花工艺也是比较费钱的地方。从图片中我们无法判断面料的好坏，假设它们相差不大，根据一般常识，我们可以基本推断（b）款价格高于（a）款一些，但应该不会高出很多。

（2）季节、气候、穿着场合：两者都属于夏装。但明显地（a）款应该在户外休闲时穿着；（b）款更适合在办公室出现。

（3）衣长：两者衣长都介于大腿与膝盖之间，这是一个可以让大多数年轻女性接受的长度。

（4）板型：两者都属于半宽松型，都不是太挑身材。

（5）细节设计：（a）款的设计点在于其下摆处的结构设计，会成为吸引消费者的亮点；（b）款的卖点在于下摆的绣花处理，无论是配色还是工艺也让普通一款衬衫有了卖点。

（6）色彩：两者都属于灰色系，属于"百搭色"，不太挑肤色、身材。

（7）面料：（a）款属于针织面料，从图上看应是普通的平纹针织；而（b）款从图上看像是平纹机织面料。至少从图中来看面料不是最大卖点。

（8）搭配性：对于大多数国内年轻女性来说，可能不太会单穿这两款衣服。消费者需要为（a）款配抹胸或者紧身吊带背心；需要为（b）款配个打底裤或者彩色丝袜等。但总体而言，两款衣服的可搭配性还是比较强的。

（9）结论：两款都比较时尚但并不前卫，只要价格合理，应该有一定的年轻女性受众群。两者都可以定义为B类款。另外，具体还要看价格、面料及主要目标群的职业及消费习性。

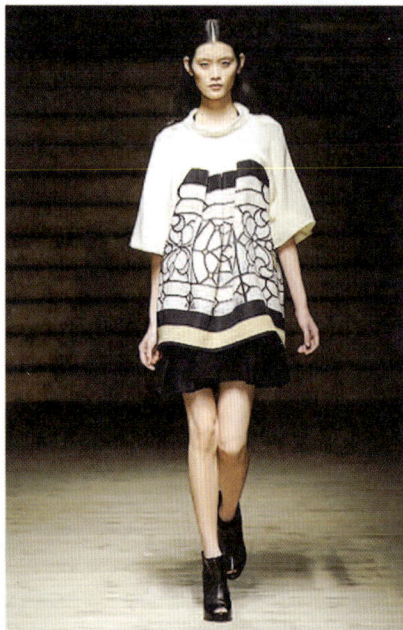 

（a）　　　　　　　　　　　　（b）

图2-142　服装款式单品分析与对比2

案例2

（1）价格分析：从图2—142的照片中分析，两款面料看似都属于缎类。因此造价应当不便宜，属于高端产品线。分析面料与加工工艺，可以假定两者零售标价相差不太大。

（2）季节、气候、穿着场合：两者都属于小礼服，所以穿着场合会受到限制。可能不属于大多数人会购买的产品。

（3）衣长：两者衣长都介于大腿与膝盖之间，这是一个可以让大多数年轻女性接受的长度。

（4）板型：（a）款属于宽松型；（b）款属于合体性。

（5）细节设计：（a）款的设计点在于其可爱的造型及面料印花，让人感觉比较年轻；（b）款的卖点在其X造型，显示女性的性感与优雅。

（6）色彩：（a）款接近乳白色，带有黑色印花；（b）款是万能色黑色，两者都不太挑肤色、身材。

（7）面料：两者看似都属于高档的缎类面料。比较高贵，因此会比较挑穿着者气质。

（8）搭配性：礼服类的衣服更注重的是配饰的搭配。

（9）结论：两款衣服一比较挑穿着场合，二比较挑穿着者气质。款式本身并不夸张。另外，款式定位看似比较年轻，但价格不一定是普通年轻女性所能接受的。由此也可以看出该两款的目标消费群应该是年轻但有经济实力且颇有时尚品位的女性。这类女性群体范围不算大，特别是在国内。所以如果可以选择，建议将（a）款定义为A类产品，即可以预计它有小范围受众群；而（b）款则建议不作采购或少量采购。原因是款式太挑人。

练习

1. 请继续选择第一章练习中您所选择的目标品牌，通过网上调研、向同行打听、实地考察等方式，对该品牌进行定位分析。通过这种累积式训练希望您能掌握本章基本的内容。

品牌名：_____

目标消费群的性别、年龄：_____

职业特征：_____

估计他们的生活方式：_____

标价范围：_____

价格定位：_____

设计风格定位：_____

潮流定位：_____

2. 分析对比图2-143中的两套产品的可销售性。

（a）　　　　　　　　　　　　（b）

图2-143　服装款式单品分析与对比3

价格分析：_____

季节、气候、穿着场合：_____

款式造型：_____

衣长：_____

板型：_____

细节设计：_____

色彩：_____

面料：_____

搭配性：_____

结论：_____

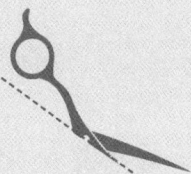

第三章

零售数学

　　买手除了需要具备服装方面的专业知识，还需要对数字有较好的把控能力。事实上，大多数的买手绝大多数时间都是与数字打交道。各大服装企业对买手的考核也是量化的，即用销售收入、毛利率及库存指标考核买手业务绩效表现。而零售数学是达到这些考核指标的重要基础。

第一节 │ 销售收入

"销售收入"（Sales Income）是个通俗的说法。严格地说，并非完全正确的说法。在实际商业环境中，"销售收入"可以有以下不同的含义：

1. 含税收入（With Tax）与不含税收入（w/o Tax）

中国境内服装的商业流通环节中，需缴纳增值税。从会计角度而言，"销售收入"肯定是不含增值税的金额。而对业务人员而言，通常大家理解的"销售"都是含税的。如果你问一家公司或者商场业务员他们公司的年销售收入是多少，他们所报的数字通常都是含税金额。

而对于专业买手而言，对每个数据清晰的定义颇为重要。使用含税还是不含税金额，行业内并无定论。重要的是前后统计数据口径要一致。不能某些数据使用含税数据，某些数据使用不含税数据。

需要提醒的是，在实际工作中，常常有买手因为忽略了这个最基本的概念而计算出错误的数据。

服装行业的商业流通环节中，关于增值税基本频率只需向公司的会计人员了解即可以很清楚。

本文中所有的销售收入，除非特别指明，一般是指实际成交含税销售收入。

2. 标价销售收入

每件新商品在正式上柜时，都会被贴上正规的"商品标签"。标签上必须有"售价"一栏。这个第一次贴在商品标签上的价格即被称为"标价零售价"。"标价零售价"是品牌公司初次设定的零售价。品牌公司常会在销售一段时间后对商品进行打折处理。有的品牌也会把打折后的价格贴在标签上，这个时候的价格是实际售价，而非真正意义上的"标价零售价"。

在中国，贴在标签上的售价都是含税价！

$$标价销售收入（含税）=标价零售价 \times 销售件数$$

$$标价销售收入（不含税）=\frac{标价零售价}{1.17^{①}} \times 销售件数$$

例：某件衣服零售标价为500元，销售10件，则：

标价销售收入（含税）=500×10=5,000（元）

标价销售收入（不含税）=500 / 1.17×10=4,273.5（元）（小数点四舍五入，下同）

3. 实际成交销售收入

商品在实际销售过程中，很少有品牌能够按初始设定的零售价销售所有商品。打折销售几乎已成为普遍现象。

$$实际成交销售收入（含税）=零售标价 \times 促销折扣 \times 销售件数$$

$$实际成交销售收入（不含税）=\frac{零售标价}{1.17} \times 促销折扣 \times 销售件数$$

例：某件衣服零售标价为500元，促销折扣平均为7折，销售10件，则：

实际成交销售收入（含税）=500×0.7×10=3,500（元）

实际成交销售收入（不含税）=（500 / 1.17）×0.7×10=2,991.45（元）

4. 企业净销售收入

对服装企业来说，企业净销售收入才是会计账目中真正的销售收入。在国内，对于以租赁方式为零售渠道的销售收入部分，企业净销售收入与零售店铺实际成交销售收入扣除税后的金额一致；对于以与百货商场联营方式为零售渠道的销售收入部分，企业净销售收入则须扣除给予商场的佣金扣点部分。佣金扣点是合作双方合同中约定好的。通常来说，各大类别服装的佣金扣点根据商场、楼层、具体位置及品牌市场地位的不同而有很大的不同。

---

① 增值税税率在2018~2019年做过数次调整，本书的增值税税率使用的是17%的老税率。

企业净销售收入 = 实际成交销售收入（不含税）×（1−约定给商场的扣点）

例：某女装品牌公司在上海某家商场某月实际成交销售收入（含税）为 200,000 元，与商场约定佣金为实际含税销售收入的 28%。请计算该公司在该商场本月净销售收入为多少？

净销售收入 =（200,000 / 1.17）×（1−0.28）=123,076.92（元）

除了以上销售收入的计算外，更为重要的是对销售业绩的评估。业绩的评估可以通过以下几方面来评估。评估业绩的主要目的，是为了了解问题所在，从而有效及有针对性地提升销售业绩。

5. 销售收入与去年同月相比增长百分比（简称"销售同比"）

销售收入与去年同月相比从字面也应该很容易理解。这里特别需要注意的是，也是很多初级买手容易犯的错误，就是数据比较时要确保统计口径一致。比如，如果去年销售收入是不含税的，则今年的数据也必须是不含税的。如果去年数据是实际成交收入，则今年的也必须是实际成交收入。

$$销售收入与去年同月相比增长百分比 = \frac{今年当月总销售收入 - 去年同月总销售收入}{去年同月总销售收入} \times 100\%$$

例：某服装品牌公司今年 2 月不含税成交销售收入为 1,000 万元，去年 2 月不含税成交销售收入为 800 万元。请做出销售同比分析。

月销售同比 =（1,000 - 800）/ 800 × 100 %=25%

即销售同比增长 25%。

但是这并未能完整地说明问题。比如，增长原因究竟是什么？是因为今年店铺数量增加，还是同一店铺业绩增加等原因。因此，为了确切地了解销售业绩及增长（降低）原因，还需要对销售数据做出进一步分析。

6. 平均单店销售同比（简称"单店同比"）

即将品牌总销售收入平均到每家店铺，这样就可以从单店看业绩表现。从管理的角度而言，店铺数量增加是提升销售规模的一个方法，但与此同时，依然要保证单店（每家店）的销售水平不会下降。

$$平均单店销售同比 = \frac{\dfrac{今年当月总销售收入}{当月在册店铺数量} - \dfrac{去年同月总销售收入}{去年同月在册店铺数量}}{\dfrac{去年同月总销售收入}{去年同月在册店铺数量}} \times 100\%$$

继续上例：某服装品牌公司今年 2 月不含税成交销售收入为 1,000 万元，当月在册店铺数量为 23 家，去年 2 月不含税成交销售收入为 800 万元，当月在册店铺数量为 16 家。请做出平均单店销售同比分析。

平均单店销售同比 =（1,000 / 23 - 800 / 16）/（800 / 16）×100%=−13.04%

故尽管销售收入总的增加了 25%，但单店相比，却降低了 13.04%。这说明后期开的店铺，要么是新开店铺，尚需时间提升销售；要么可能新开店面积偏小或者有其他质量不高的因素存在而导致单店业绩同比下降。

7. 平均每平方米每月销售同比（简称"平效同比"）

将销售同比细化到每平方米月销售可以更加客观准确地反映销售的增长情况。销售增长可以受很多因素影响：店铺数量增加或者店铺面积加大等。因此，将销售细化到每平方米月销售进行比较，是真正同等条件下的"同比"。

不过做到这一点，需要企业有良好的数据系统监控，保证数据系统里的店铺数量、店铺开业期、店铺面积等数据都是实时更新的。因为在百货零售业，频繁给品牌更换柜位或者改变面积大小是常发生的事情。

$$平均每平方米月销售同比 = \frac{\dfrac{今年当月总销售收入}{当月在册店铺总面积} - \dfrac{去年同月总销售收入}{去年同月在册店铺总面积}}{\dfrac{去年同月总销售收入}{去年同月在册店铺总面积}} \times 100\%$$

需要注意的是，面积分"建筑面积"和"使用面积"。通常情况下建议企业以"使用面积"为数据计算依据。因为"建筑面积"包含了公用面积，不应当计算入品牌平效内。

继续上例：某服装品牌公司今年2月不含税成交销售收入为1,000万元，当月在册店铺数量为23家，总店铺使用面积为1,840平方米；去年2月不含税成交销售收入为800万元，当月在册店铺数量为16家，总店铺使用面积为1,600平方米。请作出平均每平方米月销售同比分析。

平均每平方米月销售同比 =（1,000 / 1,840−800 / 1,600）/（800 / 1,600）×100%=8.7%

故尽管在上例中单店同比业绩降低了13.04%，但这是由于后期新开店铺面积比去年同期相比偏小（去年16家店铺时平均每家店面积为100平方米；今年新增加了7家店铺，面积只增加了240平方米，即平均每家店铺新增约34平方米。可能是品牌公司进入了新市场，商场谈判力相对弱，只能占据小面积位置。也可能这是品牌的一个发展策略，通过压缩单店面积提升销售平效）。而从平均每平方米月销售同比数据来说，业绩增长了8.7%。说明店铺平效还是有所提升的。

8. 商品平均标价单价

商品平均标价单价也是一项重要参考指标。这一指标应当深刻印在买手的脑中。该指标在对品牌进行定位分析及销售预测时有重要指导意义。

在进行商品分析时，传统习惯是以"季节"为时间段来分析。原因是服装商品的季节性非常强，通常它是以季节为时间单位进行开发与销售的。特别是春夏季与秋冬季因所卖产品类别差异较大。比如夏天以卖T恤为主，冬天以卖羽绒服为主，故两个季节平均商品单价相差较大。

通常品牌公司会以季节来区分这些常用指标。比如，春夏季商品平均标价单价；秋冬季商品平均标价单价。

$$平均每件商品标价 = \frac{本季各商品零售标价单价 × 各商品实际销售数量}{总实际销售数量}$$

表3-1 计算商品平均标价单价

款号	零售标价（元）	本季销售件数（件）	以零售标价计销售总金额（含税）（元）	实际成交销售总金额（含税）（元）
A20001	598	200	119,600	81,328
A20002	698	300	209,400	150,768

款号	零售标价（元）	本季销售件数（件）	以零售标价计销售总金额（含税）（元）	实际成交销售总金额（含税）（元）
A20003	558	100	55,800	47,430
A20004	598	150	89,700	82,524
小计	—	750	474,500	362,050

以表3-1中的数据为例：

商品平均标价单价（含税）=474,500 / 750=632.67（元/件）

9. 商品平均成交单价

商品平均成交单价也是一项重要销售指标。该指标同样对品牌进行定位分析及销售预测时有重要指导意义。以这个价格除以商品平均标价单价，即可计算出该品牌商品的平均销售折扣。

$$商品平均成交单价 = \frac{本季各商品实际成交销售单价 \times 各商品实际销售数量}{总实际销售数量}$$

继续以表3-1中的数据为例：

平均每件商品成交单价=362,050 / 750=482.73（元/件）

可以运用同样的方法细分到对每一产品线的分析。比如计算男装线商品平均成交单价，女装线商品平均成交单价；或者以类别细分，如以上装、裙装、裤装等进行对比分析，看哪条产品线成交单价最高，贡献销售量最大等。

10. 平均每月（日）销售件数

了解本品牌的平均每月或者每日销售件数也是重要的销售评估指标。除了与其他品牌做排名比较外（件数、金额比较），还可以将此与历史数据比较或者作为销售预测的基础。

$$平均每月销售件数 = \frac{全年销售件数}{12}$$

$$平均每日销售件数 = \frac{全年销售件数}{365}$$

11. 平均每人次成交单价（客单价）

是指平均每个客人每次在店铺消费的金额。在客流有限的情况下，通过提高客单价是提高销售的重要方法。

$$平均每人次成交单价 = \frac{某时间段总成交销售金额}{同一时间段交易人次}$$

表3-2 计算平均每人次成交单价

销售月份	本季销售件数（件）	购买人次（人次）	实际成交销售总金额（含税）（元）
8月	1,800	1,000	630,000
9月	2,010	1,256	643,200
10月	3,200	1,280	1,248,000
11月	1,600	1,231	800,000
小计	8,610	4,767	3,321,200

从表3-2中得出：平均每人次成交单价=3,321,200 / 4,767=696.7（元／人次）

12. 平均每人次成交件数（连带率）

$$平均每人次成交件数 = \frac{某时间段总成交销售件数}{同一时间段交易人次}$$

继续以表3-2为例：平均每人次成交件数=8,610 / 4,767=1.81（件／人次）。这一指标也常被称为"连带率"。

13. 货架平均每月产出销售

货架即是用来在店铺陈列商品的道具（俗称"出样"）。通常来说服装店铺都会有这样几类"货架"：靠墙面的板墙陈列（黄金陈列区域通常在此位置）；入口的导入台道具（通常是道具桌）；放在店铺中央一般可活动的中岛道具等。

此销售指标是为了评估各店铺各个陈列货架哪个最容易产生销售，从而通过销售数据来确定店铺的黄金陈列位置。要做到此指标跟进，需要在系统里设定好每件货品的陈列区域。

$$货架平均每月产出销售 = \frac{该货架全年货品总产出销售额}{12个月}$$

14. 平均每个营业员每月产出销售

此数据是为了对店铺及员工的工作效率做出评估。如果一家店铺销售额很高，但店铺员工数量也多于其他店，平均每个营业员每月所产生的销售额并不如其他类似条件店铺，则公司应考虑是否有必要继续使用那么多员工。

$$平均每个营业员每月产出销售 = \frac{全年实际成交销售额}{12 \times 平均每月在册营业员数量}$$

之所以会有"平均每月在册营业员数量"的概念，是因为零售店铺的营业员流动性较大，因此员工数量是比较动态的（某一时间段可能有员工离职而发生职位空缺）。"平均每月在册营业员数量"不是看某一时间点，而是看在某一时间段平均的在职人数。

通常而言，服装公司会根据每家店铺的规模、布局及商场要求（有些商场会有硬性要求）设定营业员数量。例如，卖场面积80平方米以下的，员工数量可能是3～4个；80平方米以上，如果销售业绩较好的，可能会上升到5个；几百平方米的旗舰店则可能员工数量要达到10个以上。

15. 销售排名

销售排名是各大商场及品牌公司的常用销售评估指标。商场用此排名来淘汰业绩排末的品牌；品牌公司也常用此方法来评估各店铺的绩效。

销售排名通常是根据实际销售收入或者平均每平方米销售业绩来评估。作为一个精细化管理的服装企业，也可以用以上的指标来进行总行排名。

16. 销售环比

除了以上所说的"与去年同期相比"的"同比"，还有一个数据比较的方法即为"环比"，即"同一年度的下一月与上一月相比"的数据。例如，2018年4月与3月相比，同年5月与4月相比等。

17. 进店率

进店率是为了了解每100个经过本店铺的客人中，其中有多少人会选择进入本店铺。进店率和提袋率是对新店做销售预测及评估的重要基础数据。

$$进店率=\frac{总进店人次数}{总过店人次数（含进店人次数）}\times100\%$$

此处的过店人数是指经过本店铺的客流人次数。有时常会听人说"某商场客流很大"，但这并不等于在该商场的所有店铺都会有很高的客流。因为不是每个进商场的客人都会逛到商场的每个角落。因此对于服装企业来说，能够经过本品牌店铺的客流才是真正有效的客流。

对于有条件采购专门的"客流统计器"的公司，可以用系统来自动跟踪与统计客流。对于大多数没有条件用系统追踪客流的服装企业，可以通过以下方法人工调研与统计进店率。

人工统计进店率首先选好目标点，然后定好目标观察时间段。观察的时间点选择是非常重要的。商业客流极具动态性，有明显的高峰及低谷时间段，且受节假日影响较大。观察的时间点应当具有普遍意义，而非某个特别的日子。例如，不宜选择下雨天观察客流；不应当选择国庆节或者春节这样特别的时间段；还要确保被观察店铺没有什么特别的市场活动（明星出席活动等）。

最理想的统计方法当然是每天正常营业时间从头到尾跟进客流至少一周时间，或者连续观察数月，以此来推测其普遍性月进店客流。但在实际营运中，这种人工跟进需要耗费大量的人力与物力，并不是很现实。

一种比较可行，同时又能相对客观调研客流的方法是选择1~2个平日（周一到周五）的日期段，2个周末日期段（周六到周日）。在平日日期段里，选择2~3个时间段，例如，早上开店时（10：00~11：00，代表低谷客流时间段），中午小高潮（12：00~14：00，午饭时间，通常逛店客人会增加，代表一天的一个小高峰），晚上小高潮（16：30~19：30，下班期间，代表平日一天的小高峰），根据这3个时间段客流（小高峰与低谷时间点）来推算1天营业时间（一般为10：00~22：00）的客流。周末的时间客流比较集中，可以抽上午1~2个小时和下午1~2个小时观察客流然后再推算出周末一天的客流。

基于平日日客流数据和周末日客流数据，再推算出1个月的客流数量大约是多少。

例如，某商场的某服装店铺平日1天过店客流是1,000人，进店人数为50人；周末1天过店客流推算是3,000人，进店人数为100人，请推算其月平均进店率。

其一个月过店客流人次可以推算为：

1,000×22（平日）+3,000×8（周末）=46,000（人次）

进店总人数可推算为：50×22+100×8=1,900（人次）

则进店率=1,900 / 46,000=4.13%

即平均每100个客人里会有4.61个客人进店。

另外，对于现存店铺，可以要求当班营业员用划"正"字方法来统计每天的过店客流和进店客流。当然，在营业员非常忙碌的情况下很难做到这一点。但通常情况下，如是小店铺，营业员对此的观察与记录并不困难；如是大店铺，一般可以让站在迎宾位置的营业员统计客流。通过这种方法，可以掌握本品牌各类店铺普遍的进店率。

总之，对客流的统计对服装企业的销售有很实际的指导意义。通过提高进店率和提袋率可以有效地提升销售业绩；而通过了解进店率和提袋率可以更加客观地预测新店销售情况。

18. 提袋率

提袋率是指每100个进入本店铺的客人中，其中有多少人会选择购买商品——即提着本店购物袋出门的客人人次数有多少。

$$提袋率 = \frac{总提袋人次数}{总进店人次数} \times 100\%$$

例如，某商场的某服装店铺平日1天过店客流是1,000人，进店人数为50人，提袋人数为5人；周末1天过店客流推算是3,000人，进店人数为100人，提袋人数为12人，请推算其月提袋率。

进店总人数可推算为：50×22+100×8=1,900（人次）

提袋率总人数可推算为：5×22+12×8=206（人次）

提袋率=206 / 1,900×100%=10.84%

第二节 | 毛利率

对于所有的生意而言，保证盈利是最基本的目标。而保证毛利率（Gross Profit，简称 GP）是保证盈利的第一步骤。

首先要了解什么是毛利率。

$$毛利率 = \frac{销售收入 - 已售货品成本}{销售收入} \times 100\%$$

首先，需要注意的是，如果销售收入是含税的，则已售货品成本（Cost of Goods Sold）也要含税；如采购成本是不含税的，则销售收入也应当去除税。

其次，关于货品成本，即为直接生产该产品的支出总费用。对于服装商品而言，面辅料与加工成本及制造费用的汇总即为一件衣服的生产成本。有的初学者会将店铺员工工资、店铺装修费用也算入内。这些不是与服装生产直接相关的费用，它们在会计学上统称为"销售费用"或者"管理费用"，而非"生产成本"。这些"销售费用"和"管理费用"将影响企业最后的"净利率"，但不影响商品"毛利率"。缺乏商业背景的买手可以通过向本公司财务人员了解本公司具体产品的货品成本。

1. 标价毛利率与成交毛利率

同销售收入一样，毛利率也分为"标价毛利率"和"成交毛利率"。

$$标价毛利率 = \frac{零售标价销售收入 - 货品成本}{零售标价销售收入} \times 100\%$$

$$成交毛利率 = \frac{实际成交销售收入 - 货品成本}{实际成交销售收入} \times 100\%$$

表3-3 计算毛利率

款号	零售标价（元）	本季销售件数（件）	以零售标价计销售总金额（含税）（元）	实际成交销售总金额（含税）（元）	货品采购成本（不含税）（元）
A20001	598	200	119,600	81,328	25,556
A20002	698	300	209,400	150,768	44,744
A20003	558	100	55,800	47,430	11,923
A20004	598	150	89,700	82,524	19,167
小计	—	750	474,500	362,050	101,390

从表3-3中得出：

标价毛利率＝（474,500－101,390×1.17）/ 474,500×100%＝75%

实际成交毛利率＝（362,050－101,390×1.17）/ 362,050×100%＝67.23%

请特别注意原货品成本是不含税的，而销售收入是含税的，因此有必要将两者统一计算口径。

2. 加价（Mark Up）

服装企业在实际运营中，是怎样给商品制订零售标价的呢？

通常来说，服装企业是用货品成本作为基数，再乘以一个倍数来标零售价——此即为"加价"的过程。

例如，如果一件衣服的货品成本（不含税）是20元，则应当乘以税（1.17）后再乘以5倍零售标价就标到117元。要特别注意加税的问题。会计原则中的货品成本是不含税的，但在中国零售价一定是含税价，所以正确的加价方法应该要先加税再加价。

一家成熟的服装企业通常都会有个比较固定的"加价倍数"。也有的企业会根据每一季具体的销售状况，针对不同的产品线的成本与销售状况，制定不同的"加价倍数"。但最终整个产品线的"平均加价倍数"通常是比较稳定的。这个"加价倍数"是通过企业营运后验证过的经验数字，是一家企业能够盈利和具备良好的现金流的基本保障。

很多非商业学科背景的人常常会被一些媒体报道误导。例如，有的报道说服装行业是"暴利行业"，一件生产成本只要20元的衣服，可能会标价到100元。在这里，很难一概而论服装行业的标价倍数究竟是多少才合理。但只根据一个标价倍数就推论是"暴利"过于武断。要知道服装生产出来后，还需要经过很多流通环节，企业要做广告，要雇佣员工运营及销售，要租店铺，要交水电杂费，要支付运输仓储费，要装修店铺，还要交税。这些费用都是要考虑在零售标价里的。

严格意义来说，给货品标零售价是个严谨的过程。期间需要参考品牌定位（不能与定位脱节），同类竞争品牌的价位（显示出自己的竞争优势），消费者的接受能力，更为重要的是，价格要体现商品的"价值感"（产品的价格要与设计与品质感相匹配）。当然，无论参考什么因素，最后的售价要能够保证盈利，这是最基本也是最重要的。特别是对于新上市品牌，定价至关重要。一个通用原则是，如果实在对定价没有把握，情愿先标高价也不要标低价。因为从消费心理而言，消费者可以接受商品从高价走向低价，却很难接受从低价走向高价——除非是产品本身发生了质的变化。

在一家规范的企业中，零售标价通常是由买手、财务部与销售部共同制订的。对于品牌代理公司，品牌的零售标价是由品牌公司制订好的，通常不可改变。

3. 折让（Mark Down）

服装商品在实际销售过程中一般都会有打折的情况。也就是说，最后实际成交价往往是低于零售标价的，即价格被"折让"。

例如，如果原零售标价是500元，打7折，则实际成交价是350元，折让部分是30%，折让掉的金额则为150元。

4. 平均出货折扣（Average Sales Discount）

即本品牌实际销售收入与零售标价销售收入之比。

$$平均出货折扣 = \frac{总实际成交销售收入}{总标价销售收入}$$

以表3-3的数据为例：

平均出货折扣=362,050 / 474,500=0.76

即平均出货折扣为7.6折，则折让部分的折扣为1−0.76 = 0.24，即平均折让了原零售标价的24%。

5. 百货商场联营扣点

在第一章我们介绍过，国内的百货商场与品牌经销商之间是"联营扣点模式"，即商场是个"二房东"角色，从经销商的实际成交销售收入中以提取佣金方式来获取自己的销售收入。

例如，如果品牌经销商在某商场的月销售收入是100万元，则根据商场和经销商间的"联营协议"约定的"扣点%"，假设是28%，则品牌经销商的净销售收入是72万元，另有28万元是交给商场的，属于商场的收入。

商场的联营扣点不是一成不变的。"联营合同"上约定的扣点，通常只是个基数。在实际销售过程中，根据各类具体促销活动的不同，商场与经销商间的联营扣点也会不断变化。原因是促销常常是以牺牲经销商的毛利为代价的，因此商场常常也需要考虑让部分利给经销商以尽最大可能保证双方都有利可图。

作为服装品牌的买手，必须了解清楚参加商场不同的促销活动时，本企业可以真正得到的销售收入是多少。

6. 国内商场惯用的促销折扣及经销商毛利率计算方法

国内商场通过各类促销活动来吸引客群从而提高销售已是商圈屡见不鲜的现象。作为国内的专业买手，必须了解国内实际的销售环境，从而做出正确的买货决策。

以下就国内商场较为惯用的促销方法作为实际案例举例说明。

（1）满X元减X元：例如，买满300元立减120元。

例：假设表3−4为某品牌公司某天顾客的实际交易记录，当天促销活动是部分商品买满300元减120元，其余产品是原价销售。另本品牌从成本到零售标价的加价倍数是5。与商场合同约定的"联营扣点"是成交价的28%。本次参加"买满300元立减120元"的扣点为25%。

表3-4 某品牌公司某日实际交易记录

客人	购买货品款号	购买件数（件）	零售标价总价（含税）（元）	实际成交总价（含税）（元）	备注	联营扣点（Y）（%）	经销商实际销售收入（含税）（元）
1#客人	A20001	1	598	656.00	参加立减活动	25%	492.00
	A20002	1	298				
2#客人	A20003	1	328	328.00	原价销售	28%	236.16
3#客人	A20004	1	458	338.00	参加立减活动	25%	253.50
4#客人	A20001	1	598	598.00	原价销售	28%	430.56
5#客人	A20007	2	396	404.00	参加立减活动	25%	303.00
	A20005	1	128				
6#客人	A20006	1	228	228.00	原价销售	28%	164.16
小计	—	9	3,032	2,552.00	—	—	1,879.38

请计算参加促销活动后本品牌可保持的毛利率、平均出货折扣及公司交给商场的平均扣点百分比。

$$毛利率 = \frac{销售收入 - 货品成本}{销售收入} \times 100\%$$

从表3-4得出：

总销售收入=实际成交价的汇总=2,552（元）

货品成本（含税）=总零售标价/加价倍数=3,032 / 5=606.4（元）

因为销售收入是含税的，故此处货品成本也为含税。

实际成交毛利润率=（2,552-606.4）/ 2,552×100%=76.24%

平均出货折扣=实际成交总价 / 零售标价总价=2,552 / 3,032=0.84

即平均出货折扣是8.4折。

平均交给商场的佣金%=1-（经销商实际销售收入 / 实际成交销售收入）=（1-1,879.38/ 2,552）=26.36%

即交给商场的扣点平均约为26%，服装经销商自己实际获得的销售收入为实际成交销售收入的74%。

（2）买满X元送X元产品（或券）：买送产品（或者券）也是一种普遍的促销方式。此种方式较常见于比较在意自己品牌形象的中高端类品牌。服装商家通常打出的招牌是"买满X元，获赠价值X元的产品"。计算这类产品毛利率，要切记"获赠价值"通常指"售价价值"，而非产品的成本价。

例：假设表3-5为某品牌公司某天顾客的实际交易记录，当天促销活动是买满1,000元赠送价值500元的背包一个（背包不含税成本价为80元）。另该品牌服装产品从成本到零售标价的加价倍数是3。请计算参加促销活动后本品牌可保持的毛利率。

表3-5 某品牌某日实际交易记录

客人	购买货品款号	购买件数（件）	零售标价总价（含税）（元）	实际成交总价（含税）（元）	备注	赠品（即背包成本，不含税）
1#客人	A20001	1	798.00	1,326.00	同时获赠背包1个	80.00
	A20002	1	528.00			
2#客人	A20003	1	798.00	798.00	—	—
3#客人	A20004	1	458.00	458.00	—	—
4#客人	A20001	1	598.00	598.00	—	—
5#客人	A20007	1	1,028.00	1,556.00	同时获赠背包1个	80.00
	A20005	1	528.00			
6#客人	A20006	1	598.00	598.00	—	—
小计	—	8	5,334.00	5,334.00	—	160.00

$$成交毛利率 = \frac{成交销售收入 - 货品成本}{销售收入} \times 100\%$$

从表3-5得出

成交销售收入 =5,334（元）

货品成本 =零售标价总价 / 加价倍数 + 背包共计成本

$\qquad$ =5,334 / 3+ 160×1.17=1,965.2（元）

注意：销售收入和零售标价都是含税的，而题中的背包成本是不含税的，因此需要首先统一统计口径，全部换算成含税额。

毛利率 =（5,334-1,965.2）/ 5,334×100%=63.16%

（3）买1件X折，2件Y折：按购买件数作折扣也是普遍的促销方式。件数越多折扣也越多。

例：假设表3-6为某品牌公司某天顾客的实际交易记录，当天促销活动是部分商品买1件7折，2件6折，其余商品不参加活动。另本品牌从成本到零售标价的加价倍数是3。请计算参加促销活动后本品牌可保持的毛利率。

表3-6　某品牌某日实际交易记录

客人	购买货品款号	购买件数（件）	零售标价总价（含税）（元）	实际成交总价（含税）（元）	备注
1#客人	A20001	1	798.00	795.60	2件6折
	A20002	1	528.00		
2#客人	A20003	1	798.00	558.60	1件7折
3#客人	A20004	1	458.00	320.60	1件7折
4#客人	A20008	1	598.00	418.60	1件7折
5#客人	A20007	1	1,028.00	933.60	2件6折
	A20005	1	528.00		
6#客人	A20006	1	598.00	418.60	1件7折
小计	—	8	5,334.00	3,445.60	—

$$成交毛利率 = \frac{成交销售收入-货品成本}{成交销售收入}×100\%$$

从表3-6得出：

成交销售收入 =3,445.6（元）

货品成本（含税）=零售标价总价 / 加价倍数

=5,334 / 3=1,778（元）

成交毛利率 =（3,445.6-1,778）/ 3,445.6=48.4%

没有什么促销活动是完美的。事实上，促销是对品牌形象和商家利润有伤害的。而对消费者而言，商家促销说明商品一定总还有利可让。有时促销活动还会让商家失去一些顾客。比如买1件打7折，买2件打6折的活动，有的顾客就想买1件，却要求打6折，否则就不买；再比如，买满300减100的活动，有的顾客挑来挑去只能挑满280元，剩下的却凑不满了，但又舍不得100元的折扣，也因此放弃买。所以商家在做各类促销活动时，要充分了解本品牌的库存结构及价格结构和顾客的消费心理，尽最大可能制订出有效的促销方案。

第三节 | 库存

库存（Inventory）尽管不影响企业利润表现，却常常是许多服装企业的"杀手"。很多品牌最后倒闭常常是因为资金链断了。资金链断常常因为两个原因：一是商场的回款时间太慢，最后拖死商品供应商；还有一种就是钱都压在了存货上。因此，对库存一定要做好日常监控，并确保库存合理。

1. 售罄率（Sell-thru）

即在一定的周期内（比如一个季节），每100件进货中，有多少件出售。

$$售罄率 = \frac{本季总销售件数}{本季总进货件数} \times 100\%$$

例如，某品牌某季节总计进货件数为10,000件，总销售件数为7,900件，则该品牌该季节的售罄率为7,900／10,000=79%，即每100件衣服有79件衣服出售。

按金额计算售罄率

有的企业会采用金额来计算售罄率。这本没什么问题，但是很重要的一点是数据必须保证统计单位一致。比如需要将分子及分母共同换算成采购成本价或者吊牌价进行统计。但我曾碰到过一些企业采用以下公式计算售罄率：

售罄率＝销售额／按吊牌价计算的总采购额

这个公式明显有误。销售额的单价是以实际销售价计算的。而按吊牌价计算的采购额的单价是以吊牌价计算的。两者之间会有一个折扣误差。

这里用最简单的案例来证实这个公式的统计问题。假如某家店铺只进了1件货品，同时这件货品也已售罄。货品按吊牌价计算的金额是1,000元，实际售价是7折700元。按照上面的公式则售罄率应是700元／1,000元＝70%。而实际上，这1件货品已经售罄，应该是100%。而如果用统一单位来计算，比如统一按吊牌价计算，则是1,000元／1,000元＝100%。

2. 存销比（*Inventory vs. Sales Ratio*）

即期末存货件数与每月平均销售件数之比。此数据是为了评估现有存货需要多少时间（多少个月）才可以销售完毕，也是一个监控库存健康与否的重要指数。

$$存销比 = \frac{期末存货总件数}{平均每月销售件数} \quad 或存销比 = \frac{（期初存货总件数＋期末存货总件数）/2}{平均每月销售件数}$$

例如，某品牌截至目前为止存货件数为10,000件，该品牌月总销售件数为2,000件，则该品牌的存销比为10,000 / 2,000=5（月）。

存销比若按金额计算则是：

$$存销比 = 期末库存成本 / 月平均已售商品成本（销售成本）$$

或者

$$存销比 = ［（期初库存成本＋期末库存成本）/2］/ 月平均已售商品成本$$

很多人在用金额计算存销比时，会使用"期末库存金额 / 月平均销售额"。这个公式同上述的以金额计算售罄率所犯的问题一样——都没有注意分子与分母的统计单位不一致的问题。

目前许多国内鞋服业的存销比处于极度不健康状态。根据各鞋服业上市公司的财报，大部分企业的存销比在6~9个月，有的甚至达到12个月。也就是说，企业什么新品也不采购，其库存还可以支撑12个月的销售，说明这些企业的现金流也不健康。鞋服业相对健康的存销比是3~4个月，不过纯粹只做线上运营的品牌存销比则可快达2~4周。

3. 库龄（*Inventory Aging*）

顾名思义，就是库存货品的已存放的时间。库龄越久的，应该越早出售，因为说明其占用资金时间越久，而且服装商品一般来说是越放越贬值的。库龄的跟进需要良好的信息管理系统支持。

以上3项大指标：销售、毛利率及库存，除了可以用来评估企业的综合业绩表现外，还可用来对具体商品做出分析。

例如，以售罄率高低、存销比来评估具体每个商品的销售排名；以各类产品贡献的毛利率来评估各类产品对企业的具体贡献占比；以平均每款销售件数来评估哪些商品是高销售件数产品，哪些是低销售件数商品等。这些概念将在后几章予以具体应用。

重点总结

（1）销售收入、毛利率及库存是买手需要管理好的三大指标。

（2）任何计算都要确保前后统计口径一致。统计口径包括统计时间、统计单位、是否含税等标准要一致。

（3）销售收入通常情况下是指商家的实际成交的含税销售收入。

（4）毛利润是销售收入扣除商品成本之后的余额。货品成本只是生产该商品所直接发生的所有费用。对服装而言，主要包括服装材料费、加工费、制造费用及服装包装费用（如包装胶袋、洗水标、商标等）即与生产直接相关的费用以及产品运输相关的费用。货品成本不包含办公人员、销售人员、租金、装修费等与生产服装不直接相关的费用。

（5）毛利率是毛利润与销售收入之比。

（6）库存是否合理是衡量企业健康的重要指标之一。切忌只顾销售收入与毛利润却忽略了库存状况。很多企业拥有很高的销售收入与毛利，但同时库存却很不合理。

———————— 案 例 ————————

表3-7是某品牌某年春夏开始3个月后的按产品大类的销售数据。请计算出各大类售罄率、销售部分的货品成本及毛利率。根据以上数据分析每条产品线的表现及建议使用的促销活动。

表3-7 某品牌春夏头3个月销售报表

产品大类	款式数量（款）	SKU数量（个）	进货数量（件）	进货总成本（不含税）（元）	累计销售件数（件）	累计销售收入（含税）（元）	售罄率（％）	已销售的货品成本（元）	成交毛利率（％）
男装时尚线	23	46	1,095	79,442.07	284	100,295.00	—	—	—

续表

产品大类	款式数量（款）	SKU数量（个）	进货数量（件）	进货总成本（不含税）（元）	累计销售件数（件）	累计销售收入（含税）（元）	售罄率（%）	已销售的货品成本（元）	成交毛利率（%）
女装时尚线	48	98	2,348	142,455.26	491	154,245.00	—	—	—
男装运动线	34	81	1,654	86,476.83	335	92,876.00	—	—	—
女装运动线	44	120	3,034	194,081.38	871	311,594.00	—	—	—
配件	3	12	259	2,079.95	71	26,059.00	—	—	—
总计	152	357	8,390	504,535.49	2,052	685,069.00	—	—	—

售罄率及销售成本及毛利率计算见表3-8。

表3-8 售罄率、货品成本及成交毛利率

产品大类	款式数量（款）	SKU数量（个）	进货数量（件）	进货总成本（不含税）（元）	累计销售件数（件）	累计销售收入（含税）（元）	售罄率（%）	已销售的货品成本（不含税）（元）	成交毛利率（%）
男装时尚线	23	46	1,095	79,442.07	284	100,295.00	25.94	20,604.15	75.96
女装时尚线	48	98	2,348	142,455.26	491	154,245.00	20.91	29,789.41	77.40
男装运动线	34	81	1,654	86,476.83	335	92,876.00	20.25	17,514.96	77.94
女装运动线	44	120	3,034	194,081.38	871	311,594.00	28.71	55,716.84	79.08
配件	3	12	259	2,079.95	71	26,059.00	27.41	570.18	97.44
总计	152	357	8,390	504,535.49	2,052	685,069.00	24.46	124,195.54	78.93

$$售罄率 = \frac{累计销售件数}{进货数量} \times 100\%$$

$$已销售的货品成本 = \frac{进货总成本}{进货数量} \times 累计销售件数$$

先计算出单件衣服成本，再乘以总销售件数，即得出总销售成本。需要提醒的是这里的成本是不含税的。

$$成交毛利率 = \dfrac{\dfrac{销售收入}{1.17} - 已销售的货品成本}{\dfrac{销售收入}{1.17}} \times 100\%$$

此处要注意统计口径的一致。因为原题中销售收入是含税的，货物成本是不含税的。

总体分析：平均售罄率是24%，从行业水平来说，季节开始3个月平均销售售罄率只有24%，属于偏低水平。通常来说，如1个季节有6个月，线下商店3个月的销售期通常售罄率应当不低于50%，最好能达到70%甚至90%。因此，有必要深入了解售罄率低的原因。

售罄率很低通常有以下几方面原因：

（1）设计出现严重失误，产品不适合消费市场。

（2）买货出现严重失误，过于乐观地预测了销售，导致库存骤增。

（3）生产或者物流发生严重失误，导致货品上市期比预计严重滞后。在实际销售中，货品延期上市也是严重影响销售的因素之一。常常是销售季节快结束了，新品才到。这样货品不得不一上市就参加季末促销活动，既伤害了商家利益，又产生了大量库存。

从毛利率来看，平均接近于79%的毛利率高于业界同行平均水平。而结合已销售时间段及售罄率，公司应该尽快展开有效的促销活动，提高货品周转率。

再看各产品线，其中女装运动线的销售件数、售罄率和贡献毛利率在所有服装类别中都是最高的（不包括配件）。说明相对而言此类产品线较受欢迎，而且从进货量看，也属于该品牌主力产品线，而男装产品线相对较弱。调研发现，主要因为该品牌的店铺主要开在女装楼层。

建议促销活动：

（1）由于售罄率低，可以通过提高客单价来提高货品的周转。例如，鼓励买1件X折，2件Y折。

（2）为了有效提高售罄率的同时又要尽可能保持利润率，可以加大表现业绩较差的产品线的促销力度。而对相对业绩较好的产品线，则尽可能原价销售。

练习

1. 某服装经销商的某产品在某商场的销售数据如下：

产品标价为598元/件，累计销售50件，实际成交含税销售额为20,930元，共计35人次购买。商场根据销售额提取佣金28%。请计算：

（1）该50件衣服的标价销售额？

（2）该50件衣服的平均出货折扣？

（3）该经销商从50件衣服所得的净销售收入（扣除商场扣点及增值税后）？

（4）该50件衣服平均成交客单价？

2. 标价分别为598元与198元的衣服，请计算：

（1）如果以7折销售，两者的成交价分别为多少？

（2）如果分别参加"买500减100元"的活动，两者的成交价分别为多少？两者的出货折扣又分别是多少？

3. 不含税的货品成本为50元，零售标价为598元，如分别以7折售出或者参加"买300减150元"的活动，请计算：

（1）标价毛利率是多少？

（2）成交毛利率是多少？

（3）毛利润是多少？

第四章

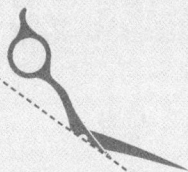

时尚流行趋势的调研与预测

　　对一家正规的时装品牌公司而言，每一季产品开发过程都是一个系统的工程，牵涉到许多部门的配合，绝对不是简单地靠设计师完成的。产品开发的第一个环节便是对流行趋势的掌握。而对流行趋势的掌握又主要依赖于充分、全面的调研。掌握每一阶段不同的时尚流行趋势是买手必备的工作信息之一。只有较好地掌握了该信息，才可能客观地告知设计师市场对产品开发的需求，才可能和设计师建立对称的对话信息，并且与相关销售人员（包括营业员）沟通好本季度产品背后的故事，帮助销售人员有效地与顾客沟通。

　　流行趋势调研与预测是一个科学系统的工程。在国内外，有众多专业的时尚预测机构与专家。每年每季度都有许多各类专业时装杂志、网站或者期刊推出对未来6~24个月，甚至更久时间的流行趋势预测报告。因此，作为品牌公司的专业买手，并不需要去制作专业的流行趋势预测报告，而是根据外部专业人士或者机构提供的整体流行趋势预测报告，结合本地市场及本品牌的具体市场表现，来制订出适合本品牌及本地市场的总结性及预测性报告。此报告将是买手与设计师沟通未来新一季节产品开发方向的重要依据。

第一节 | 时尚流行趋势基础知识

一、基本概念

1. 时尚

"时尚"如今可以说是个热门词。传统概念中，"时尚"常指"时髦的服装"。如今什么物品或者概念都可以冠上"时尚"二字。本书中的"时尚"二字，主要还是指时尚服装类产品。

2. 时尚潮流

时尚潮流即某一特定时间段内目标顾客群在衣着方面的共性特征。"时尚潮流"有两个必备要素：一是要有一定规模的受众群；二是流行特征具备共性。所以发现时尚潮流也就是在特定范围内的目标消费群中发现其穿着共性。

3. 潮流演变过程及生命周期

潮流是有演变过程的，从萌芽到成熟最终走向衰退。

（1）萌芽：此时一个创新设计或者元素开始出现。创新者通常也是参与者，主要是走前卫风格的品牌或者个体消费者。

（2）发展：该创新元素或者设计开始被更多喜欢尝试新设计的人认识及接受。随着更多的人群接受，该潮流也开始得到更多关注。喜欢紧跟时尚的时尚品牌及零售商开始尝试设计及制造具备该流行元素特征的产品，并投入市场测试市场反馈信息。

（3）主流：此时普通消费者开始加入该潮流队伍，该潮流元素开始普及。各大服装企业、品牌公司加大对该类产品的市场投入，具备该潮流元素的产品逐渐成为"主流"产品。当某一流行元素进入主流市场后，接下来可能会面临以下不同的结果：

①当流行元素进入市场后，流行时间非常短，很快便消失，受众群只限于小部分人

群。这种潮流可称为"短线款（Fads）"。

②潮流元素可能在市场上流行了一定时间，属于当时的"潮流款（Fashion）"。

③潮流元素或者某一特点款式在市场上持续时间长久，逐步成为"经典款（Classic）"或者"基本款（Basic）"。日常穿的基本款印花 T 恤和牛仔裤就属于这类款式。

以上的短线款、潮流款、基本款分别代表了时装产品不同长短的生命周期。无论其存在的时间长短，它们都会经历开始、上升、高峰、衰退的生命周期（图 4-1）。任何潮流或者流行元素都可能最终面临逐步消失或者逐步融入另一流行元素或者潮流的结局。

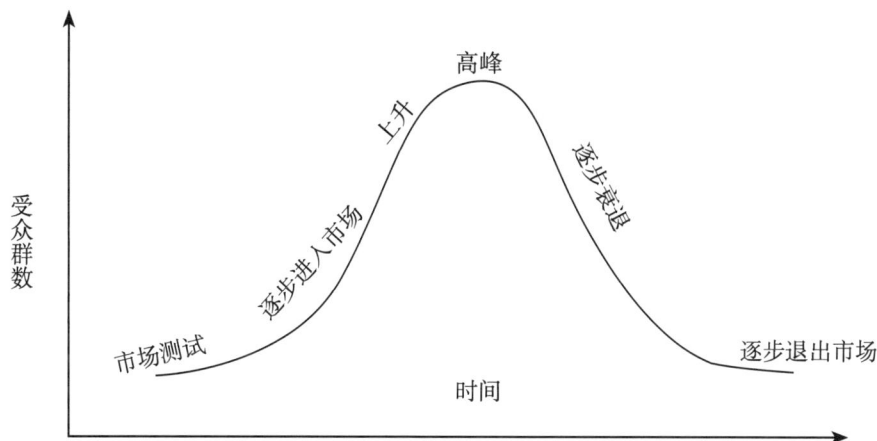

图 4-1　潮流生命周期

4. 潮流定位

每个品牌对自我设计风格的潮流定位各不相同（图 4-2）。不同的定位也意味着各品牌在将某流行元素投入市场方面的时间也不一样。

对于消费群体来说，也有相对应的潮流定位的消费群体。

（1）时尚创新者：通常是以设计师、艺术家为主的一类群体。他们常常创造自己独有的时尚。

（2）时尚引领者：通常为一些演艺明星、艺术家、较强调个性的个体消费者。

（3）大众人群：也是时尚的跟随者，什么流行穿什么。

（4）后知后觉者：流行元素已开始进入衰退期，满大街的人都穿过了的款式，某些人才会慢慢跟拍。这些人通常都是一群远离时尚的人群，或者本身可能也不太在乎所谓的时尚元素。

（5）滞后者：这批人绝对是与时尚不沾边的人，甚至让人觉得不属于同一时代的人。他们通常穿的都是过时的时尚。

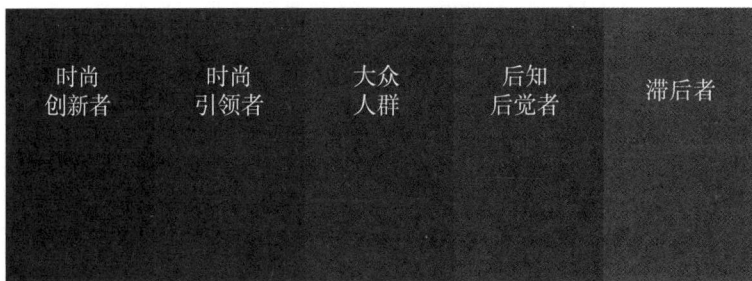

时尚 创新者	时尚 引领者	大众 人群	后知 后觉者	滞后者

图4-2　潮流定位图

二、影响时尚流行趋势的因素

与其他商品相比，服装除具有商业性及技术性外，同时还具备文化性，并受政治因素影响较大。比如，物质贫乏时代的服装肯定相对比较简朴；政治敏感时期一件衣服可能就会被赋予严肃的政治意义。因此，要了解时尚流行趋势，就要了解时尚的流行趋势会受什么因素影响。

1. 环境因素

（1）政治：可能对于现在的大多数人来说，很难理解政治与时尚有什么关系。事实上，时尚同时也是政治的一面镜子。特别是在一些政治活动的场合与时间段里，着装常常有特别的政治含义。而某些政治家在某一特定场合的着装也可能成为一类流行元素。

（2）经济：经济可以说影响人们生活的方方面面。没有经济支持，也就没有消费时尚的可能性。同时经济的好坏也决定着时尚的简易与复杂程度。1947年克里斯汀·迪奥（Christian Dior）设计的"New Look"（图4-3）之所以成为经典流行，就是因为它抓住了当时政策的导向及人们消费的心理。当时正值第二次世界大战结束，百废待兴，政府为了有效控制物料，采用和中国1960~1980年代一样的"布票"形式，各家凭票采购物品。迪奥的新设计将当时流行的及踝长裙改到小腿肚，原本盖过臀部的长外套改成精练的短装收腰外套，因此给人耳目一新的感觉，既节省了布料，又赋予了女性曲线美，所以立刻受到大众的欢迎。

图4-3 迪奥设计的"New Look"

（3）文化思潮：文化思潮对时尚圈也有着不可忽视的影响力。比如美学思想的发展，曾经风靡一时的"极简主义"，或者因为某一特殊的事件而导致的爱国潮（用国旗或者民族英雄表达爱国主义等），女权主义（中性形象表达与男性相同的地位等）。许多时尚设计师本身也是艺术与文化的爱好者，他们对文化内涵思考更加深刻。作为买手，也有必要多了解这些因素。这些因素往往可以作为产品背后的故事分享给经销商或者销售人员听，提升产品销售的内涵性。

（4）技术革新：技术革新对现代人类文明的影响力越来越大，特别是网络的普及可以说完全颠覆了许多传统的生活方式。因为有了互联网，人们能够最及时、最大范围地了解各类资讯。另外，各类面料技术革新，如20世纪30年代由杜邦公司发明的合成纤维——尼龙，让爱美的女性穿上了丝袜，同样也是杜邦发明的莱卡技术能更加体现女性身体的曲线美。如今互联网及物流技术的迅速发展，也让时尚从概念到消费者环节的时间更短，加快了新流行元素的开发及流行周期。

（5）重大历史事件：一些重大历史事件常常也会对流行趋势产生重大影响。比如，美国"9·11"事件后的时尚界不约而同地使用白色等元素来表达和平的愿望及对遇难者的哀思。

2. 个体因素

每一个时代都有自己当代具有非凡影响力的人物，这些人通常被称为"时代人物"。这些时代人物常常扮演了时代流行风向标的角色。时代人物可以是某一政治领袖，某一著名的社会人士等。例如，20世纪60年代的美国总统肯尼迪夫人杰奎琳女士；20世纪90年代的戴安娜王妃也同样是当时欧美时尚界的偶像级人物；美国超级巨星麦当娜更是引领潮流舞台多年。这些人都引领了甚至是创造了当时一个时代的流行。服装设计大师中也不乏此类举足轻重的人物。较为有影响力的包括夏奈尔女士，她创造了将珠宝与针织小外套搭配的穿法；伊夫·圣·罗朗（Yves Saint Laurent）先生创造了女性"吸烟"的中性装（图4-4），向当时的男权主义发出挑战；英国设计天才亚历

图4-4 "吸烟装"

山大·马奎恩（Alexander McQueen）等。今天这些个体因素则扩展到网红、主播身上。

3. 产业因素

事实上，对于大多数普通的服装公司而言，对本行业各环节的产业链调研更为实用且重要，因为这是对行业产生影响力的最直接影响者。在服装行业的产业链中，主要包括纤维供应商、纱线供应商、面料供应商、服装品牌公司、服装加工厂、服装经销商。例如，作为最前端的原材料供应商、纤维供应商对流行趋势的研究期是最长远的，服装成衣商研究的也许是6～12个月内的流行趋势，而纤维供应商研究的通常是24个月以上的流行期，因为它必须走在服装开发期之前。因此，了解目前纤维开发商及面料供应商的开发方向也有助于了解中短期流行趋势。许多设计师和买手更喜欢看市场而不喜欢到工厂参观，实际上去纱线供应商、面料加工厂及服装加工厂常常可以至少提前半年看到必然会流行的时尚元素。另外，尽最大可能通过各类调研方法掌握同类产品竞争者的产品开发信息也同样有助于对流行趋势的了解。

4. 消费者因素

消费者是最终购买商品的人群。消费者对时尚的接受程度将决定流行元素的普及性及生命周期的长短性。就观念而言，消费者对新的流行接受的过程要经历了解、产生兴趣、对流行做出自己的评估、随后尝试使用直至最终决定接受或者拒绝该流行元素。从消费行为而言，消费者要经过了解（知识）、说服（自己购买）、决定购买直到最后执行购买的过程。

要预测消费者会对某一流行趋势做出何种反应，除了以上相关因素外，对消费者群体的生活方式及消费模式了解非常重要。例如，独生子女一代的消费观与早期出身于20世纪60及70年代的人有着显著不同。除了受出生年代影响，消费者的生活及消费模式还受地理、文化、气候、职业、经济能力、社会阶层等因素影响。所以消费者调研对买手来说也是需掌握的资料。

第二节 ｜ 时尚流行趋势调研方法与渠道

流行趋势调研渠道主要有以下几类：

1. 专业展会及资料

（1）参加国际贸易展会并采购同类产品样品。

（2）参加国内相关服装、面料、辅料展会。

（3）购买专业预测机构资料。

（4）订阅专业纺织及服装期刊。

（5）参加服装、面料、色彩流行趋势预测机构专业会议。

2. 新闻及其他媒体

关注当年重大政治、经济、文化、技术发明及发展等事件及新闻。事件包括：战争；有关国家领导人的上任或者逝世；某一种正在影响人们生活方式的技术发明；影响全球或者某一目标国家市场的相关政治、经济会议或者决策；国家对本土相关政策的导向等。

例如，我国政府近期提倡从20世纪80年代的"中国制造"要发展到如今的"中国创造"，因此这两年特别加大了对文化与创意领域的政策性扶持与倡导——对时尚产业来说，此系列政策意味着更多个性化、设计创意型风格将会出现。而随着艺术文化产品的普及，消费者对设计风格的鉴赏水平也将提高。政府倡导企业通过提升核心技术竞争力而非通过降低劳动力成本进行市场竞争也意味着产品的设计感、品质及技术含量将决定市场竞争力，而非继续依靠单纯的价格因素竞争市场。随着全球经济发展前景充满不确定性，则意味着百姓会更加计较平日的开支，除非产品具有特别性及独一性，或者属于日常必需品，否则让消费者掏钱购买会比较困难。

3. 特别关注艺术、文化领域的相关趋势主题

艺术、文化领域的流行趋势常与时尚相互交融。通过参观一些国际及国家重量级的美

术展、艺术展或者设计展有助于对此类主题的认识。

4. 关注时尚圈、娱乐圈、社交圈重量级人物的造型变化

这些人通常是潮流的引领者，值得多给予关注。比如明星、网红、KOL的穿着等。

5. 访问专业人士

访问相关领域专家或专业机构也是有效的渠道之一。需要说明的是，天下没有免费的午餐，此类访问，除非属于个人交情，否则一般是收费服务。

6. 访问纤维、纱线、面料、辅料、服装加工厂供应商

供应商总是比市场先行一步。所以去各类供应商加工厂特别是外贸工厂可以至少提前半年看到别的品牌的产品。通过访问多家供应商，也可以总结出即将流行的时尚元素。

7. 同行交流

在一个行业里做事，总会认识些同行。同行间交流也是很好的挖掘信息的渠道。

8. 消费者调研

消费者调研是最直接及最有效的方法之一。不过需要提醒的是市场调研同样是一门很专业的学科，并不像很多人想象得那样，发张问卷、问几个问题就可以了。调研从样本选择、选样范围大小，到问卷设计、问卷收集、数据输入及分析都是很有讲究的过程。任何一个环节处理得不当，都可能导致数据的错误或者偏差。所以有实力的公司通常是找专业调研公司做。对于没有实力的公司，建议可以采用其他方法调研市场。因为与其由于错误的调研方法得出错误的结论，不如不调研。消费者调研特别是在服装公司对某一新产品上市没有把握或者希望深刻了解消费者的消费习性等深入性问题时特别有用。

9. 街拍

街拍指在街头拍摄目标消费群的衣着状况。这是一种对大众服装品牌最为有效且切合实际的方法之一。原因是这是最贴近目标城市消费群的调研方法。专业机构及大品牌的时

装走秀所传递的信息多少离大多数消费者还有一定的距离，而街拍是最贴近消费者的方式。所以所调研的数据往往也很有针对性。

街拍方法：

（1）首先选取目标地点。目标地点通常为目标城市的商业地段，然后定点拍摄来往目标人群。

（2）回来后将图片按整体着装、外套（上装）、裤子、裙子、色彩、面料、设计细节、配饰（包、围巾、帽等）、发型等分类。

（3）总结照片中人物的穿着共性。

（4）每一季节都保持这个习惯，即可积累大量的消费者衣着资料库。这些资料库可成为预测新一年度流行趋势报告的重要历史数据基础。

图4-5～图4-7为街拍图例。

图4-5　街拍图例：碎花裙

图4-6 街拍图例：背带裤

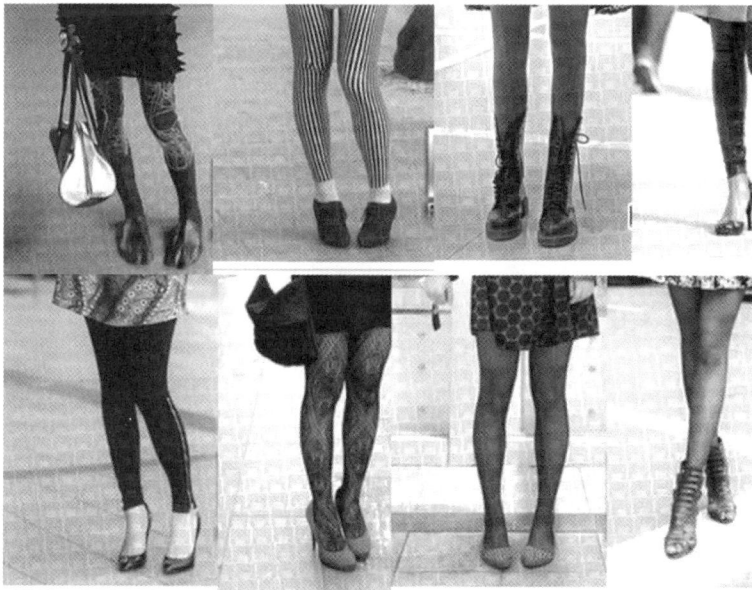

图4-7 街拍图例：时尚丝袜

10. 零售巡店

定期到商场观察、研究同类产品线的竞争品，观察消费者购买过程。通过数年积累调研资料，大家也会发现此类方法很有效。

11. 本品牌历史销售数据分析

任何资料都没有本品牌历史销售数据显得更加重要。这也是为什么买手至少有一半的时间其实是和数字打交道。数据看上去很枯燥，但当你想着这些数字即意味着未来的利润时，数据计算与分析的过程也会变得非常有趣。

第三节 | 时尚流行趋势预测方法及内容

调研的目的是为了预测。时尚流行趋势预测的方法及内容如下：

1. 预测方法

（1）比较历史潮流预测与实际潮流的共同性与差异性，并分析导致差异的原因。

（2）比较历史消费者穿着预测与实际消费者穿着情况的共同性与差异性，并分析导致差异的确切原因。

（3）分析引起历史潮流变化的主要因素。

（4）预测影响未来潮流变化的主要因素。

（5）分析潮流生命周期并按周期图分析潮流目前所处阶段及尚余生命周期。

（6）利用专业的预测技术与工具进行流行趋势预测。

（7）对流行趋势进行不间断跟踪，对于实际情况与预测数据相差较大的部分要找出原因。

（8）随时更新预测报告。

2. 流行趋势预测的内容

流行趋势预测报告所应当包括的内容主要有以下几类：

（1）某一流行趋势开始的源头（趋势来自哪里）。

（2）流行趋势所包含的基本元素。

（3）流行趋势的发展方向。

（4）流行趋势流行的速度。

（5）整体视觉概念。例如，历史感、民族感、时代感、运动感、前卫感。

（6）色彩预测。对于任何一类产品而言，色彩都是抓住消费者眼球的第一要素。对服装而言，色彩预测要结合面料（色织面料）及印花色彩作具体说明。色彩设计应当贯穿整个服装系列，包括外套、裤子、裙等产品线。

（7）纺织面料预测。即将流行的面料是因为某新型纤维的发明，还是用几种现有纤维混合后创造出新的属性；或者改变面料后期加工工艺，如改变表面肌理效果（加珠、刺绣、洗水效果等）或者增加保暖、防湿功能等。

（8）款式及设计细节预测。

（9）整体潮流定位。如减法主义、加法主义，女性风格、中性风格、性感风格、奢华风格等。

（10）情绪表达定位。如浪漫主义。

（11）结构设计比例关系。例如，衣长长度至胸部、腰部、胯部还是臀部或者更长？裤长或裙长是到大腿根部、大腿处、膝盖、膝下、小腿肚，还是脚踝或者及地？服装重要比例线还包括腰线位置的变化，如低腰、高腰或者中腰线设计。

（12）款式造型。款式总体流行的造型是什么形状。

（13）板型。紧身型、苗条型、合体型、宽松型。

（14）细节设计点。领部、口袋、腰部、袖口、肩部等细节处理。

（15）特别工艺处理。绣珠、绣花、贴布绣、蕾丝镶边、印花等。

重点总结

时尚流行趋势的调研与预测是个系统性的工程。流行趋势受环境影响（政治、经济、文化思潮、技术革新、重大历史事件），还受时代人物、产业链及消费者的影响。因此，流行趋势调研要围绕这些因素通过参加专业展会及阅读专业期刊资料、新闻及其他媒体，关注艺术、文化领域的相关趋势主题，以及时尚圈、娱乐圈、社交圈重量级人物的造型变化，访问纤维、纱线、面料、辅料、服装加工厂供应商，及同行交流、消费者调研、街拍、零售巡店等渠道了解趋势变化。但是最基本也是最有效的调研方法是对品牌的历史数据从各方面作全面的分析。

预测方法有专业的系统与工具。主要是对历史预测数据及历史实际数据进行对比，发现异同及造成差异的原因，以避免再次出现同样的问题。

流行趋势报告应当包括趋势的源头、趋势所包含的基本元素及其发展方向与速度预测、整体视觉感等，具体预测元素包括色彩、面料、款式、造型及设计细节等。

案例

从买手助理到买手培训师、买手店创始人

采访对象：袁敏杰，瑞凝买手咨询公司创建人。自1997年开始从事买手工作，直至成长为一位出色全面的服装品牌经理，所负责品牌年度销售规模超过10亿元。转型成为买手培训师后，曾服务过CK Jeans、Guess、Levi's、Etam 、IP Zone、太平鸟、庄吉等国内外著名品牌。

问：国内并没有专门的买手课程，培训也只是近几年才出现的。你是如何成长为一名专业买手的？

答：的确，买手这个名词是近几年提出的。早些时候，我们从事类似的工作一般只称为成衣采购。工作的范畴倒是与现在的模式有些雷同。当时因为也没系统的采购模式，自己的那些经验都是10多年来在不同的公司工作中不断提炼出来的。不同的公司有着不同的要求。通过漫长的18年的实践与学习、总结与创新，我逐渐得出属于自己的一套成功的买手运作模式。

问：回头来看，你是否喜欢买手这个工作？

答：其实，我一直很喜欢买手的工作。不仅喜欢它可以让我到很多国家和地区领略不同的文化和时尚气息，更吸引我的是在每一季的商品开发及运营中，能把自己的想法真正融入进去，使得公司最终实现库存和利润的双项目标。这种价值的体现是无法用金钱来衡量的。自己创造奇迹之后的那种喜悦，是常人无法想象的。所以，现在我开始把这份喜悦带给大家，开始了从事买手培训的工作，让更多的人实现自身的价值。不仅如此，我还开了家属于自己的买手店，500多平方米的店铺，不仅让顾客得到既优惠又时尚的款式，也使得学员有了块验证自己买手实力的沃土。零距离地与顾客接近，让买手们更具市场的眼光。

问：你作为买手时，日常性的工作主要包括哪些？

答：作为买手，工作线其实拉得挺长的。按年排、按季度排、按月排也按周来排日程。工作的流程其实是个循环：产品总结→规划产品需求框架→协助产品开发（部分公司要求）→参加订货会→完成采购计划→产品上货计划安排→组织加盟商订货会（部分公司要求）→销售人员的产品培训→推广活动制定→销售、库存、利润监控→产品总结。

说到日常的工作，恐怕最多的就是数据分析了。虽说很枯燥，但是好多问题都靠它们来解决。所以也养成了那种以数据说话的习惯，然后便是去店铺观察问题的所在，最终想方设法解决。

问：做买手什么时候让你感觉最辛苦？什么时候感觉最快乐？

答：说到最辛苦的时候，想必就是订货会。那时经常需要工作到半夜，特别是出国参加订货会，那是更辛苦。因为不会在当地停留太久，一般都要熬到凌晨2点多。记得有次去欧洲，不仅时差折磨人，而且又要熬夜。要知道，通常我们一份订单要反复地做数据分析，并不是草率地就可以决定的。需要从不同角度通过很多方式去测试它的合理性，所以特别辛苦。不过说到快乐，其实也是那个时候。因为那时，我们的话语权真的很被供应商尊重。同时又可以先于他人看到那么多新的款式，这的确让人兴奋。

问：几年做买手下来，让你最骄傲的事情是什么？

答：最让我骄傲的当然是每次创造的佳绩。想想售罄率95%，有几个人能达到这样的高峰啊！同时，我们第一期的学员，第一季就将我们签约公司的4个品牌的售罄率从原本的50%左右全部拉到85%以上。学员的成功，也使得我们更坚定要在买手这块土壤上继续耕耘！

问：你后期做了品牌经理。买手的工作经历对做品牌经理是否有什么好处或者说价值？

答：其实，买手作为品牌公司运作的核心部门，他们通晓整个品牌的各环节运作。平时在运作的时候就是一个牵头人，所以也为日后转型做品牌经理的工作开展带来了很多便利。作为品牌经理，要看的就是更深层的净利润，同时考虑品牌的长期发展策略等一些更宏观的问题。

问：也有一些品牌经理来自于销售领域或者有营销推广背景。以你自己的经验，从买手成长为品牌经理与从其他背景成长为品牌经理的人有什么不同？

答：说到各种不同背景人员的转型，我想各有各的长处吧。每个人的自身能力也相差很大，所以要明确不同背景的人转型各有什么利弊也挺难的。不过说到品牌的管理，其实产品是根本。一个会开发、整理货品的品牌经理，在源头的方向把握是很有效果的。只有开发做好了，产品强了，之后零售的加强才有基石去做好。

问：对想成为买手的年轻毕业生有什么忠告和建议？

答：我想还是先把自己的专业学好吧。毕竟只有少数公司会录用新生来培养为买手的。对于毕业生，我的建议是先在服装企业多工作多学习，摸索企业的运作模式。只有出色的表现才能换取企业的信任与委以重任。即便真的做了买手，就如同我告诫我的学生一样，一定要在本岗位上多做几年，通过不断的学习、总结，才有可能真正领悟到这个市场的需求。千万别还没学成，就为了那些短期个人利益而不断地跳槽。

问：你是如何开办了现在专门培训买手的咨询公司？

答：说到瑞凝咨询公司，想法早些时候是来源于我自己还在其他服装公司任职的时候。那时在公司我被作为一个范本在教其他品牌的买手怎么操作。同时，身边的几个好友在转型做买手时也在不断地问我买手应该怎么做。外面虽然有很多服装专业培训，但是买手培训却是块空白。更重要的是，当我们做买手顾问的时候，我们可以同时接触更多的服装企业，使得自己的专业和运作方法让更多品牌受益。这种价值的体现吸引着我。这也就是为什么我要开办瑞凝咨询来传播我的专业经验。与其他培训公司所不同的是，瑞凝咨询公司是一个专业买手团队系统，可以根据不同的企业提供不同的专业买手去支持。与外面的一个用理论老师或一个用系统打天下的培训公司不同。我们的顾问全都是在职的资深品牌买手。也是目前真正由买手带队和执教的买手团队。

问：做了买手培训师后感觉如何？

答：我做买手培训师一直以来的感受是痛并快乐着。在我的客户当中有大型企业老总，有加盟商，有买手，也有刚毕业的学生。他们各自对买手的认知是各不相同且都是非常表面的。很多人以为买手就是到处买样衣，以为一个成功的买手就是能买到畅销的款式。很多规模运作到上亿项目的老总也都这么认为。对于加盟商，他们每次最头疼也一直想找个买手的目的居然就是参加订货会去完成订单，去帮他们找到"爆"款。至于学生，更是单纯地只知道买手有高收入，所以想要学。令我们头痛的是要一个一个反反复复地去解释、去说服从而去感染并改变大家对这个岗位的看法。学员们兴致也从起初的期待随着中期课程的渗入而变得冷静，而后期则变得更具信心和蠢蠢欲动地想要试把手。所以，我们会给他们提供企业平台以及店铺去体验。就目前的服装企业，除了一线城市或者一些国际著名品牌有买手这个职位之外，其实很多公司都是缺少这个部门或者买手的职能设定的。所以也就是为什么大家对这块领域陌生的。不过让我们欣喜的是，一些公司或者民营企业在相互学习的过程当中，也在不断地关注并开始尝试买手模式了。他们已经开始主动了解并尝试买手的运作，也给更多买手增加了工作平台。记得以前老听一些买手说某某公司不错，可惜他们没买手部门。现在不一样了，尽是猎头公司在要人，但是缺乏人才。相信在将来，买手会继续是目前服装领域里的紧缺型人才。

问：你具体是怎么做培训的？

答：说到我们的培训，我知道外面有很多公司在鼓吹买手的高收入以及高门槛。貌似只有总经理、总监或经理什么的才能够理解，才可以去学习课程。其实不然。为了使更多的人能接触和领悟并运作买手模式，我们的培训课程一方面走普及化线路，主推零基础课程。另一方面做企业植入模式。前者的课程一般都是3～4个星期课程。从理论课到实际操练再到订货会模拟，甚至去企业或店铺体验，零距离让自己的产品与市场直接接触，感受市场的验证。后者，即企业植入模式，更是我们的强项，历时24个月的全方位跟踪。从企业的年度营销目标制订、产品的企划、开发、订货会、到产品上市，店铺管理、推广活动制订、再到利润、库存的全盘监控和推动，到最后产品的全面总结等全方位管理参与，并承诺以效果定收费。目前在进行中的企业最大项目年度营业额已高达20个亿。

问：培训中碰到的最大问题是什么？

答：培训中遇到的问题要分两块来说，一块是个人的培训。通常最大的问题是要求学生要做大量的数据分析。这对很多艺术类出身的学生有点头疼。他们平时在选款和搭配方面多半能力都很强，但是一旦静下心来，很少有人能在数据分析上得高分。记得有次考试好多学员的成绩都在50～60分。不过，面对这些压力，大家还是坚持学。很多学生会课余时间来找老师协助加强数据分析能力。大家的努力让我们感到很欣慰，他们最终还是通过了我们的综合考试。在企业植入培训方面，让我们感到有压力的就是部门之间对这块运作模式的理解差异。我们的工作横向和纵向的延展很广，涉及很多部门。因此，所带队的买手部门一旦没得到较高的授权，在很多工作的执行上就会带来困难。例如，以前很多时候一些公司的款式在设计到大货生产一直有很多的调整或者改变，但是现在就要求订货会的产品有任何的改动，都需要买手的签字回复才可。对于公司的运作，势必增加了一个工作环节，但是这个环节却为公司保障了利益。买手会站在是否被市场接受的立场上去考虑款式的调整，有时是在款式的设计上，有时则是在考虑成本的监控上。任何增加、减少细节或增加、减少款式的行为都不是一项单项行为，它会影响到一整盘货品的完整度或者一季产品的市场销售利润策略。所以，给予买手充分的授权很重要。不过，授权也是通过自己慢慢给公司创造价值而不断获取的。在我们的带队下，我们的买手正在不断地成熟起来，不断地让别人看到他们的光芒。

问：行业中很多人确实不太理解买手的职能和功能。就像你说的，你服务的企业有些没有买手现在也做到了上亿的规模。给人的感觉好像是没有买手并不影响服装企业卖更多的货。你怎么认为？

答：说到规模，国内其实有很多运作到上千万或上亿的服装企业。他们多半已经在服装行业打拼了数十年的时间。由于20世纪90年代服装尚处在一个市场物资缺乏的时候，一时间只要是服装，都卖得很好。另外就是有很多做批发起家的企业，特别在杭州一带居多。如果说规模，由于长时间的积累的确有到一定的体量，但是再用"品牌"来衡量他们，他们中许多还算不上正规的服装品牌运作公司，只能说算是在做生意。仔细分析他们的经营，并无可持续发展性可言。因此，单单规模并不能说明什么。很多时候，业绩规模是到了，但是库存一大堆。这些尚且只是表面现象。往内部深挖细究，其实太多的款式能大卖却没达到一个应该有的销售量；一些应该少订些的款式，却订了一大堆。如果我们给每个款式设定一个KPI考核的话，太多款式不及格了。当然，这还只是买手工作的一部分项目。所以这也是为什么，现在越来越多的企业开始学习和引进新的服装运作模式来帮助他们品牌提高综合竞争力，特别是通过运用买手模式。我们的目的是提高企业资金投入的回报率，特别是提高对比净利润率，相信这也是企业乐意看到的。

问：为什么开设了现在的买手店？

答：我相信每个买手的内心总有一个梦想，就是做自己喜爱的产品。自己的工作是一回事，自己开个店铺更多的是兴趣所向吧。加上多年来，身边也聚集了不少设计师朋友，他们也一直希望我能开个买手店。一来，可以淘自己喜欢的产品，二来，设计师们也希望有更多的市场平台可以展现他们的产品。当然赚钱也是很重要。

问：你的买手店是什么定位？为什么会定位这样一个市场？

答：目前我们店铺的定位还是很平价的。因为自己毕竟是做市场的，绝对不会去玩"概念"类的商品。也没有那么多钱去烧。我在市场上已经看到太多失败的买手店。所以我们的产品价位基本上和 Zara 差不多，但是比 Zara 更时尚，品质更好一些吧。我们产品也不走量，很多都是那种寻找有缘人的产品。顾客遇到就买了，因此顾客也珍惜每一次的购物体验。之所以选择这个定位，主要还是想做快时尚，要快就必须贴近生活。

问：对于也想做买手店的买手，有什么忠告和建议？

答：产品定位和市场地理位置定位很重要，很多人只考虑自己的产品渠道优势，却忽视了有时候不同地域和街区的顾客对产品的需求也不同，选对核心竞争力的产品很重要。住宿密集街区的产品价位就尽量平民些，产品不一定要那么时尚。但是一些艺术园区或者时尚的街区，需要侧重的是产品的时尚度。单品不需要买的很深，因为那些顾客的购买心理是希望他们看中的产品具有独特性和不重复性，有时候甚至是定制的。

对于合作的设计师，要与他们保持沟通。不要因为他们乐意与你合作而忘乎所以，一股脑儿地把他们的设计全放入自己的店铺，记得要挑选。设计师永远觉得自己的产品都是好的，但是市场却不这么认为，因此要一步步尝试。另外一个很重要的问题就是价格，设计师的设计成本（即他们的毛利率）到底是多少？好多设计师估价太高，造成卖不掉的结果。因此买手们不管是寄卖的还是买断的设计师合作产品，一定记得谈价格。要选有市场前景的产品。

在产品结构方面，要懂得把控个性化产品和基础产品的比例。根据不同的地域市场需求设计合理的产品结构比例。最初开始尽量减低产品总量，一点点加，边卖边了解顾客需求。然后再逐渐增减相应的产品结构配比。

练习

1. 通过网络搜索、同行交流、咨询专业人员，了解一下现在国内外提供专业流行趋势的机构、展会和期刊有哪些？

专业机构：_____

专业展会：_____

专业期刊：_____

2. 请在您所在的城市，选择一条主商业街道及一个周末的下午，捕捉约100张25~45岁女性的着装照片。回来后，按总体造型搭配、上衣、下装、面料、色彩、发型、配饰、鞋等归类照片，总结这组女性着装共性。

第五章

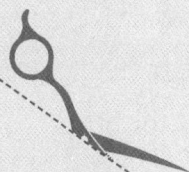

商品企划（基础）

　　商品企划（Merchandise Planning）是在订货会前对本季的订货做出框架性的指导。如果商品企划是建立骨架，订货会则是填入具体需要的每件商品。商品企划具体来说包含商品上市计划、商品细分计划、销售预测、采购预算及采购预算明细。

151

第一节 | 商品上市计划

服装属于季节类产品，什么时候卖什么样的款，应该卖多少钱，需要多少量的款式都需要事先规划，并且确保规划符合气候季节变化的规律。另外，零售除受气候影响外，还很受节假日的影响。总之，服装的销售非常讲究时效性。

商品的上市计划内容具体包括上市时间、销售周期、各类商品上市的款式数量及相对占比、售价范围，以及基本款、时尚款、特色款、必备款各自占比等。表5-1主要是从市场需求角度，按照上市时间提出基本的商品款量要求。

表5-1　商品上市计划

	第1批	第2批	第3批	第4批	……	季末	汇总
上市日期							
款式数量需求							
补充新款时间							
补充新款数量							
共需款式数量							
%							

"销售周期"代表了每一批商品的销售时间段。销售时间段通常是根据气候变化及服装产品销售周期来定的。现在以卖流行时尚为主的服装产品销售周期越来越短，新品更换率越来越高。以往是每一个月上次新货，现在很多品牌已是每一周甚至每两周上次新货。运动休闲类服装产品因相对受时尚流行因素影响较小，因此销售周期相对会长些。

"款式数量需求"是指在此销售时间段需要上市的新款款式数量。一般来说，销售周期的开始也是新款需要抵达店铺的日期。

"补充新款"是指在本销售周期内，根据具体的节假日或者公司具体的市场推广计划，或者特别的市场需求，在期间需要插入的新款数量。通常来说，这部分"补充款"是"快速反应款"，是为了快速捕捉到市场的需求然后以非常规工作流程及时间表来开发一系列新产品，以最快的速度上市。"补充款"也可以是一系列针对某个节假日或者配合公司市场推广计划推出的胶囊产品线，例如针对"春节""情人节"或者"圣诞节"的相关设计系列。

"%"则代表了每个上市周期的款量占本季节总款量的百分比。此百分比具有指导意义，在一个季节里，什么时间段推出的新品数量应该占整季最大比重，什么时间段推出的新品数量应该占小比重等，该比重是有目的及意义的。一般来说，换季初期，新品数量不会太大，因为还有很多上季货品在打折销售；通常到第二批或者第三批新品上市时，新品比重会逐渐加到最大；而随着季末的临近，新款数量又开始逐渐减少。

商品上市计划通常需要考虑以下因素：

（1）季节与气候：主要是换季的时间点要把握好——因为是一个季的开端。一旦第一批货品上市晚了，会严重影响后面的货品上市日期从而影响整季销售。现在国内基本上春季的服装在1月初或者1月中就上市了；秋季则在8月初或者8月中开始。

（2）销售周期：上市的新品销售周期预计多久？这会决定接下来一批新品应该何时上、上多少。这主要是根据具体的品牌定位，例如，走流行时尚路线的销售周期要短；以卖品质为主的，款式变化不大的品牌则销售周期相对长；运动休闲品通常销售周期相对较长；男装一般比女装销售周期长等。其次要看气候，服装销售周期一般不宜跨过2个月，否则可能适应不了到时的气候状况。

（3）"提早卖"原则：消费者购买的习惯一般是"提早购买"。如在北方，真正穿羽绒服的时间也许是到11月中或11月底，但实际在10月国庆节后就开始有相应消费。

（4）节假日：节假日对零售来说是重要的时间点。通常，商家会为了配合节假日推出有针对性的新品系列。如"情人节"系列、"圣诞节"系列等。

（5）品牌基本定位：品牌基本定位是决定一切买货的基础。无论卖什么商品，不应当脱离品牌的原有定位与精神。在这里品牌基本定位主要包括以下内容：

①产品线系列：品牌是男装、女装、童装线都卖，还是只卖单一大类产品线。产品线越丰富，款量需求越大。

②产品价位：低、中、高的价位，本品牌定位是哪一档。一般而言，低价产品需要

跑量，因此款量要丰富；高端产品主要靠卖高价单品出销售，因此款量要求不高，但对单款设计与品质要求就会相对高。

③时尚度：本品牌的时尚度属于紧跟流行时尚为主，还是以大众市场的跟风型定位；是属于运动休闲，还是流行时尚等。通常来说，卖流行时尚的款量要求比运动时尚更高。

④店铺数量及分布区域：店铺数量也决定了产品线规模；而分布区域则决定了产品的多样性。我国是个巨大的市场，南北无论是气候还是文化差异都很大，因此对产品线的厚薄、设计、尺寸及上市日期都有一定的差异。因此，产品线范围的宽窄还要了解目前品牌店铺的分布情况。

⑤最大店铺面积及店铺平均面积：这是一个硬性指标。如果不考虑周到，可能会导致一些大店空荡荡的连出样的货品都不够。特别是有旗舰店的品牌，有必要首先保证有足够的货品充满店铺空间。要了解本品牌的平均每平方米陈列容量及基本陈列原则，以此推算出要满足本公司最大面积店铺所需要陈列的基本容量及平均店铺所需要的基本陈列容量。店铺的货品数量要时刻能满足这一最基本的需求。

⑥差异化销售需求：即使是同一个品牌，在不同的销售点也会有具体不同的产品线需求。比如，客户采购力相对弱的销售点，则需要尽可能多的配合价格相对低的产品；客流量较少的销售点，则需要尽可能多地配合价格相对高的产品以提高客单价等。在这种情况下，产品线要能够照顾一定范围的客群。

⑦品牌战略调整/方向：本品牌在本年度或者季节是否有任何战略性方向的调整，这也会关乎整个产品线的定位与开发。作为买手，要时刻关心公司对品牌战略发展方向的规划。企业管理层也需要将买手纳入信息沟通的目标群里。

⑧商品效率：产品线提供的多与少有时在销售和开发环节上是一对矛盾。理论上来说，在不违反品牌定位基本精神的情况下，对销售而言，产品线范围越广，选择余地越大，越容易拓展与销售；但开发任何产品线均需要耗费大量的人力和物力。开发100个款，是否100个款都对销售产生了促进作用，如果只有50%的货在周转，其他货几乎销售不动，那么说明货品效率非常低。这点非常重要。买手要在两者之间找到平衡点。

⑨库存现状：原则上，库存量超出合理指标时，应当考虑适当减少新开发产品数量，

否则就有影响现金流风险。要计算目前库存可销售款量及件数有多少。切记，可销售款量首先是指适合当时销售季节，其次未断码（否则应当直接送特卖场销售），且有一定的库存量，最后要设置合理的销售折扣。所谓合理的销售折扣，因为是库存货品，故折扣要足够吸引人；但又因为是和新品一起销售，折扣与新品价格或者折扣差异不能太大，否则可能会导致新品滞销。

⑩ 新品推出周期：公司设定的新品推出周期也是重要的参考指标。现在大多数的女装品牌都可以做到1~3周推出新品，运动休闲和男装相对慢些，大概4~8周。而推出的频率，也将影响最后的产品规划。通常而言，频率越高，销售周期越短，款量需求量越大。

⑪ 货品更新率：货品更新率是指每次上新品，需要替换多少的旧品。一般来说，由于售卖空间是有限的，所以要上多少新款，就需要替换掉大致相同的旧款。这就意味着一定数量的款式必须通过销售或者下架的方式尽快离开卖场，这样新品才有空间出样。不同的品牌有不同的方法处理货品更新问题。有的品牌是将销售不佳的产品先下架送进仓库，待最后季末一起拿出来打折，这样做的好处是以免顾客看到品牌总在不断打折从而影响品牌形象，但劣势是容易积压库存，影响现金流周转；也有的品牌则是货品上柜2~4周内未有周转就立刻打折，其好处是加快货品周转率从而提升现金周转率，但劣势是容易影响品牌形象，给人留下总是在打折的印象，从而使消费者产生"不打折不购买"的心理。

案例

线上与线下的货品经营有什么主要区别？

案例素材提供者：张富娟

服装设计与工程专业毕业。曾任职雅莹女装品牌的货品部。目前是宝尊电商公司的买手。

本段文字由陈畅根据张富娟提供的案例素材整理，由冷芸审核。

"货品经营"，简单来说就是将货品用合适的方式，以合适的价格，在合适的时间里销售给顾客。

目前国内的货品经营已从过去的单一线下渠道逐渐发展为线上与线下共同发展的模式。那么，线上与线下在货品经营上有什么区别呢？

首先两者经营环境很不一样。因此两者在工作节奏、数据分析及定价策略方面有诸多不同。

在线上的货品经营方面，买手最重要的一个技能是"盘货"——即对后台数据进行透彻的分析，然后再做商品规划及采购预算。线上的各个环节的效率与流程都会比线下快速很多。这是因为线上是消费者边浏览、边消费，其相关数据就被同步留存在后台了。可以这样说，线上是个更多靠数据驱动的商业模式。因此其运营效率更高，数据更精准。所有流程的周转也更快。因此，很多线上品牌可以做到从产品开发到上市在3~4周之间（基本以开发现货面料为主），开发周期更短。但这也意味着买手的工作节奏很快。

而线下店铺在获取数据方面到目前为止尚不如线上那么快捷与便利。在库存管控方面也不如线上做得那么顺畅。因此，线下目前是大多数企业的存销比远高于线上水平。

两者的货品策略与定价策略也不完全一样。到目前为止，虽然网络媒体已经在倡导线上与线下融合的问题，但还是有很多传统线下企业只是把线上渠道作为库存渠道处理，或者，为了不影响其线下销售，为线上提供专供款。这当然也会额外增加企业的运营成本。不过也有的企业已经统一了线上与线下的货品。但因为线上与线下的销售周期（比如"618"及"双11"主要是线上大促时段）及购买习性并不完全相同，这个统一货品策略是否有效还有待进一步证实。

在定价方面，众所周知，迄今为止大部分消费者选择网上购物还是因为其价格相对更低，而且订购方便。因此，线上的促销力度也通常更大。

不过无论是线上还是线下，从事货品经营都需要具备以下基本技能。首先，买手需要熟练使用EXCEL等数据分析工具。其他则如沟通能力、组织管理能力、审美能力都是行业普遍要求的基础技能。此处的"审美"是指目标消费群体的审美，而非买手个人眼中的"美"。

常用的货品分析维度有库销比、客流量、售罄率、品类占比、产品线占比、存销比、客单价、客单件、折扣、价格带等。货品经营者最关注的一点是售罄率也就是产销率。刚上市的货品最关注的是动销率，但进入成熟期以后，最关注的还是售罄率，也是我们说的产销率。

在当下，"场景式穿搭"无论是对线上还是线下店铺都正在成为一个重要的买货及营销手段。"场景式穿搭"即通过组合不同产品，以搭配形式来满足顾客不同场景的需求，以此来提高消费者的连带率及复购率。在线上，场景式穿搭展示通常通过网上店铺页面、博主或视频主的视频来完成。而线下则主要依靠店铺内人台模特展示和相关杂志推荐来完成。线下还可以通过做VIP专场沙龙活动来完成。

第二节 | 商品细分分析与计划

有了总的商品上市计划表后，接下来要做的就是细分表。细分表包括按产品线类别、上下装配比、款式、面料、颜色、尺寸等要素对产品规划做细分。

一、按商品大类细分

按大类细分产品需求，具体的来说，就是上衣与裤子、贴身类的和外套类的衣服各自合理的占比应该是多少。

大类占比并没有绝对的标准。客观地说，与品牌定位及各大类销售状况更加相关。有的品牌只做连身裙，或者只卖裤子，所以也就不存在大类配比。但就一般情况而言，大多数的男女装做商品计划时都需要考虑大类配比。

如男女装及配饰都有，则首先应该在按男、女、配饰三大类上规划出合理的比例分配。

表5-2为某一休闲女装品牌某年秋冬季实际销售数据。

表5-2 某休闲女装品牌某年秋冬季销售

产品类别	采购款式数量小计（款）	采购SKU数量小计（SKU）	售罄率≥70%的款式数量小计（款）	售罄率≤30%的款式数量小计（款）	总采购数量（件）	总销售数量（件）	平均每款销售数量（件）	售罄率（按件数）（%）	总实际成交销售额（含税）（元）	总标价销售额（含税）（元）	总平均出货折扣（%）
毛衣	8	9	5	1	110	77	10	70	32,874	62,950	52
机织外套	13	25	4	7	378	139	11	37	95,982	172,330	56
卫衣	29	73	11	7	1,696	982	34	58	503,510	703,920	72
长袖T恤	13	29	3	3	581	301	23	52	80,444	107,960	75
长袖衬衫	2	4	0	0	114	63	32	55	27,230	32,610	84

续表

产品类别	采购款式数量小计（款）	采购SKU数量小计（SKU）	售罄率≥70%的款式数量小计（款）	售罄率≤30%的款式数量小计（款）	总采购数量（件）	总销售数量（件）	平均每款销售数量（件）	售罄率（按件数）（%）	总实际成交销售额（含税）（元）	总标价销售额（含税）（元）	总平均出货折扣（%）
短袖T恤	14	24	1	8	402	161	12	40	34,954	45,910	76
裤子	13	29	0	4	584	256	20	44	108,086	139,310	78
牛仔裤	5	6	1	2	110	30	6	27	14,494	22,500	64
短裙	3	3	0	1	33	13	4	39	4,472	5,950	75
总计	100	202	25	33	4,008	2,022	20	50	902,046	1,293,440	70

现在逐一从销售件数、售罄率、贡献毛利率及商品效率来分析每一大类别。

1. 毛衣

（1）分析：售罄率超过70%的款量占了近62%（该类别售罄率超过70%的款量与该类别采购款式数量小计之比，下同），说明该类商品效率比较高。

但平均每款订货件数为14件，销售件数10件，低于平均每款销售件数20件。根据该表分析主要原因是订货太分散，宽度过宽而深度不够，其订货数量也只有110/8（该类别总采购件数与该类别采购款式数量小计之比）=14件/款左右。如果能够减少款式数量，加深订货深度，可提高商品有效率，当然这将更加考验买手的眼光，因为万一把宝押在了错误的产品线上，就可能全盘皆输。

平均售罄率70%占据各类别第一位，此类产品还是销售颇为成功的。而且结合平均每款销售件数分析，很可能犯了该订深的没有订深，不该订的又订了的买货问题。

但总平均出货折扣只有50%，即大多数产品是5折销售的，低于平均70%的水平，说明本类产品主要靠打折出售。对消费者而言有可能是该产品线原价高于其表现的价值感而导致的。根据其销售数据可以推算其零售标价在800元左右（标价销售额/销售件数，下同），如非知名品牌，该价格可能偏高。

（2）新季订货方向：无论从季节需求还是产品销售状况来看，应当把毛衣作为重点类别订货。

本季要看准具体产品，加深订货深度，以免出现有市场需求的货品很快卖光；没有需求的成为库存。

适当调整价格结构（而非调整定价），增加一些相对中等价位的产品，减少高价位产品，使本类别成为销售的中间力量。本季度要力争提升毛衣的毛利贡献度。假设本季度产品价格带在500～1,000元/件，增加500～600元的价格带的款量，减少900～1,000元的价格带的款量。

2. 机织外套

（1）分析：这里的秋冬季机织外套主要是指夹克、棉袄、羽绒服等外穿类上衣。

售罄率超过70%的只占了31%，虽略高于25%的平均水平，但售罄率低于30%的却占了54%，几乎是所有类别在此指标中表现最差的。再看其每款订货件数为378/13＝29件/款，而平均每款销售件数却只有11件，可以看得出本系列属于低效率产品线。

平均售罄率37%也属于末位排名的位置。

总平均出货折扣只有56%，低于平均70%的水平，说明本类产品即使靠打折出售销售状况也很差。

总体而言，本类产品销售状况属于"较差"类的。应当和设计部、销售部同事共同探讨原因。比如是设计问题（款式不吸引人、过于普通没有卖点、不适合当季例如面料偏薄不够保暖等），还是定价偏高，或者是两者都有的原因。

（2）新季产品开发方向：一般来说，外套在秋冬季仍然属于重点类别，应当成为创造业绩的重要产品大类。特别是棉袄、羽绒服这类厚外套，几乎是冬天的必备款，并且是单价较高容易提高客单价及贡献更多毛利率的类别。

因此有必要加强该类别的资源投入，找出产品销售差的根本原因，并针对原因予以纠正。

3. 卫衣

（1）分析：无论是款量占比还是订货件数，可以看出这一类别都是作为重点产品线开发的。而且该大类售罄率超过70%的产品款量占到38%，说明这里面有相当一部分的畅销款；平均每款销售34件，高于平均水平的20件。但售罄率只是略高于平均水平，且平均出货折扣也只是略高于平均水平，说明大多数货品可销性尚可。另外低于30%售罄率的货品占到了24%。总体而言，该产品线产生了不少畅销款，但总体商品效率并不高。

（2）新季产品开发方向：研究畅销款畅销原因，将其运用到新季节开发中。提升该产品线的开发效率，降低总开发款量，提升单款效率即每款可销售量。适当调整价格结构，增加相对偏低价格的款量，减少较高价位的款量。

4. 长袖T恤

（1）分析：售罄率超过70%的与售罄率低于30%的款量各占了23%，属于不好不差的表现类别。再看其每款订货件数为581/13=45件，而平均每款销售件数却只有23件，可以看得出本系列属于平均效率产品线。

平均售罄率52%也属于居中排名的位置。

总平均出货折扣达到75%，高于平均70%的水平，说明本类产品原定价较为符合市场预期。

总体而言，本类产品销售状况属于"中等"水平。

（2）新季产品开发方向：从市场需求而言，秋冬季T恤不是能够产生高效益的大类，但本品牌既然是休闲定位，而且T恤在秋季还是一个主打类的产品线，因此可以相对减少开发款量，提高设计品质，提升单款销售量。

5. 长袖衬衫

对休闲装而言，衬衫在秋冬季不属于重点类产品。故开发款式量也较小。从本报表来看，售罄率55%，尚可；但平均每款销售32件，远高于平均水平，说明商品效率很高；平均出货折扣为84%，说明毛利贡献不错，同时可以考虑提高折扣率从而提高该类别售罄率。但因季节因素，总体数量不多，因此总体贡献毛利不会太高。作为配搭类产品线订购与销售，并且调研出销售好的原因，借鉴同一因素可以考虑将数量提升到3~4款。

6. 短袖T恤

（1）分析：短袖T恤看上去是最失败的产品线。其款量几乎是最高的，但平均仅销售了12件/款，可以说该产品线效率非常低；售罄率也只有40%，售罄率超过70%的款量只有1款，可以说极差；贡献毛利则尚可。

结合季节特色来看，该季节订货有个明显的失误，即秋冬季不应该将短袖T恤作为重点类别款类订购。除非该产品是在国内类似于广东、海南这样的区域销售。即便如此，国内几乎没有品牌会在秋冬季将短袖T恤作为重点采购类别。经询问原来是负责该品牌订货的人来自中国台湾地区，而该品牌又是海外品牌新入国内大陆市场不久，因此犯了这样一个错误。而事实上，海外品牌进入中国时犯下这样错误的案例有很多。这也是为什么使用本土的买手至少会避免这类错误的发生。

（2）新季产品开发方向：大力降低该类别的开发量，只开发几款适合早秋穿及与长袖搭配的短袖T款即可。

7. 裤子

（1）分析：款量不低，但所创造的效率却低得惊人。30%的款属于滞销款，几乎没有畅销款；平均售罄率只有44%，毛利不错，平均出货折扣可达78%。说明，其一可能价格偏高，导致售罄率低；其二款量太多，但大多数产品不够吸引人。经调研，该公司裤子产品的主要问题是品类过于单一。他们将在其他国家非常畅销的款式拿到中国卖并指望他们同样成为爆款。而这些单一品类的爆款却成了国内市场最大的滞销款。

（2）新季产品开发方向：找出滞销原因，比如是产品本身问题，还是运营问题，并在新季对症下药。

另外需要注意的是，所有裤子加裙子的款量只占到总款量的22%，这意味着上下装之比为78∶22，总的来说下装偏少，不易于作搭配销售。因此，从这点而言，应当提高裤子的款量，并且提升产品针对中国市场的适应性，适当定价。

8. 牛仔裤和短裙

（1）分析：明显属于非重点类产品，款量小，产出效率低，售罄率低，毛利一般。

（2）新季产品开发方向：牛仔裤对休闲装来说应当属于重点产品线，几乎所有的休闲品牌都有牛仔产品线，另外还有许多专门做牛仔系列的品牌，如Levi's、Lee、G-Star等品牌，因此竞争显得尤其激烈。而牛仔相对其他服装而言，又是技术含量相对较高的类别，无论是板型和洗水效果，都需要特别的技术或者设备，不是一般服装厂可以做出来的，也因此增加了制作难度。

因此，作为一般休闲装品牌，除非有响当当的品牌名，且该品牌在市场上已经拥有一定的占有率，否则应当思考，本品牌的牛仔裤线能够给顾客带来什么不同的价值？以流行女装Only为例，Only并非专门卖牛仔的品牌，但该品牌的牛仔线却销售得很好。不仅仅是因为Only已是市场上一个成熟的品牌，而且因为该品牌的牛仔裤给人的价值感很强，板型舒适，款式丰富，而价格又适中。

因此，对于牛仔线属于非强项的服装品牌，有必要考虑该产品线对本品牌的意义何在？例如，是把它定位为本品牌的"配菜"，只是出少量款丰富自己的休闲定位，还是需要作为一个主力产品线？如是作为主力产品线，就需要从设计到制作等相应的投入，并最大化自己的品牌特色。

因此，新产品开发方向要随品牌定位。如结合公司的资源最终决策是牛仔裤只是配菜，则可以减少开发款量，但提升设计及品质，并相应提高单价，集中资源做好质而非量。

综合以上分析，将新的大类细分表总结为表5-3。

表5-3 新季商品大类计划明细表

产品类别	历史季款量（款）	占总款量（%）	新季预算款量（款）	占总款量（%）	说明
毛衣	8	8.0	13	14.0	高效率线，同时加深订货深度，制订适当的价格
机织外套	13	13.0	18	19.0	是产生高毛利的产品线，应当加大款量
卫衣	29	29.0	33	35.0	重点产品线，提升各款效率，加大款量，加深订货深度
长袖T恤	13	13.0	6	6.4	商品效率低，适当降低款量，提升款式丰富度，注意秋季和冬季面料厚薄差异
长袖衬衫	2	2.0	3	3.2	增加一款，做到量少品精
短袖T恤	14	14.0	3	3.2	只需做适应早秋季节的几款即可

续表

产品类别	历史季款量（款）	占总款量（%）	新季预算款量（款）	占总款量（%）	说明
裤子	13	13.0	15	16.0	上季上下装比例有些失衡，应当增加款量，提升设计品质，保持上下装的平衡
牛仔裤	5	5.0	3	3.2	量少但品精
短裙	3	3.0	0	0.0	没有效率的产品线，季节需求也比较小，干脆不做，将资源投入重点款式
总计	100	100.0	94	100.0	降低总款量，调整产品线结构，提升商品效率，在产品线开发方面要既有平衡又突出重点

有多年历史数据的品牌应该尽可能参照历年数据，并且分析对比历年预测与实际销售的差异，找出预测不准确的原因，避免同一问题重复出现。

如是新上市品牌，则可以参照同类品牌通过观察调研进行规划。

二、按面料细分

做好商品总规划及商品大类细分后，就要对整季的商品再按面料细分，制定出合理的面料大类配比。对于面料较为单一的中小型品牌，这类分析不一定是必要的。面料分类的目的是为了让产品结构在面料方面有个均衡表现。这里的面料并不必细分到具体成分，而是大类纤维面料细分即可。表5-4中的面料成分仅供举例用。

表5-4　按面料细分商品计划

面料成分	历史订货款量占比（%）	历史销售件数占比（%）	历史贡献毛利率占比（%）	新季开发款式预算占比（%）
棉				
棉混纺				
真丝				
真丝混纺				
麻				
…				

三、按颜色细分

颜色对服装市场来说是个非常重要的影响销售的因素，因此必须进行预先计划。这里所说的颜色，更确切地说应当是色系。因为同样是"红色"，还会有不同纯度及明度的红。表5-6中的统计与分析是为了掌握对本品牌色彩消费的规律。

色彩的开发本身也是很专业的工作。通常专业的品牌公司会有专门的色彩开发人员或者色彩搭配师。表5-5中的色彩名称仅为举例说明用。

表5-5　按色彩细分商品计划

色彩成分	历史订货款量占比（%）	历史销售件数占比（%）	历史贡献毛利率（%）	新季开发款式预算金额占比（%）
黑色				
白色				
灰色				
红色				
黄色				
…				

另外，颜色占比还与本品牌定位相关。有的品牌只卖黑、白、灰色；有的品牌主要卖款型，不很强调颜色；而有的品牌主要卖颜色，特别是对于运动休闲系列，该类定位的产品通常款式都比较基本，因此颜色就更成为第一吸引眼球的要素，更加需要专业的策划。

四、按价格细分

价格对任何商品来说都是最重要的销售决策因素。因此应当深度分析本品牌各销售价区间的销售表现然后再制订新季的定价策略。

在商品销售中，可以将价位区间分为三大层次——低、中、高，这三层次的价位是有不同的战略意义的。低价区间的产品相对易跑量；高价的容易提升客单价，但会因相对高的价格而导致跑单；中价位则一般是主要销售力量。

另外，价格定位通常是一个品牌定位之初就确定好的具有战略意义的因素。并且销售价格也由生产成本及经营费用所决定，因此价格的战略性调整通常由公司高层管理人员决定。但买手要做的工作，是根据历史销售记录对各价格段的产品线的结构占比提出建议及需求。所以通常不应该随意调整价格结构，只可在合理的价格范围中进行微调。

价格定位还有一个意义，就是有利于参加促销。这特别适用于经常需要参加商场买减活动的品牌。比如商场常常做"买300元减100"的活动，品牌常有售价280元或者298元的产品，顾客常常只花少许的钱就可以参加买减活动。如让顾客再付200元或300元去购买另一件商品，可能会导致顾客最终放弃购买。所以品牌可以专门开发一些单价在20～100元内的配合促销的小商品。

表5-6是某休闲品牌（女装）某秋冬季按商品价位的销售报表。

表5-6　某休闲品牌（女装）某秋冬季按商品价位的销售报表

实际成交价格区间（元）	采购款式数量（款）	采购总数量（件）	采购总成本（不含税）（元）	采购总零售价（标价）（元）	销售总数量（件）	售罄率（按件数）（%）	按零售标价计算销售额（元）	总实际成交销售额（元）	总销售货品成本（不含税）（元）	平均出货折扣（%）	平均毛利率（%）
200以下	8	185	13,443	95,280	32	17	8,060	5,206	1,195	65	73
201~300	20	757	33,158	240,250	382	50	121,400	91,650	16,811	75	79
301~400	17	767	53,238	442,090	378	49	226,580	139,344	27,619	61	77
401~500	25	1,211	99,397	724,800	709	59	419,310	319,993	57,224	76	79
501~600	16	588	62,415	442,700	285	48	210,220	156,346	30,287	74	77
601~700	4	126	19,122	124,660	18	14	17,760	11,898	3,281	67	68
701~800	6	206	30,832	217,340	94	46	103,860	72,288	15,809	70	74
801~900	3	174	27,868	215,460	86	49	104,240	73,347	13,271	70	79
900以上	3	51	15,061	89,030	48	94	83,960	56,715	13,845	68	71
汇总	102	4,065	354,534	2,591,610	2,032	50	1,295,390	926,787	179,342	72	77

分析：

首先要注意的是，这里的"实际成交价格区间"，是根据最后实际成交价来评估的。

这个最后实际成交价最后要通过后列的"平均出货折扣"推算成原零售标价，再按零售标价做出按价格区分的商品计划。

当然也可以直接按零售标价做分析。

售罄率最高的是价位最高的一级，即单件实际成交价可达800～900元，按其平均出货折扣6.8推算，零售标价应在1,170～1,300元。仔细分析会发现该价位订货数量也并不高，但至少说明该价位是有市场接受度的。但该价格区间毛利率也排名较末，说明这个价位主要还是靠打折销售。因为价位高的产品也是客单价较高的，因此，在规划新季商品时，可以适当提高该款量占比，并适当加深该价位的订货深度，标价保持不变。

成交价在401～500元的产品线看上去综合表现是最好的。销售件数最高、售罄率仅次于最高价位、毛利贡献也最大。说明这个价位相对最受欢迎。从当时的采购量来看，采购款量也是最高，采购深度方面是48件/款，有一定深度。因此在新的一个季度，可以保持该价位段的开发策略及定价。

其他价格段的，除了200元以下及600～700元的，各自表现旗鼓相当，说明各价位段没有太大差异。

表5-7是按价格细分商品计划表。

表5-7　按价格细分商品计划

实际成交价格区间	历史季采购款式数量（款）	历史季采购款式数量占比（%）	历史季销售总数量（件）	历史季销售总件数占比（%）	新季采购款式数量占比（%）	说明
200以下	8	8	32	1.6	2	各方面指标表现都很差。降低开发款量，只开发少许，用于配合买减或者买送活动时顾客购买金额不够补差价而用
201～300	20	20	382	18.8	18	保持历史水平
301～400	17	17	378	18.6	18	基本保持历史水平
401～500	25	25	709	35	30	适当增加该价位段款量，同时加深该价格段的订货深度，作为重点价位段
501～600	16	16	285	14	12	基本保持历史水平，这里显得相对降低，主要是因为其他品类占比提高
601～700	4	4	18	0.9	5	—

续表

实际成交价格区间	历史季采购款式数量（款）	历史季采购款式数量占比（％）	历史季销售总数量（件）	历史季销售总件数占比（％）	新季采购款式数量占比（％）	说明
701～800	6	6	94	4.6	5	适当增加该批高价位段款量，提高客单价及毛利率
801～900	3	3	86	4.2	5	—
900以上	3	3	48	2.3	5	—
汇总	102	100	2,032	100	100	—

综合分析，如将300元以下定为低价位，301～600元定为中价位，601元以上定为高价位，可以低、中、高价位的销售件数之比分别为20%：68%：12%。建议相对提高高价位段的比例，将比例相应调整为20%：60%：20%。原因一是根据历史销售记录，高价位可被市场接受；二是通过此举提高平均客单价及毛利率。

此处未用销售额占比而是销售件数来评估销售业绩是因为销售额也受单价价格影响。因此对价位段分析建议以销售件数分析业绩占比较好。

设计师往往对数字的敏感度较弱。现实工作中，常会发生设计师辛苦设计出来的衣服后来因为生产成本超出预算而不得不取消的现象。发生这种状况时，设计师和买手常感到非常沮丧。而且从设计师的情感来说，没有设计师希望自己的款式是因为预算的问题而被取消。因此为了避免这种现象，买手可以将销售价格分析表推算到成本价格需求表，要求设计师按设定的成本范围开发面辅料及设计款，这样就不至于发生忙碌半天却因为超预算而取消款式的事情了。

五、按尺寸细分

尺寸是个看似很小的问题，但实际上很多库存是由于尺寸问题而导致的。尺寸配比不合理，将导致即使顾客很喜欢衣服，却也会放弃购买的结果。

需要注意的是，尺寸细分占比是按件数分配比例，不是按款量分配。尺寸分配的方法总体很简单，主要依据就是历史销售数据。另外，为了提高订货的准确性，建议按外套、裤子和贴身类衣服（例如衬衣、T恤）分别分析历史尺寸销售记录，并分别细分各类别的尺寸（表5-8）。

表5-8　按尺寸细分商品计划

尺寸	历史订货件数占比（%）	历史销售件数占比（%）	新季订货预算件数占比（%）
XS			
S			
M			
L			
XL			
…			

六、必备款

必备款对于不同的品牌定义不尽相同。必备款通常指以下几类定义：

（1）历史畅销款：在历史销售数据中，始终销售占前的款式。

（2）潮流必备款：即几乎每个品牌都在做的款式。如最近几年流行的薄纱裙、阔肩西服、铅笔裤等。

（3）品牌特色款：指可以代表本品牌设计特点的款型。如Levi's的501系列，是每季都会出现的系列。

（4）基本款：指百搭款或者一年四季可销售的款式。特别是品牌价值感比较强的品牌，一年四季总会有它的Logo款。

作为买手，有必要定义好必备款，并且在"商品计划"中明确定义本季的必备款是什么。必备款通常也是主力销售产品线。

第三节 | 销售预测

本章中的前两节商品计划是给产品开发部的一个商品结构的指导。销售预测（Sales Forecasting）则是做采购预算的基本数据。只有知道计划卖多少，才知道要进多少货。因此销售预测是订货前一个重要的准备。为一个品牌做新一季节或者年度预算是个庞大的工程。需要公司高层管理人员、销售人员及财务人员等相关职能部门的共同参与。并不是靠买手所在的一个部门完成的。但买手也是重要的参与者。

一、销售预测应考虑因素

销售预测所应考虑的因素应尽可能全面，以力争将销售预测做到更加准确。对于大多数的公司而言，销售预测是所有其他财务预算的基础。有了销售预测，财务才可以做相应的其他支出预算、现金流预算及其他相关的财务报表预算。总之这是个关系公司命脉的重要报告。

1. 外部因素

（1）宏观经济：对于任何消费行业而言，对宏观经济的关注都是必需的。所以阅读相关国家政策、财经新闻也应当成为买手的一个习惯。

对宏观经济前景的判断非常重要。例如，2008～2009年的全球金融危机给所有企业上了生动的一课。2008年上半年时，全国经济形势还一片大好。外加即将到来的北京奥运会，所有的体育用品公司都对2008年下半年的运动装、鞋市场充满了乐观期望，所以在订货时也加大了采购预算，特别是各运动品牌专门针对奥运会开发的奥运系列在订货时都受到了热捧。而这些原被各商家认定是热销产品的系列，最终被证明成为库存最大的商品系列。而且下半年随之而来的国际金融危机，严重打击了整个体育运动用品市场，致使运动装、鞋成为当时最大的库存货品。

而进入2018～2019年时，大家可能也注意到"零售还是很难做！"另外还有裁员潮，可能让企业的业务更难做。所以这两年的销售扩张与预算应当尽量偏保守与求稳。

（2）季节气候因素：我们常说"靠天吃饭"，服装也是"靠天吃饭"的行业。特别是冬季，商家常为羽绒服的订量而发愁。若干年前，曾经有一年冬天非常冷，商家羽绒服出现了缺货的状况。因此第二年服装商家都加大了羽绒服订量。谁知第二年的冬天又碰到暖冬，羽绒服又成了滞销库存。

在一些发达地区，一些大型服装品牌会向专业的天气预报机构购买第二年甚至近几年内的天气预测报告，以降低订货风险。

（3）商场及其他竞争品牌的销售分析：其他同类服装品牌及相关商场的业绩也是一个重要的经济风向标。如果绝大多数品牌都有销售下降的趋势，这是一个非常值得关注的问题；如果一些表现一向很好的品牌业绩有下降的表现，要分析是品牌个体问题，还是商场甚至整个市场出现了某种趋势性的变化。

2. 内部因素

（1）掌握服装品牌生命周期规律：和流行趋势的生命周期一样（图4-1），品牌也有其生命周期，同样要经历孕育期、幼稚期、成长期、成熟期及衰退期，所不同的只是周期的长短而已，这也是为什么很多企业有多品牌发展策略，一旦一个品牌进入成熟期，就可以考虑创造第二个品牌，这是企业可持续发展的一个重要策略之一。

至于品牌生命周期的具体生命时间，则每个品牌各有不同。短的可能只有几年，长的则可以有上百年。掌握好本品牌所在生命周期的哪个阶段非常重要。通常来说，如果品牌在幼稚期到成长期间，销售增长率应该非常高；而进入成熟期，则增长速度放缓，基本属于维持阶段；进入衰退期后，则可能会出现负增长期。需要说明的是，在实际运营中，会出现品牌业绩反复的状况。比如在某一段时间出现负增长，但经过一系列品牌重新定位，重新战略规划后，品牌可以再次出现快速增长的现象。

（2）掌握服装品牌销售周期规律：服装销售的周期规律也比较明显。例如，每逢节假日或者商场周年庆期间，销售会有明显增长；换季时，销售增长也较为明显；一般来说，秋冬季销售增长比春夏季明显等。销售周期规律可从历史销售数据中分析得出。

（3）品牌战略规划：成熟企业通常都会为品牌作前瞻性的战略规划。战略规划主要包括公司3～5年的发展目标及具体落实计划。该发展目标也会影响品牌每年的销售预测。特别是对于上市公司而言，在店铺数量规模及业绩增长比方面，通常都有较明确的目标。

（4）市场推广计划：市场推广的投入多与少也会影响最终的销售预测。当然，投入得越多，也意味着销售指标要越高，才能保证投入有所回报。所以最终还是要平衡两方面的数据。很多销售员常常抱怨公司没有任何市场推广的投入，殊不知公司任何的投入，最终还是要靠销售赚回来的。投入越大，那么销售要赚回的越多，销售压力也越大。

（5）现有店销售业绩：现有店的销售业绩是新一年度或者季度预测的最重要的数据基础。现有店铺的总销售业绩及平均单店各方面的业绩表现指标都具有重要指导意义。现有店铺的平均单店业绩表现指标包括每月销售同比、环比、平均存销比、平均成交单价、平均零售标价、平均成交毛利率、平均库存周转周期、平均采购成本、平均每平方米每月产生的销售额等。这些平均单位指标，对于老店销售预测和新店销售预测均有很重要的意义。之后的案例分析中将介绍如何运用这些指标指导销售预测。

（6）新店扩张计划：新店计划扩张几家，扩张在哪里，平均面积多大，目标地点在哪里等，都是属于新店扩张计划里的内容。对新店销售业绩的预测，更多的是基于对新店的了解及其他同类现有店铺的业绩的参考而制订的。

（7）品牌库存状况：品牌库存也是影响销售预测的重要因素之一。库存越高，则折扣越高，毛利润越低，平均销售单价也越低，从而会影响整体销售预测走势。

（8）财务预算：通常情况下，销售预测是财务预算的基础。基于销售预测，财务部会制订出相应的各类费用开支预算及产品成本预算，最后预算出损益表及现金流。对任何生意来说，现金流预算是最不可忽略的财务预算。通过现金流预算可以预测出新年度或者季节/季度的业务拓展计划是否能够实现。没有良好现金流的支持，任何的业务拓展计划或者销售预测仅仅是纸上谈兵。现金流预算完成后，要再重新审视销售预测表，看现金流是否足够支持销售拓展计划，如果不可以，则有必要再调整销售预测。总之销售预测与财务预算一般都需要经过几次调整才能完成。

一般发展较为成熟的企业都会有现金流预算，但一些中小型企业却常忽略这个问题，直到账上快没钱了才会着急。因此，有必要加强此方面的预测能力与监管过程。

二、销售预测流程

组织机构较为复杂的企业通常流程较多；对于中小型企业，销售预测通常由老板或者主要销售负责人共同完成。但方法则大同小异。

对于大型企业，销售预测流程通常如下：

（1）企业管理层会首先提供一些方向性的指导意见，例如：

①公司战略发展方向（例如，产品发展方向、市场推广计划、人力资源规划等）。

②新年度（季度）预算扩张计划及平均销售增长率。

这是个自上而下的过程。随后由各相关部门通过大量的案头工作来证实管理层要求的合理性。

（2）由销售部各业务主管或者业务员根据各自所管辖区域，分析历史销售数据，预测各管辖区域的销售额。可能的话，应该明细到店铺；如果店铺数量规模过大，可以按销售规模、面积大小、地理位置等因素将店铺分为A、B、C类店铺，然后以大类来为店铺做销售预测。

（3）各业务主管上报销售预测后，通过汇总，再报告到高层管理人员。这是个自下而上的过程。

（4）高层管理人员再次分析汇总上来的销售预测，与预期公司的销售增长率是否相符。通常情况下，销售预测是自上而下的，即一般销售部会尽力按高级管理层的要求完成销售预期值，只是某些区域被分配的"任务"高些，有的相对低些。如果经过明细预测，发现管理层的销售增长率预期是"不可能完成的任务"，则有必要再作一次上下级间的沟通，确保销售预测具备可行性。

本书综合案例中将有实例说明销售预测的过程与方法。

第四节 │ 采购预算

采购预算（Open-To-Buy，简称OTB）的计算过程如下：

$$OTB=所需货品总金额预算-期初库存（可销售）$$

$$所需货品总金额（以零售标价计算）=\frac{含税销售额预测}{平均出货折扣}+期末库存$$

$$所需货品总金额（以含税成本价计算）=\frac{含税销售额预测/平均出货折扣}{加价倍数}+期末库存$$

说明：

（1）首先要确定使用单位。作采购预算时，可以以零售标价或者采购成本价来计算。无论是用零售标价还是采购成本价来计算，重要的是前后统计口径一定要保持一致。即如果计划采购总金额使用的是零售标价，则库存也要转换成零售标价的价格。另外含税与否也应当前后保持一致。

（2）所需货品总金额是指为了达到预测的销售额目标所需要的总货品额。其中：

①"销售额预算/平均出货折扣"是为了将预测的成交销售额转换成零售标价销售额，因为销售预测一般是成交销售收入预测（含税）。

②"加价倍数"是为了计算出货品成本价。

③"期末库存"是指公司在销完货品后应该留下的期末库存。需要注意的是，"库存"在很多人眼中几乎是个"负面词"，似乎是库存越少越好。实际上，任何销售商品的单位，都需要保持一个"健康"的库存。"库存"并非越少越好，因为过少，很可能意味着错过了一些潜在的销售机会；当然，肯定也不是越多越好。至于何为"健康"库存，各行业与企业也各有标准。因此，具体情况应当作具体分析。

④加上期末库存是为了计算出达到此销售目标的健康库存是多少。这是企业需要准备的货品总金额。

例如，假设某品牌新一年预算不含税销售额为100万元，目标平均出货折扣预算为7折，加价倍数为3，目标期末库存为120,000（即存销比约为3，按成本计）。

此处采用成本价预算采购金额：

$$所需货品总金额（以成本价计算）= \left(\frac{不含税销售额预测}{平均出货折扣} \right) / 加价倍数 + 期末库存$$

则所需货品总金额（以成本价计算）＝（1,000,000／0.7）/3+120,000=596,190.5（元）

下一步计算实际需采购金额：

实际采购金额＝所需货品总金额（以成本价计算）－ 可销售期初库存（同样以成本价计算）

很多教材会用"库存"来代替此处的"可销售库存"。这里之所以强调"可销售库存"，是因为在实际营运中，做采购计划时要详细分析库存结构，有些库存明显不适合当季销售的，就不该包含在内。

此处假设品牌可销售期初库存成本价为12万，则

OTB（不含税成本价）＝ 596,190.5−120,000=476,190.5（元）

第五节 | 采购预算的细分

有了第二节中的商品细分的基础，再了解采购预算细分就容易许多。本节与第二节中商品细分的区别是，第二节主要是商品款量的结构预算，而本节主要是金额预算。款式数量占比和订货金额占比是两个概念。请注意不要混淆。

一、按商品大类细分采购预算表

此处沿用表5-2与表5-3的数据，按以下比例细分各大类的采购预算占比（表5-9）。

表5-9 商品大类细分采购预算表

产品类别	历史季款量占比（％）	历史季销售货品成本价占比（％）	新季预测款量占比（％）	款量预测说明	新季预测采购成本占比（％）	采购预算说明
毛衣	8	3	14	高效率线，同时加深订货深度，制定适当的价格	5	款量占比提升了（14-8）/8=75％，在价格结构保持不变的情况下，销售成本价预计提升同样比例
机织外套	13	16	19	是产生高毛利的产品线，应当加大款量	23	款量占比提升了（19-13）/13=46％，若成本价格不变，则销售成本价预计提升同样比例
卫衣	29	54	35	重点产品线，提升各款效率，加大款量，加深订货深度	52	重点产品线，尽管款量降低，但提升各款效率，加深订货深度。销售额占比相对保持适当下降，因为增加了厚外套的销售机会
长袖T恤	13	8	6	商品效率低，适当降低款量，提升款式丰富度，注意秋季和冬季面料厚薄差异	4	款量将近少了1/2，采购额占比同比下降
长袖衬衫	2	3	3	增加一款，做到量少品精	4	款量增加，相应提升采购金额

续表

产品类别	历史季款量占比（%）	历史季销售货品成本价占比（%）	新季预测款量占比（%）	款量预测说明	新季预测采购成本占比（%）	采购预算说明
短袖T恤	14	5	3	只需做适应早秋季节的几款即可	1	非重点款且采购单价成本低，少量采购即可
裤子	13	10	16	上季上下装比例有些失衡，应当增加款量，提升设计品质，保持上下装的平衡	10	非畅销款，可以尝试多些款量，但采购占比不变，以测试市场反馈为主
牛仔裤	5	2	3	量少但品精	1	—
短裙	3	0	0	没有效率的产品线，季节需求也比较小，干脆不做，将资源投入重点款式	0	—
总计	100	100	100	降低总款量，调整产品线结构，提升商品效率，在产品线开发方面要既有平衡又突出重点	100	主要根据商品款量结构及价格结构相应调整采购预算成本

假设其不含税成本价OTB金额为832,381（元），则每大类具体的采购预算额可整理为表5-10。

表5-10 按商品大类细分采购金额

产品类别	新季预测采购成本占比（%）	新季预测采购成本（元）
毛衣	5	41,619
机织外套	23	191,448
卫衣	52	432,838
长袖T恤	4	33,295
长袖衬衫	4	33,295
短袖T恤	1	8,324
裤子	10	83,238
牛仔裤	1	8,324
短裙	0	0
总计	100	832,381

二、按面料细分采购预算表

方法等同于商品大类采购预算表。先根据历史记录及开发方向确定占比，再用总采购金额按各比例分配金额（表5-11）。

表5-11　按面料细分采购预算表

面料	新季预测货品成本占比（%）	新季预测货品成本金额（元）
棉		
棉混纺		
真丝		
真丝混纺		
麻		
…		

三、按色彩细分采购预算表

表5-12　按色彩细分采购预算表

色彩	新季预测货品成本占比（%）	新季预测货品成本金额（元）
红		
黄		
绿		
蓝		
紫		
…		

重点总结

（1）商品计划包括总计划与细分计划。以款式数量及采购计数、采购金额预算为主。

（2）商品上市总计划，该计划主要指新款在不同时间段的上市数量、换季、促销的时间。

（3）商品细分计划包括按产品大类进行款式数量配比细分，按面料、色彩、价格等要素进行细分配比。

（4）采购预算（OTB）是根据销售预算及存销比先计算出新一季节货品总需求，随后扣除可销售库存后的金额。计算时要特别注意统计单位、时间段的一致性。

（5）同商品细分计划一样，OTB也需要按产品大类、面料及色彩明细化采购金额配比。

案例

表5-13～表5-15是某女装品牌的买手部在新的一年开发新季产品前提交给设计部的商品企划书、历史季畅销款及滞销款报告及新一季对款式设计的具体需求表。可以通过表格了解实际工作中买手的工作内容。

表5-13 某品牌女装商品上市计划书

| 产品大类 | 去年春季订货及销售状况 | | | | | | | | | | | 今年春季商品上市计划 | | | | | | |
| | 订货款量（款） | | | | | 售罄率（%） | | 季销售额占总量之比（%） | | 预算订量（款） | | | | | | | |
	换季新品	第1批系列	潮流款补充	第2批系列	共计款量	大类占比（%）	销售4周时	销售8周时	销售4周时	销售8周时	换季新品	第1批系列	潮流款补充	第2批系列	潮流款补充	共计款量	大类占比（%）
休闲西装	3	1	—	1	5	6.0	39.5	58.6	16.0	13.9	1	3	—	—	—	4	6.0
外套	—	4	—	—	4	4.8	18.6	34.2	11.8	12.7	1	2	—	—	—	3	4.5
衬衫	2	7	5	3	17	20.2	7.4	15.0	6.4	8.9	2	5	3	4	—	14	21.0
半身裙	—	1	3	2	6	7.1	3.6	12.2	0.6	1.3	1	3	1	2	1	8	12.0
连身裙	—	—	2	—	2	2.4	—	—	—	—	—	—	1	—	1	2	3.0
裤子	4	8	4	4	20	23.8	21.0	32.7	40.4	37.9	2	4	2	3	1	12	18.0

续表

产品大类	去年春季订货及销售状况										今年春季商品上市计划						
	订货款量（款）					大类占比（%）	售罄率（%）		季销售额占总量之比（%）		预算订量（款）						大类占比（%）
	换季新品	第1批系列	潮流款补充	第2批系列	共计款量		销售4周时	销售8周时	销售4周时	销售8周时	换季新品	第1批系列	潮流款补充	第2批系列	潮流款补充	共计款量	
T恤	—	9	4	10	23	27.4	12.7	22.5	11.3	12.6	2	6	1	5	2	16	24.0
针织开衫	—	1	—	—	1	1.2	10.3	23.0	1.2	1.5		2	—	1	—	3	4.0
毛衣	—	5	—	1	6	7.1	23.3	29.3	12.3	11.2		3	—	2	—	5	7.0
总计	9	36	18	21	84	100.0	18.1	29.3	100	100	9	28	8	17	5	67	100.0

表 5-14　去年（历史）春季女装产品畅销款/滞销款总结报告

畅销款	畅销款号	卖点
休闲西装	2202	款式简洁；板型佳，双排扣带腰带 白色卖得比黑色好
外套	2205	折扣后销售较好
	2206	面料品质不错
衬衫	—	缺少畅销款
T恤	2708	面料品质好

滞销款	滞销款号	问题
便西装	2301	纽扣间距不符合人体比例
裙子	2905	款式过于特别，很难被客人接受
裙子	2907	面料过硬，手感不佳
衬衫	2303	肩线处理不好，穿着过紧
裤子	2506	裤板型不好
裤子	2704	板型太紧，穿着不舒服

表5-15　春季某品牌女装产品设计需求

产品线：女装
季节：春季

产品大类	款量	面料方向	零售标价范围（元）	款式需求
休闲西装	2	棉+氨纶，锦棉混纺，真丝，色丁，提花亚麻	359～429	1款短风衣款，1款合体印花款，需3/4袖
外套	2	棉+氨纶，锦棉混纺	359～399	风衣，需成衣洗水效果
衬衣	5	棉+氨纶，锦棉混纺，亚麻	169～229	1款印花衬衫裙，1款女式花式衬衫，1款条纹衬衫，2款经典款衬衫，其中2款需是短袖
连身裙	1	棉混纺类，面料需不易褶皱	299～329	合体板，偏女性感，适合办公穿着
半身裙	2	棉+氨纶，高品质涤棉混纺	169～199	1款A字裙，1款铅笔裙
裤子	5	棉+氨纶，亚麻，带肌理效果（如人字纹）的色丁布	299～329	2款喇叭裤，1款打底裤，1款卡普里裤，1款直筒裤
T恤	7	全棉，真丝，棉+氨纶（烂花或者印花）	69～179	2款基本款，4款经典款，1款时尚款
针织外套	2	羊毛，黏纤，尼龙，精梳棉	259～299	包缠式，经典款开衫，3/4袖，面料重量不能太重
共计	26	—	—	—

练习

　　选择某一目标商场及某一目标品牌，到其店铺观察并分别按产品大类、面料及色彩统计其款式数量及SKU数量，并填写表5-16～表5-18。这是一种很好的观察与学习方法。需要特别注意，千万不要死板地一件件衣服数过来，而是观察其陈列规律。通常品牌公司都有自己的陈列原则。比如一米挂杆挂几件衣服（春夏季和秋冬季有所不同），折叠装一叠有几件，每款每色重复出样几件（几个尺寸）等。一旦找寻到规律，就只要点清道具再与每类道具的陈列容量相乘即可得到相关的数据。

表5-16　练习1

观察日期＿＿＿＿＿＿＿＿＿＿＿＿　商场名＿＿＿＿＿＿＿＿＿＿＿＿＿＿＿

观察时间＿＿＿＿＿＿＿＿＿＿＿＿　品牌名＿＿＿＿＿＿＿＿＿＿＿＿＿＿＿

营业员数量＿＿＿＿＿＿＿＿＿＿　楼　层＿＿＿＿＿＿＿＿＿＿＿＿＿＿＿

场内促销活动＿＿＿＿＿＿＿＿＿＿＿＿＿＿＿＿＿＿＿＿＿＿＿＿＿＿＿

产品大类	款式数量（款）	占总款量之比（%）	SKU数量（个）	占总SKU数量之比（%）	主要色彩	主要面料	标价范围（元）
机织外套							
针织外套							
衬衫							
连身裙							
半身裙							
…							
总计							

表5-17　练习2

面料大类	款式数量（款）	占总款量之比（%）	SKU数量（个）	占总SKU数量之比（%）	标价范围（元）
棉					
棉混纺					
毛					
毛混纺					
…					
…					
总计					

表5-18　练习3

色彩大类	款式数量（款）	占总款量之比（%）	SKU数量（个）	占总SKU数量之比（%）	标价范围（元）
红					
黄					
绿					
蓝					
…					
…					
总计					

第六章

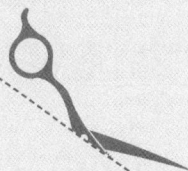

产品开发与跟进

　　商品企划完成后，设计师就开始按照商品企划开发新一季产品。开发产品是个不断开发、讨论、修改直到最后完善的过程。买手参与此一过程的目的是为了使商品计划切实地体现在最终形成的新一季产品设计中。本章的目标就是了解产品开发流程及买手在其中所扮演的角色与职能。

第一节 | 产品开发日历表

服装零售是个很讲究时间效应的行业。每个服装品牌在每一年度都会有不断更新的日历表。表6-1包含了通常一个产品开发的日历表（Product Development Calendar），这个表一般由买手部、设计部与其他相关部门商定后制订。

从表6-1中可以看出，在同一时间段里，买手需要平行面对至少3个季节的货品管理工作：首先是当季正在销售的货品，对于此部分的货品要每天跟进销售数据，不断掌握库存信息，根据销售与库存状况制定或者调整促销策略等；其次是即将上市的新品大货生产跟进，随时掌握订单变化及货品到货期状况；最后是新一季的流行趋势调研、商品企划及产品开发等工作。每一年都是循环性的工作流程，其实相当辛苦。

表6-1中的黑色部分是关键时间点。首先是订货会的时间，这个会议牵涉到众多公司内部部门和外部客户（经销商），而且事关企业能否完成销售目标，因此一旦确定好日期，一般不应当再改变。而此前所有的工作都必须以此关键日期为时间目标。另一个关键日期是新季的新品上市，这是每一季新产品打头炮的时候。对于品牌形象，销售提升都有重要的战略意义。因此，生产与跟单的目标就是要保证货品按时按质完成，作为买手则要起督促作用，保证货品按计划上市。

表6-1 产品开发日历表（参考表）

	1月	2月	3月	4月	5月	6月	7月	8月	9月	10月	11月	12月
2018秋冬季销售总结	■	■										
2019年春夏新品上市	■	■										
2019年秋冬季市场调研/商品企划		■	■									
2019秋冬季产品开发/评审			■	■	■	■						
2019秋冬季产品生产						■	■	■	■	■	■	
2019秋冬季产品新品上市									■	■	■	■

续表

	1月	2月	3月	4月	5月	6月	7月	8月	9月	10月	11月	12月
2020春夏流行趋势调研	■	■	■	■	■							
2019年春夏销售总结		■	■	■	■	■	■					
2020春夏商品企划					■	■	■	■				
2020春夏产品开发							■	■	■	■	■	

各个企业对上市周期要求不完全一样。上述表格只是一个参考表，而且只是传统鞋服企业的日历表。纯互联网企业开发周期则短很多。主要因为他们大多不是自己开发生产，而是买现货，或者找图后加工生产。另外在品质控制上也不如线下企业要求那么高。另外线上店铺更多是靠数据驱动，所以运营效率要比传统线下企业更快。因此很多纯互联网企业从开发新品到上市只需要2～4周而已。

第二节 | 产品开发周期、方法及流程

一、产品开发周期

开发周期是指从开始策划新一季商品，到最终产品能够上市的时间周期。

不同的企业开发周期不尽相同。一般国际品牌因设计开发都是在海外总部完成，而生产很可能是在中国或者其他亚洲地区完成，其开发周期都较长，过去基本为12~18个月，现在基本为6~12个月左右。

国内的服装品牌普遍开发周期为6~12个月。也有快速的可以达到2周到3个月开发周期的。

二、产品开发频率

大多数的品牌在开发产品时都是以季节为单位的。现在大多数品牌都一年开发四季即春、夏、秋、冬四次产品，开四次订货会；有些还是沿用老的开发频率即一年两次，春夏为一批，秋冬为一批，一年订两次货。少数品牌已经可以做到一年开发10次产品线，几乎每个月订一次货。随着市场变化越来越快，短周期开发、高频率订货、款多量少已是大势所趋。

三、产品开发流程

（1）首先商品部或者买手提供市场调研报告（第四章）、历史商品分析数据（第五章）及新一季节的商品企划（第五章）。

（2）设计部根据买手提供的一系列方向性商品企划及流行趋势调研报告开发新一季节商品的设计主题及开发方向（见本章下文），并与买手、销售部（如有）共同确定该设计方向。

（3）根据各相关部门共同确认的本季产品开发方向及商品计划，设计部开始开发工作。具体的工作包括开发面料、辅料，寻找设计灵感来源，制订新季产品开发报告。按产品开发方向出设计稿初稿（见本章下文），包括款式图、颜色、面料、印花图案说明等要素。

（4）设计稿通常会经过2~3次与买手及销售部的讨论后确认一份终稿。在这个过程中，设计师同时会与样衣开发部门（或者跟单）配合开始样衣制作。

（5）通常正式订货会前，如果有部分样衣已经开发出来，设计部与买手会再次碰头审核样衣并提出相关的修改意见。

（6）订货会开始，订货会期间一般由设计师（一些国际品牌公司也会由销售部）介绍各产品线，本品牌及各大经销商买手订货。

（7）订单交由指定部门（有些公司交买手部，或者商品部或者营运部）汇总，随后交由生产部跟单开始跟进大货生产。

（8）买手与跟单跟进大货生产，直到货品按时、按质抵达店铺。

产品开发过程中，买手常常需要与设计部召开碰头会，每个季节通常要碰头2~5次。对于业务规模较大的服装企业，让分布于不同区域的相关部门人员在每个季节经常碰头从时间成本及费用成本考虑都不是很现实。因此实际运营中，在订货会前的碰头会，单由各相关部门在总部的负责人参与即可。

另外，服装产品开发及至生产过程中，产品线并非一成不变。根据买手或者销售部的反馈意见、生产工艺的可行性、最低订量的限制问题、价格的合理性等因素，实际上产品设计常常都有不同程度的改变，甚至有些款式不得不取消。此部分请详见"订单管理"。

第三节 | 产品开发讨论会及会议主要内容

在产品开发前及整个过程中，买手需要与设计师多次讨论产品的开发方向及开发细节。如果是属于非自有品牌的经销商型买手，与设计师见面讨论的机会并没有那么多。如果面对的是大型的跨国企业，那基本上是没有机会见到设计师的，很多内容是通过品牌公司的客户经理沟通的。不过因为中国市场是巨大的新兴市场，现在几乎所有的跨国公司都将中国市场提升到战略高度，对本市场的资源投入也逐渐多起来，有些跨国公司已经开始派设计师到本土市场倾听更多当地消费者的需求，甚至在中国建立设计师团队。

这里用自有品牌买手的产品开发讨论会为代表。经销商的买手虽然与品牌公司的设计师一般不会有如此深度的联系，但下文中的会议内容还是会通过某种渠道与设计师沟通的，好的品牌公司也非常在意经销商及零售终端的反馈意见。两者的差异不在沟通内容，而只是沟通渠道及频率。

以下排列的顺序也代表了会议召开时间的顺序。

一、商品企划沟通会

参与者：设计部、买手（或商品部）。

会议主要目的：沟通新一季节的商品需求。

会议主持者：买手。

会议主要内容：沟通历史商品数据分析，特别是畅销款和滞销款的分析（第八章）。沟通本季商品企划需求（第五章）。时尚潮流调研、分析与预测（第四章）。

二、产品开发方向讨论会

参与者：设计部、买手（或商品部）。

会议主要目的：明确新一季节的产品开发方向。

会议主持者：设计师。

会议主要内容：设计师介绍本季产品开发方向，包括本季设计主题、整个设计需
要传达的感情色彩（情绪），上市日、色彩、设计灵感来源及重点
款式（图6-1～图6-3）。买手根据市场及经验给予反馈，对产品
开发方向给予肯定或者提出修改意见。

主题：	纯净
情绪：	喜悦、亲和、温柔
上市日：	早春
色彩：	自然色、淡雅、柔和
	白、银灰
灵感来源：	水、茶花
重点款：	白色吊带衫
	透明裙装

图6-1 品牌新一季开发方向例图1

主题：	和谐
情绪：	喜悦、亲和、温柔
上市日：	早春
色彩：	自然色、淡雅、柔和
	浅蓝、草灰、浅嫩绿
灵感来源：	周末、户外、女性
重点款：	吊带高胸线娃娃衫
	高腰线飘逸感及踝长裙
	垂感较好的哈伦裤

图6-2　品牌新一季开发方向例图2

主题：	田园
情绪：	喜悦、亲和、温柔
上市日：	早春
色彩：	自然色、淡雅、柔和
图案：	碎花印花、条纹
灵感来源：	田野
重点款：	高腰迷你短A字裙
	高腰线飘逸感及踝印
	花长裙
	碎花短袖衬衣

图6-3　品牌新一季开发方向例图3

三、产品线设计初稿讨论会

参与者：设计部、买手（或商品部）。

会议主要目的：设计师提供设计初稿（图6-4、图6-5）及样品材料，买手就具体产品线提出修改意见。

会议主持者：设计师。

会议主要内容：设计师提供产品线设计稿、部分面料小样、色卡、辅料小样等原材料样品，向买手介绍自己具体的设计方案。

买手审核面料是否手感舒适、厚薄是否适合季节、注意浅色面料是否会太透、是否容易护理等。

买手审核成本是否在计划范围内（如有成本信息，通常成本会在最晚出来，但总的来说只要有具体样品一般也有大概的报价）。

买手审核设计师开发款量是否足够。

买手审核色彩的组合性、延续性、打色的准确性等。

买手最后给予总结性意见与建议，设计师按买手意见再次回去修改设计稿及产品线。

黑白灰系列

款号：2001
款名：印花TEE
面料：70竹/30棉

款号：2006
款名：印花T恤裙
面料：70竹/30棉

款号：2007
款名：印花T恤
面料：70竹/30棉

款号：2002
款名：宽松短裤
面料：97棉/3氨纶

款号：2005
款名：双层长款TANK
面料：60棉/40真丝
里料：60棉/37涤纶/3氨纶

款号：2008
款名：短外套
面料：98棉/2氨纶

款号：2003
款名：宽松型衬衫
面料：100%棉

款号：2004
款名：条纹热裤
面料：98棉/2氨纶
（色织人字斜纹）

款号：2009
款名：瘦腿裤
面料：97棉/3氨纶

图6-4　设计初稿例图1

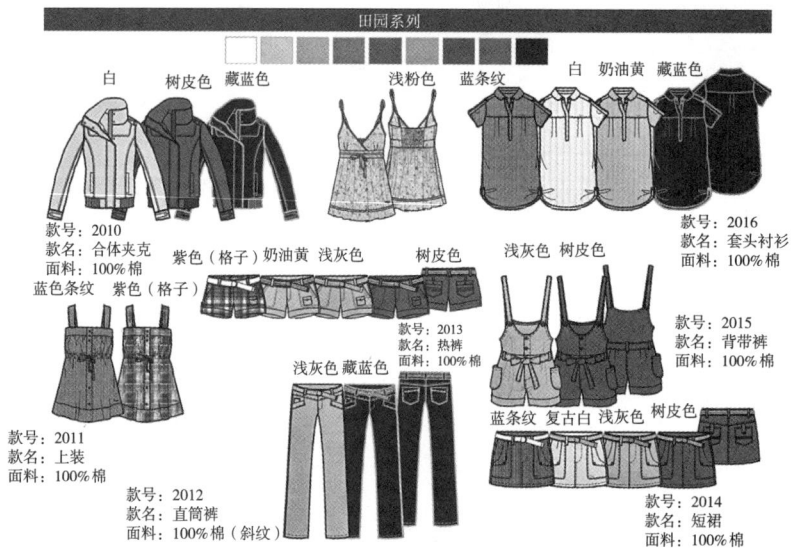

田园系列

白　树皮色　藏蓝色　　　　浅粉色　蓝条纹　　白　奶油黄　藏蓝色

款号：2010
款名：合体夹克
面料：100%棉

紫色（格子）奶油黄　浅灰色　　树皮色

款号：2016
款名：套头衬衫
面料：100%棉

蓝色条纹　紫色（格子）

浅灰色　树皮色

款号：2013
款名：热裤
面料：100%棉

款号：2015
款名：背带裤
面料：100%棉

款号：2011
款名：上装
面料：100%棉

浅灰色　藏蓝色

蓝条纹　复古白　浅灰色　树皮色

款号：2012
款名：直筒裤
面料：100%棉（斜纹）

款号：2014
款名：短裙
面料：100%棉

图6-5　设计初稿例图2

专业的设计师团队还会随设计稿附加系列搭配图。系列搭配图的目的一是保证所开发款式相互间可以配套成为系列，二是可以将来培训营业员引导顾客做搭配销售。如图6-6、图6-7所示。

系列搭配

1814
1609
1648
1645
1655
1629
1646
1793
1822
1649
1643
1650
1652
1653
1652

图6-6　系列搭配例图1

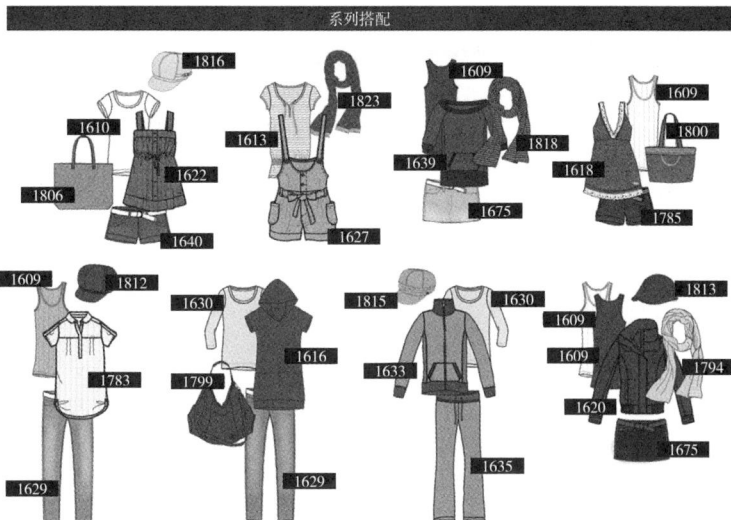

图6-7　系列搭配例图2

四、产品线设计修改稿及样衣讨论会

产品线设计修改稿讨论会的会议内容与初稿讨论会类似。只是重点是设计部将对产品修正的部分再与买手沟通以确认符合买手提出的要求。买手与设计师之间的这种讨论会应该一次比一次内容更丰富与完整。直至最后的样衣讨论会，这是开正式订货会前的最后一次讨论会。因为开发周期问题，样衣通常到订货会才会最完整（事实上订货会时也只能看到大多数样衣，而非所有的样衣。品牌公司或者设计师会在订货会后通过电邮图片或者其他方式再将样衣寄给买手看）。所以"样衣确认讨论会"能看到的一般只是部分样衣。

与之前的审核内容相似，一次又一次的讨论会主要是为了不断地提升产品线品质。在有样衣的情况下，建议买手尽可能自己试穿样衣，以便感受板型、面料的舒适度、款式、可搭配性等产品的各方面要素。

重点总结

（1）产品开发需要设计部、买手（商品部）和生产部（样衣部）的紧密配合。产品开发有个共同的时间表，这份时间表需要各相关部门的共同遵守。

（2）产品开发有两个关键的时间点，一是订货会；二是货品上市日。两者牵涉部门和企业（经销商）众多，一旦确定就必须执行。否则对品牌的影响会非常糟糕。

（3）产品开发首先由买手提出产品开发需求，设计师按需求开发产品。产品开发过程中，买手与设计师至少有2～5次的讨论会，分别就设计师的设计稿及样衣提出具体意见与建议。通过此过程不断完善产品的设计。

案 例

产品开发同样是个系统的流程，既不是设计师闭门造车做出来的，也不是买手单独一手就可以操办的。这个过程需要设计师与买手紧密的协作。但在实际生活中，这也是买手与设计师最容易产生矛盾的时候。因为没有设计师希望别人改动自己的设计。在设计师眼中，买手只懂市场，并不懂设计；而买手以为设计师只会设计自己感觉好的东西，他们并不真正了解市场的需要。

在这样一种矛盾下，需要设计师及买手都尽可能看到对方的优点。以我个人的经验，买手可以从商业和功能角度向设计师提出要求，但买手毕竟不是设计总监，不应该依照自己对设计的经验或者感觉去修改设计细节。原则上，我们应当相信每个角色都有自己的专业特长，"让专业的人做专业的事"，而不是跨过界线去干涉对方的工作内容。

以下是基于我自己多年经验的总结，一是建议买手可以参考的对设计师说的话；二是不建议买手参考的对设计师说的话。

一、建议说的是：

（1）款式种类太少，需要更加丰富。

（2）衣服太薄，不适合当地气候。

（3）面料太透，里面是否有可搭配的内衣。

（4）裙子太短，不方便活动。

（5）板型太挑身材。

（6）衣服太长（或短），太挑身材。

（7）颜色太挑肤色。

（8）这种色彩组合可能比较难卖，太挑气质（或者肤色）。

（9）款式太复杂，让人眼花缭乱，能否简单些。

......

以上主要从商业需求或者服装功能的角度向设计师提出要求。

二、不建议说的是：

（1）请把领子改大些。

（2）请把这里的缝线换成其他颜色。

（3）这个口袋把碎褶去掉吧。

（4）这是什么东西（指某一设计元素），去掉它。

......

以上的内容明显在修动设计师的设计内容，通常不建议向设计师提出这样的要求。

练习

向本公司设计部或者朋友的服装企业的设计部了解，他们与买手工作配合中，面临最多的问题是什么？最能激励他们做得更好的话是什么？最伤害他们的话是什么？什么样的话使他们既能接受买手中肯的建议，但又不伤害他们的自尊心（智慧的沟通方法）？

面临的最多问题：＿＿＿＿＿＿＿＿＿＿＿＿＿＿＿＿＿＿＿＿＿＿＿＿

最能激励他们做得更好的话：＿＿＿＿＿＿＿＿＿＿＿＿＿＿＿＿＿＿

最伤害他们的话：＿＿＿＿＿＿＿＿＿＿＿＿＿＿＿＿＿＿＿＿＿＿＿

智慧的沟通方法：＿＿＿＿＿＿＿＿＿＿＿＿＿＿＿＿＿＿＿＿＿＿＿

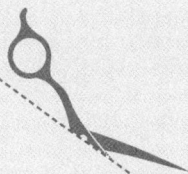

第七章

货源及商品采购

第六章介绍的产品开发与跟进，主要针对自有品牌的买手。对于经销商型的买手，不太会和品牌设计师有如此亲密的接触。经销商型的买手，有的是由老板决定从哪里，用什么价格组织哪些货源。也有的企业会让资深买手来完成这一重要任务。也或者，老板自己就是买手。也因此，货源的组织及具体商品的采购，在不同类型的企业中，可能是由不同具体部门来完成的。比如有的企业由生产部或者产品部负责完成（通常针对自有品牌）；有的是由买手部门直接完成（通常针对代理品牌）。但是，无论是具体由哪个部门来操作，买手都需要积极参与到这个环节。原因是买手需要在此过程中保证其成本预算得到严格执行，与此同时，所订购产品会准时到货。不然，买手所做的采购计划只是一纸空文。本章将针对不同类型的企业买手介绍如何寻找货源及具体执行商品采购。

第一节 ｜ 自有品牌企业买手

自有品牌买手合作的供货单位，基本上以工厂为主。因此，在采购成本及时间管控，以及沟通、跟进流程方面，与代理其他品牌的合作方式很不一样。

对于一些自有品牌来说，具体采购会由生产部具体负责与工厂的沟通，随后再由买手和生产部沟通。即使如此，有时也需要买手自己直接和工厂合作沟通。这完全取决于买手在组织机构中的地位及定位。有些企业，是把Merchandising and Buying放在一个部门下的，有的是相互独立的。做这类工作的买手，需要具备一定服饰类产品的技术背景，并且对面料、辅料及加工厂的市场行情有所了解。即使不做具体的成本控制，买手也应该对产品有一定的基本技术认知。至少，应当具备对产品性价比的鉴别能力。这也是为什么，本书的第二章会特意介绍服装产品的基本知识。以下为具体采购及成本控制流程与方法。

1. 设计阶段

自有品牌通常有自己的设计师。设计师在设计时，就已经涉及面料、辅料货源选择问题。这个通常由面料、辅料采购部门完成。理论上来说，设计师从买手这里获得了商品企划书后才开始设计，因此他们的具体设计方案应该是紧跟着商品计划的，包括款式、成本及上市时间。但是，在现实生活中，设计师最容易忽略的是成本问题。也因此，买手在设计阶段，就应该和设计师跟进其开发进展。在一个新季度的产品开发初级阶段，可以一个月跟进一次。重点看下是否按时间进展？所使用的面料多少钱？是否在合理预算内？前文说过，实践中，经常会发生设计师仅顾及面料的美感，却忽略了具体价格的现象。结果花了大力气把样衣做出来，自己很满意，买手可能也很喜欢，可惜就是价格高得离谱。有时候碰到这种情况，企业会想办法用低成本仿制这类高端面料。不过以我个人经验来说，这种仿制很少能令人满意。

2. 生产阶段

样衣确定后，通常会找工厂报价。按流程，工厂或者生产部（若有）要和买手确认报价是否可接受。在报价方面，通常有个来回谈判的过程。以中国人的习惯，因为工厂知道谈判总会讨价还价，所以通常都会报高价格。砍价是个有技巧的活。一则考验买手本身对市场行情的认识，特别是对面料品质、加工品质的认识；二则考验买手的谈判技巧。一点儿也不砍价，似乎对不起公司；但是谈低了，可能就会逼着工厂偷工减料。毕竟，没有人会做亏本生意。

因此，以我个人的经验，在实际操作中，为了对成本有合理的控制，买手应当做好日常积累的工作。就算是你初入这个行业，日积月累，总可以会成为这个领域的专家。这种积累，可以依靠：

（1）平日多阅读行业资讯，了解常用面料、辅料的市场行情。

（2）多去商场看看同类竞争品牌的产品。触摸竞争品牌的面料，提升手感；记录竞争品牌的零售标价、折扣率等；同时体会自家品牌与竞争品牌的差异。

（3）多参加行业贸易展会。这是能在同一时间和空间下，看到最多品种面料、辅料的机会。

（4）多去些面料、辅料工厂，了解面料生产工艺，学习对面料品质的判断。

（5）多去些服装加工厂，看看衣服的制作流程，哪些环节容易出质量问题？次品都是怎么产生的？为什么同样的面料，不同的款式，加工费就会不一样等。

虽然现实生活中大家都越来越依赖网络资讯，但是如果想成为一名出色的买手，就要能做到一般人不太会做的事情。勤奋是任何行业优秀人士的共性。能做到以上几点，至少能让你对常规材料制作的服装有良好的判断。

具体报价时，请工厂透明报价，并承诺给工厂一定的利润空间。坦诚地告诉工厂，商业的本质是赚钱，不赚钱的活儿不会让对方做。所以，请工厂参考表7-1进行报价。通常，应该留给工厂15%左右的利润空间。表7-1应该是比较容易理解的。服装使用了什么材料，材料单价，一件衣服上需要用到多少量这样的材料，然后汇总计算总价。表7-1包括了服装常用到的工艺及材料。

表7-1　报价单（样单）

加工厂：				日期：		
面料成分：						
款式：						
款号：						

名称	描述	用量	单位	单价（元）	金额（元）	备注
面料		0.7	码	12.20	8.54	
拼料					0.00	
里布					0.00	
洗水					0.00	
印花		1	件	4.00	4.00	
绣花					0.00	
烫钻					0.00	
人字带					0.00	
纽扣					0.00	
急钮					0.00	
工字扣					0.00	
日字扣					0.00	
鸡眼					0.00	
拉链					0.00	
撞钉					0.00	
橡筋					0.00	
挂钩					0.00	
卡钟					0.00	
加工费		1	件	14.00	14.00	
主唛		1	个	0.10	0.10	
尺寸唛		1	个	0.03	0.03	
洗水唛		1	个	0.06	0.06	
尺码贴		1	条	0.10	0.10	
条形码挂牌		1	套	0.25	0.25	
logo挂牌		1	套	0.32	0.32	
胶带					0.00	
纸箱					0.00	
毛利率（%）						
				人民币	31.51	

以上报价含增值税（或者标明"不含税"，表中数据仅为举例说明，没有实际指向）

制表 _____　日期 _____

审批 _____　日期 _____

通常生产加工有两种方式：一种是包工包料方式，即将所有生产委托给服装加工厂做，由加工厂找到并采购面料、辅料，然后报价给买手（或者生产部）确认品质和价格；另一种是自有品牌自己直接寻找及采购面料、辅料货源，然后找到服装加工厂，这种模式为"来料加工"模式。

无论我们如何将流程、预算做得完美，但凡在现实商业世界里做过工的人都知道，现实总有许多意想不到的事情发生。比如，工厂在签订合约后说材料涨价所以报价也要涨。此时，是应该接受涨价还是换工厂？或者，到了交货期，工厂又提出种种理由说不能按时交货等。总之，无论你如何预防、计划，意外依然可能发生。但我们也不能因此就不计划、不防范。以下是我和工厂合作的经验之谈，希望对读者做生产跟进有所帮助。

（1）将产品分档次，重点产品重点跟进；公司资源和个人精力都是很有限的。在资源有限的情况下，把重点资源放在重要产品线上。包括让最好的跟单跟最重要的货品；把最重要的货品交给最靠谱的工厂加工。至于什么是重点产品，应当由设计部、商品部、生产部及市场推广部共同商讨而定。

（2）不要将重点款放在一个工厂，尽量分批次分工厂下单。

（3）尽可能选择合作时间比较久的工厂。

（4）从初期开始就密切跟进。以我的观察，许多跟单员都是不到最后一分钟不着急的。这既有经验、工作技巧、工作方法的问题，也有工作态度问题。所以买手自己要更加主动跟进。

（5）绝对不要相信任何口头承诺。无论听到什么，都不如亲自跑次工厂看得真切。所以，勤下工厂，眼见为实。

（6）要掌握工厂动态情况。比如，工厂的订单是否很多？要具体了解自己公司的订单何时可以下生产线？现在生产线上在做谁家的东西？还有多久完成？工厂生意如何？其他品牌付款是否及时？若有付款不及时现象，说明工厂可能有现金流问题。

（7）事实上，每个行业都有它特定的圈子。通常来说，一个地方的工厂，特别是同类工厂相互之间人员来往很多。因此，保持一个圈子的沟通很重要。通常一个工厂有问题，我们是不太可能从老板口中亲自得知的。但是从其员工和它的竞争对手那里是很容易了解的。

（8）关注大形势很重要。2007～2008 年那场经济危机，广东大片工厂倒闭。我本人也曾遇到自己合作的加工厂老板跑路的事情。而就在此一周前，我还和加工厂老板见过面。当时一切看上去都很正常。工厂的车间也正在裁剪我们的面料。谁知一周后，我们的跟单员有一天连续打电话给对方，对方都处于关机状态。那个时候我们已经知道国际金融危机的问题，所以跟单员基本上隔天就要下工厂，随后隔天电话跟进。因此，当电话未打通时，我们便意识到了问题的严重性。跟单员随后赶到工厂，发现我们的面料已经裁剪了一半，还留在裁床上。而工人都聚在厂门口，等着政府解决问题。总之，在服装领域这类事情发生的可能性是比较高的。相对来说，服装加工厂更容易倒闭。一是因为它的进入门槛很低。只要有批设备，租个厂房，找几个工人，就可以做起来。二是服装厂不像纺织厂，需要许多各类专业设备和专业人员，技术含量更高。所以服装厂倒闭的事情屡见不鲜。

第二节 | 知名品牌公司经销商买手

知名品牌公司通常都是已经达到一定规模并且在市场上有影响力的企业。要成为他们的代理商，采购他们的商品，程序相对较为复杂，而且沟通成本很大。如果是国际知名品牌，有时候品牌代理权的获取并非是品牌在当地的公司决定的，还需报备全球或者亚太区总部。总之，与知名品牌公司合作，涉及部门及人员很多，人际沟通成本很高。买手若和这类公司沟通，需要具备足够的耐心，好好和他们磨合。当然，这类品牌肯定也不是一般小企业可以代理的，所以买手自身也代表着有相当实力的公司。

对于这样的公司，买手在货源与采购权方面的决定权相对小许多。品牌代理合同条约通常由老板决定（除非你自己是老板），买手只负责具体订货。在进货成本、交货期方面买手的影响力很小。特别是面对国际知名品牌公司，与里面的工作人员沟通需要足够多的耐心。再大、再高贵的品牌公司，落到日常运营方面，他们也可能延期供货（客观上来说，有些问题也不在他们控制能力中，所以不能全责怪他们不努力）；他们中也有令你感觉难以沟通的员工；公司大了，内部沟通也会有不同意见，所以有时候你会发现自己像个皮球被踢来踢去。总之，这都是很普遍的现象。

第三节 | 经销独立设计师品牌的买手

近10年，专门经销独立设计师的买手店开始流行。也因此，买手在时装业的地位也变得更加重要。在寻找想要代理的独立设计师品牌时，有以下方面供大家参考：

一、寻找渠道

（1）首先最便利的方法是去各地的时装周。时装周是对专业媒体与买手开放的。只要到各相关时装周的官网登记即可。一般人很难进入最高端的奢侈品牌的时装发布会。但是一般设计师的发布会是可以通过官方渠道去看的。另外，"四大"时装周里（纽约、巴黎、伦敦及米兰），相对而言，伦敦时装周更倾向于推广新秀型独立设计师。时装周期间，很多即使无法进入时装周官方日程的设计师，也会通过展厅（Show Room），或者自己开个小型发布会的形式展示自己的产品。总之时装周是一个可以在同一时间与空间里尽可能看更多设计师作品的机会。

对设计师来说，只要你是个认真做生意的买手，他们不会拒绝一个潜在的买家。通常，登录时装周的官网，专门有个菜单是"联系方式"，有什么问题可以通过这个渠道联系对方。

（2）展厅也是找到设计师的好方法。自从独立设计师品牌开始在国内市场变得红火，买手店也开始流行后，展厅模式也很快跟着流行起来。展厅属于一个中间人角色。顾名思义，他们会将多个设计师品牌的产品线集中在一个展厅，便于买手的选择与采购，毕竟要买手拜访每个设计师的工作室并不现实。展厅可分为长期的与临时的，目前国内主要在时装周期间做临时的展厅。

（3）网上搜索，四大国际时装周官网上的新锐设计师值得特别关注。互联网时代，即使足不出户，也可以通过互联网搜索找到适合的设计师。现在几乎所有的设计师都会有自己的官方网站。

二、了解设计师的途径

全世界各地有许多设计师，每一年还有不少学生从设计名校毕业。如何从茫茫人海中找到适合的设计师？

（1）首先还是推荐"四大"时装周的官方网站。这些网站会提供每个季节的设计师发布会清单。从这里可以查到每个设计师的简介和作品图片。然后可以在网络上根据设计师品牌的名字搜索更多关于设计师及其品牌的信息。

（2）关注相关的行业媒体。比如时装商业评论（Business of Fashion）；WWD（Women's Wear Daily）；网上搜索他们的名字即可找到他们的官网。可以查阅他们的信息了解行业动态。

（3）通过业内人士推荐。这也是相对靠谱的方法。

（4）去国外买手店、展厅、时装周现场看设计师的作品。

非常值得注意的是，近10年，中国本土的服装设计师成长也很快，这也是一些专门经营设计师品牌的买手店会迅速发展的原因之一。所以，除了关注国外设计师，也可以关注些国内设计师。相对而言，国内的时装周是比较有效的途径。这其中，上海时装周相对更倾向于对新锐设计师的推进，所以更值得关注。

三、和国外设计师联系的注意事项

（1）切记中西方文化之间是有差异的。对于经常往来于海内外，英文良好的买手，可以忽略此部分。对于缺乏和西方人士打交道的经验的买手，请切记不要以中国式的思维去思考你们的合作关系。另外，会说英文，并不代表就了解对方的沟通习性。很多国内人士经常以为，自己语言不好，就找个翻译，去和外方沟通。但往往发现沟通还是很不顺畅，却也不确定自己究竟哪里做错了。翻译只能帮你翻译文字，但无法改变你的思维方式。所以首先要以对方的思维方式思考问题，其次才是文字翻译问题。

（2）我根据自己20余年与西方人士打交道的经验，总结了几条新人容易犯的错误。

希望能对读者有用：

①时间规划性：总体来说，西方人喜欢提前规划自己的行程。特别是对于行业或专业人士，人手一本日历本很常见。所以即使约定数月甚至一年后的事情他们通常也会记得。但是中国人更喜欢临时决定行程，许多事情几乎习惯于最后一分钟才决定具体行程安排。许多与国内人士交往的外籍人士常常对他们的临时邀约（学术交流、商务谈判等）不知所措。而且邀约函通常没有会面细节，如时间、地点、具体日程表、费用（若涉及）由哪方承担等。

②含蓄与明确：中国人总体来说，即使在如今已经很开放的社会里，依然是个相对含蓄的民族，所以在表达自己的观点时常常也会很含蓄。如不直接说明自己的意图；不直接表达自己明确的观点。对于不了解中国人含蓄特点的外国人来说，这种含蓄可能代表了模棱两可，其结果就是让人不知所措，甚至理解错对方的意思。

③社交礼仪：在一些重要的场合，国内有些人员常常缺乏基本的社交礼仪常识。比如，无论出席什么场合，男性常常是一种款式的西装。其实，一般商务会议、重大商务会议、商务宴会和其他不同形式的宴会上，按国际惯例都应该有不同装束。装束本身既体现了个性，也体现了所出席场合的级别与性质。另外，吃饭时大声说话，咀嚼时不断发出声响也是应当避免的。

第四节 | 与供应商谈判及合约条款

与任何一方的合作，特别是品牌代理，都会涉及谈判与签约。根据双方合作的期限及方式，合约有不同形式。当然，复杂的合约应当咨询专业法律顾问。不过法律顾问也只能顾及法律问题。合同中有相当重要的一部分是商业条款，这个应该是由买手自己控制的（如果你有决定权）。这里将重点介绍与品牌代理（经销）的相关的主要商业条款部分。

一、简单合约

如果是初次的实验性合作，通常一份订单合约就够了。订单上写明具体产品号、采购价格、交货日期及若未能按时交货所面临的处罚。以下问题都应该在订单合约中明确。

（1）采购价格：需要特别注意的是，要定义清楚该价格是否含税？对于涉及进口业务的，要标明清楚是离岸价格，还是到岸价格（抵达收货目的地的价格）？如果是到岸价格，是否包含了运费、保险费等？通常进货价格指产品的价格，不应该包括任何其他附加费用。

（2）支付方式：何时付款？用什么形式付款？简单合约涉及金额一般不会太大。通常做法是下订单时买方应该支付一定比例的定金，通常是30%；在对方发货前应该支付完余额。除非是大型企业之间的交易，现在很少有品牌公司允许赊账。不过当双方建立了一定信誉度后，买方可以争取3-6-1支付方式。即30%预付；60%在交货时支付；最后留10%的尾款，可以在收到货品后，确定货品无误，没有品质问题后，再支付。

（3）货币：如果是海外交易，应标记清楚货币和汇率。

（4）交货时间、地点：如果是海外交易，注意时差。通常会标记清楚以格林威治时间或者供货公司所在地的时间为准。

（5）未能按时交货时的处罚：当然，在现实中，为人不能过于苛刻。通常来说，应该允许有几天的误差。如3～5天。但超过一定时间，就应该有相应的处罚。如果时间过长，比如超过1个月，买方应当有权要求取消订单。

（6）品质问题：如果收到货品后，有品质问题应该怎么办？是退货还是换货？退换货涉及的物流费用谁来承担？

二、合约的主要商业条款

对于更为正式的合同，主要商业条款包括以下几点：

（1）经销权：是零售权还是批发权？还是既可零售也可批发？

（2）代理、销售产品线范围：如果是知名品牌，通常旗下会有不同的产品线。比如女装线、男装线、童装线。对于独立设计师而言，通常不存在这个问题。所以，有时候需要明确是品牌的哪条产品线？

产品是否在指定区域内专控？所谓专控权，是一种优先权，指在指定区域内所有的代理商里，只有一家代理商可以拥有这条产品线。

产品是否有优先上市权？这也是一种优先权。即在指定的区域内，可以最先收到这些产品，并比其他代理商提早上市。通常这个优先周期为2~4周。在这个期间内，经销商对产品拥有专控权。

（3）销售区域范围：具体经销区域在哪些范围内？销售区域有不同划分的方法。通常是以地域为范围的，如上海市、浙江省等。但也有按渠道划分的，如百货商场、购物中心、街面店或者百货商场的女装楼层等。

销售区域是否拥有独家代理权？也就是说，是否是唯一在指定区域可销售该品牌的经销商？

值得一提的是，虽然合同上有指定销售区域，但并不代表被授权的经销商可以在该指定销售区域随意开店。对于绝大部分知名品牌来说，品牌公司都会要求经销商每开一家新店，都需要事先得到他们的审核与批准。

（4）最低订量：通常知名品牌公司对经销商有最低订货量（额）的要求。独立设计师则一般没有。最低订量有两种：一种是每款产品的最低订量；另一种是一次订单或者一季订单的订单总量。

（5）换货、退货、取消：按行业惯例，已经采购的货品是不允许退货的。但是对于中大型企业之间的交易，品牌公司作为对经销商的一种激励行为，会允许每个季节产生一定的退货率、换货率或者取消率。退货，是指经销商在季节结束后，将库存及残次品退还给品牌公司。换货，是指经销商在季节结束后，可以用旧库存更换同等金额的新季产品。如果发生品牌公司延迟交货的问题，经销商可要求取消等。至于具体的百分比，由双方协商。通常10%是个比较通行的比例。

（6）品牌公司给予经销商的其他支持：通常品牌公司对于业绩表现上佳的经销商会有各方面一定的支持及返利。

①市场推广支持：产品上市期间，供货品牌公司是否对特定区域或者经销商提供什么相应的市场推广？如明星代言、公关活动等。

②店铺装修、道具支持：有些品牌公司，会给业绩表现一贯良好的经销商提供店铺装修、道具费用的支持。

③产品培训支持：这个是品牌公司最基本的服务。正规品牌公司都会提供这方面的服务。

④返利支持：有些品牌公司也会对达到特定业绩目标的经销商提供返利支持。例如，假如合约规定经销商年进货额达到含税3,000万元时，可以获得1%的返利，意思即为经销商可以在次年获得30万元的回馈。至于这30万元，是以现金还是货品形式回馈给经销商，由双方协商约定。

（7）其他条款：见前"简单合约"部分。

重点总结

寻找合适的货源及具体采购工作也是买手日常主要工作部分。买手在这个环节最重要的工作是做好时间控制与成本控制。

自有品牌的买手，可能需要与工厂有更多直接的沟通。虽然买手在技能方面上的储备不必像生产技术人员那样专业，但是买手应该了解常用的服装业技术术语，对服装品质的好坏具备一定的鉴别能力。否则在时间与报价方面只能听之任之，自己并无法鉴别工厂

（或者生产部）信息的真假。与工厂跟进订单时，要尽可能以现场而非电话跟踪为主，特别是在交货期临近时。要随时掌握工厂业务动态，以防止工厂突然关门歇业等极端情况发生。

作为品牌公司的经销商，买手对品牌公司货品交货期及成本的影响相对小许多。买手在这种组织架构中可产生的影响力有限。

作为独立设计师的经销商，买手的选择权及决定权会更大些。买手可以通过时装周、展厅或者其他相关贸易、协会组织、行业期刊找到相关设计师。与海外设计师沟通时，要注意中西文化差异。

作为经销商需要和所代理的品牌公司或者设计师签订相关的合约。最基本的合约要素包括采购单价、交货时间、交货地点、付款方式及若未能按时交货卖方可能面临的处罚等。

案 例

对话 Triple Major 店铺

Triple Major 成立于 2009 年。是中国最早开设并专注于各国新锐设计的品牌集成店之一。现于北京、上海、成都均设门店。合作品牌包括安特卫普六君子之一的 Walter Van Beirendonck，爱马仕前任设计总监 Lemaire 的个人品牌以及参与巴黎时装周官方日程表的唯一北欧品牌 Henrik Vibskov 等。图 7-1 为 Triple Major 店铺一角。

Triple Major 创始人为曾在美国学习工商管理的中国香港 90 后 Ritchie。本案例旨在重点介绍他与海外设计师合作，及在中国开设品牌集合店的经验。值得学习的是如 Ritchie 般的青年创业者，是如何颠覆一些传统零售业规则的。以下为访谈 Triple Major 店铺创始人。

图7-1 Triple Major店铺一角（图片来源：Triple Major官方网站）

L：作者；R：Triple Major店铺创始人

L：作为一个品牌集合店的买手，你的日常工作包括哪些？

R：我觉得主要是沟通吧。很多时间确实是在沟通。纵使跟品牌沟通的成本不高，但是一定的沟通还是必要的。还要跟海外设计师介绍亚洲，特别是中国客户的体型特点、消费习惯和对材质等方面的要求。这是我要向他们转达的，希望他们能多多少少的作为一个参考。另外一方面就是跟顾客的沟通。就算是人手再充裕，我也会抽一定的时间，亲自去店内做销售。一个是要去观察顾客喜好的转变。虽然我在某些地方有优势，比如语言、阅历还有零售理念的把握上，但在内地人消费习惯的了解上，是有不足的，因为我毕竟不是在内地长大。所以我就会多让自己去接触买这些产品的客人，这样才能理解到选购的一些不足。我觉得这是一个很长的摸索的过程。目前我都不敢说有太十足的把握。

L：你认为数据分析重要吗？

R：我的规模太小，基数太小，我卖两件，就是销售率的50%，参考性比较低。突发性、偶然性太高了。比如某个季度的产品正好中了某个人的点，销售率可能就有20%的改变。但几个季度下来作为一个大体的参考还是可以的。

L：如果货卖得好的话，可以补货吗？

R：比较困难。

L：这就是小设计师品牌比较大的缺陷。

R：对。

L：所以这种买手模式和大品牌的买手差异还挺大的，特别是补单、调单方面，还有季度评估也比较难。因为补单比较难，也很难长期的销售某件产品。这就又有一个投入产出的问题。你们这种的成本就会比较高，因为补单就会让运营成本降低。不过这也是这种模式的特点吧。

R：对。

L：那你一年的采购频率是多少？

R：我们有分季节性产品和非季节性产品。季节性产品就是6个月一次，这种是不能补货的。非季节性产品则是两个月一期，是可以补货的。非季节性产品就包括一些配饰、包袋之类的。

L：两个月就是补充性的，就是大部分的产品6个月前就订好了。

R：对。

L：从你订货到你收到货，这个周期大概多久？

R：6个月吧。

L：你订货一种是网上订，还有一种就是到国外的展厅订吗？

R：嗯。

L：那你有没有商品的规划？比如说我这么大的空间，我应该有几个品牌，然后每个品牌采购预算的金额一个季度或者半年要做多少？

R：有，会参考数据。

L：参考历史数据还是？

R：自己过去5年的数据。

L：你这个店有多大？

R：200平方米。

L：里面大概有多少个品牌？

R：如果是6个月一次的采购，大概不到20个。每个品牌大概20个款式，每一个款式有一定的深度，大概3～5个深度。

L：我看这些衣服很多都是均码的。

R：对，还有些是两个码，小号、中号。

L：你现在这个结构可能好一些，因为尺寸对零售是个很大的挑战。第一个就是不能补货，第二个因为尺寸丢单的情况多吗？

R：还是有的，但相对来讲，还是会少一点。因为有些就是宽松的或超大尺寸，是一种风格。

L：我看价格都差不多，你是按均价的方式去定吗？

R：也不想让有些品牌显得特别贵。除了某些知名的国际品牌，都要上万的。一般来说，同等规模的品牌会在差不多的价格区间。我是在有意识地保持这些产品的定价和它们在欧洲当地的定价不会差太远。因为我们的顾客也有国外的。

L：设计师会干预你们的零售定价吗？

R：不会。但肯定不会低于他们建议的零售价，但也不会高于在欧洲的定价太多。肯定会高一点点，因为还有关税、运费，但会尽量保持在一定的水平之内，因为这一类品牌在欧洲当地都未必有很多销售点。

L：都很小众。

R：对。就算那家店有那个款式，未必有那个颜色。所以还是会比较习惯从国际的网络去采购，导致我们的销售量有一部分是来自海外订单。

L：来自海外的订单是网上的订单吗，还是他们到这里来买？

R：网上，就是 triple-major.com，online shop 的那个部分。

L：同样是到网上买，为什么他们不到设计师自己的官网去买呢？

R：他们没有那个款式。有一个很有趣的现象。我们其实离澳大利亚、新西兰那些南半球国家更近，他们情愿从我们这儿买，都不从欧洲买。从欧洲到澳大利亚的运费比我从上海寄到墨尔本更贵。我们有很多澳洲、新西兰的用户。他们是西方人，但差不多算是在亚洲，他们要买西方的品牌，从西方寄过去还更远。这是一种还蛮神奇的现象。

L：互联网真的是改变了很多东西。很多商业模式就这样被颠覆了。

R：我从来没想过，也没有做过任何的宣传。我从来没想过那个地区，他们就找上了我，还成了我们一个很重要的客户群。

L：说到促销手段。你们基本上不打折，是刻意地作为你们 branding（品牌）的一个策略还是有别的原因？

R：很多品牌都是 non-seasonal（非季节）的。有些品牌就是一个 project（项目），几个季度下来是一个完整的项目。有一个挪威的品牌是做 sociology（社会学）的 research（调研），他们是三个 collections（系列）算一个 season（季节）。也就是说，一年半他们才出完那个单元。这是一个 continuous discussion（持续的开发），不太适合打折。Branding（品牌）肯定是一个考虑，不养成折扣的这个习惯。否则，消费者就会多多少少盼着打折，总想着等一等。当然还是会有库存的问题。

L：库存怎么处理呢？

R：有很多的策略，但我总觉得折扣是最消极的一个策略。

L：美国经常会做 trunk show（私人沙龙秀），请 VIP 来参加一个小派对的形式，或者 popup store（快闪店）。你可以把你的客人都请过来，然后展示只针对这一类客人的产品。

R：我是偏向于不去降低产品的定价。

L：那怎么处理呢？

R：有不同的策略，即使真的是压了很久，或者实在没人穿，我（也）不会选择降价。一般来说我会给它很多次的机会。我们不同的店铺之间可以调货，因为北京、上海、成都三个店不同的风格，因此其销售机会是不一样的。

L：你是有意识的确保三家店风格不一样吗？

R：是。因为我的初衷是对传统零售的一个思考。为什么一个品牌的所有店铺都要一样？北京是"药店"，这边（上海）是以"展览"为核心，没有一个固定的主题。就叫"Triple Major"，但可能每 3 个月换一个展览，货品会根据这个展览去配合。像这期的展览是插画，货品就会比较偏童趣。成都是一个比较休闲的城市，就会做一个比较幽默的点，大熊猫研究所（Center for Panda Study）。每个店都有自己的主题，大小也不一样，逛起来就有不一样的感觉。这边是一栋楼，北京是一个宽敞的院子，成都就是一个小小的试点。规模主题都不一样，导致同一件产品在不同的店显得不一样。所以货品在不同店之间的调度会很大提升产品的销售率。都调完了以后，还会有一些主题性的陈列。有些时候，我要是觉得某一些东西压得特别久，我可能会用一个展览的形式，用一个special display（特别展示），抽出它们之间的共性。比如说，快到冬天了，我压了特别多羊毛的单品，我可能就会以羊毛做一个主题的展览，从侧面突出这个产品的特性。这个展览在另外一个城市可能就是另外一个主题。

L：那你觉得你做下来最大的挑战是什么？

R：我对客户的熟悉度、消费习性的了解还不够。对内地人的购买习惯和偏好需要很长时间的观察和摸索。虽然我从小是说普通话的，但我毕竟在中国香港长大，在美国上学，和内地还是有很大的差异。这个只能说通过沟通和观察慢慢了解。但起码我很乐意去学习、了解大家想做什么。

L：对传统零售来说，最重要的是选址。你选的地方会极大地影响你成功与否。但是随着社交网络的发展，可以说选址已经不重要了吗？

R：还是重要的，但有了更多的possibility（可能性）。

L：比如要方便到达。

R：对，要方便停车，离市中心不能太远。

L：不一定要在商业区？

R：这三个店有一个共性。要是在商业区的话，租金就会很贵。我们这边没什么人，租金相对来说就还好，但这里停车很方便。方便停车，靠近市中心还是很重要的。

L：你在三个城市开三家店，这在传统零售看来是很忌讳的，因为资源很分散。在你看来这是一个正确的策略吗？

R：我觉得对我们来说特别合适。

L：怎么说？

R：我是从另外的层面去看这件事的。确实，会增加额外的成本，比如说我要定期飞过去。

L：对，如额外物流、管理、运营成本。

R：但这些支出相对于得利是可以忽略的。这种模式有利于解决库存，为积压的产品提供了一个重生的机会。在这个城市不行的东西，可能在成都就完全不一样，大家都喜欢。这三个城市在客户喜好、消费习惯上是截然不同的，可以看成在欧洲的三个国家。

L：这就是中国市场有魅力的地方。

R：如果这个东西卖一半，剩下的只能以一半的价格去出售，损失是更大的。因为更大的资金压在货品上，而不是在店里的成本上。我做这三个店的初衷其实是在它的延展性。如果我做一个展览或者social network（社交网络）上的campaign（活动），我一个店也是这么多人知道，三个店也是这么多人知道。那还不如放在三个城市让更多的人知道。destination shop（零售点）也没有必要在一个城市有那么多家店。像北京可能有点说得过去，因为这个城市太大了。但上海和成都的消费习惯和消费区域是相对集中在一个地方的，所以有一个店就足够了。

L：那你的回头客多吗？

R：还是挺多的。因为货品的翻新度高，而且不可取代性也比较大。

L：所以你很关注不可取代性？

R：对，我很重视这个。

L：那你觉得你挑货的眼光来自哪里？主要是个人的品位吗？

R：一部分吧。

L：或者说有没有理性的思考？

R：有，经验也还是有，还有平日对客人的观察，我近期也在恶补一些服装的基础，就是关于板型、面料的知识。这些都会成为比较有用的参考。这还是一个过程吧，除了刚才说的两层之外，现在又多了一层。是不是一件好的衣服，洗涤之后会不会有什么影响，这三个城市有没有条件去穿这些衣服。以前可能都不会考虑这些东西，现在就会了。

L：那你们跟他们之间有商业条款可以退换货吗？比如说质量问题。

R：有。质量问题是可以退的，款项会退回来。

L：那还不错。

R：欧洲设计师这一点还是比较成熟的。

L：而且他们的交货期相对也比较准吧。

R：对。

L：这是国内刚出道的设计师一个很大的问题。

R：而且欧洲那边的生产不会像国内这样接一两单就不做了。欧洲的一些小作坊还是比较朴实的。

L：对，供应链比较成熟。而且很多是家族企业，不求大，稳稳当当的。

R：但还是有一定的挑战的。毕竟欧洲品牌并不是真的为亚洲人设计的。很难规模性地成长。

练习

请以 Triple Major 为案例，试分析：

1. 如果你也准备购买海外独立设计师的产品，你从本案例中可以吸取什么经验？

_____

_____

_____

2. Ritchie 在选址、店铺设计与装修方面，有哪些你认为是颠覆了传统的零售模式？这些新型模式，你认为是否符合现在青年一代的消费习性？

_____

_____

_____

3. Ritchie 谈到上海、北京、成都消费者习性的差异，以你的经验，这三个城市是否有这方面的差异（针对你所了解的消费群定位）？如有，具体是什么差异？这些差异会如何影响这三个区域的订单？

_____

_____

_____

第八章

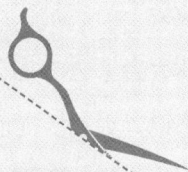

订货会及订单管理

　　订货会是体现前期所有工作的一个重要成果，在此前所有的工作都是为订货会而准备的。订货即具体的采购下单的过程，也是买手最核心的工作内容。因为订货量的大小及订单质量的好坏将决定企业当年销售业绩的好坏。本章内容包括订货会前期准备工作、订货方法、订单汇总及分析，还包括后期订单跟进及为每家店铺配货的方法。

第一节 | 订货会前的准备

订货会不一定是在本地城市召开的，经常需要各地经销商或者买手集中到某个地方一起开集体大会。去参加订货会前，买手应当携带好所有相关订货资料。对需要去海外订货的买手来说，更需要提前做好相关的签证准备。

以下为订货前所需携带的相关文件与资料，好在现在有电脑或者移动硬盘，不必再携带厚重的纸报表了。不过为了防止电脑或者硬盘丢失或者损坏，建议重要的资料应当备份2份分别存放在不同的地方。

（1）本季商品企划（见第五章）。

（2）本季销售预测（见第五章）。

（3）本季采购预算（见第五章）。

（4）历史季销售数据明细（见第九章）。

大公司一般有专人负责所有参会者的行程安排。小规模企业可能需要买手自己操办所有的事情。总的来说，买手应当提前了解会议参加人员、开会地点、酒店、具体开会时间、差旅费用预算等。特别要了解清楚订货会的订货时间和交（订）单时间。大品牌公司对交单时间有明确的规定，一旦延误很可能导致对方拒收订单。正规的服装品牌通常订货会前都会有书面通告的。

出差前还应当了解目的地的气候情况。出门在外如果生病可不是件令人愉快的事情。如是首次去海外出差，还应当了解清楚当地的交通路线。

第二节 | 订货会

一、订货及收（订）单方法

随着技术的发展，各品牌公司的订货及收（订）单方法也在不断演变。到目前为止，大多数国内的服装企业依然采用看样衣订货随后由经销商提交 Excel 表格订单的传统方式订货。一些与品牌公司合作时间较长的经销商也会选择网上订货，即根据图片及产品文字描述订货。还有些品牌比较强势的服装公司会以"打包"形式分配订单给经销商。这种"打包"形式就像快餐的套餐，A 套餐是一种产品组合，B 套餐是另一种产品组合等。经销商根据市场不同选择适合自己的"套餐"。

对于自有品牌买手来说，订货方法一般都是看样衣订货。交单方法及时间相对经销商而言会有一定弹性。

二、订货会一般流程

订货会流程随品牌公司规模及预算不同而可能有一定的差异。但主要流程及内容是差不多的。

（1）大型品牌公司通常会以一个正式的开幕式来拉开一季的订货会。开幕式上除了领导讲话外，比较引人注目的就是新一季产品的 T 台秀了。这是领略新季产品线总体方向的一个好时机。领导的讲话可能包含新一季品牌公司会推出的相应市场推广计划、人力计划或者其他资源投入计划。这些会影响经销商或者买手对品牌未来发展的信心。

（2）订货会的第一个环节通常都是设计部（针对自有品牌买手）或者品牌公司销售代表针对经销商型买手或者经销商提供产品介绍。产品介绍内容包括设计方向、概念、设计理念、产品系列以及每一具体款式的设计细节、面料、色彩等。

（3）较正规的服装企业在介绍产品时，会提供试衣模特展示服装穿着效果。

（4）介绍产品的过程中，讲解者通常会将样衣一一传递给各个买手。买手应当抓住这个机会尽可能近距离观察面料的肌理效果、制作工艺细节并感触面料的手感。

（5）产品介绍后，基本就是自由订货时间，此时买手可以花尽量多的时间仔细看样品。

（6）订单一般都是几易其稿，经过反复验算及修正才能确认完成的。

三、订货方法

1. 订货工具

订货时品牌公司或者设计部会发一套订货工具给买手。订货工具包括订单表、产品目录册、价目表等。

2. 初步选款

听产品介绍时，买手可以把自己对产品的第一感觉简单地在产品目录上作个标记。如A代表高订量；B代表中等订量；C代表低订量。其他则代表不订。不确定是否要订的，可以另外用其他符合比如"？"做个记录。

3. 深度了解商品

如有试衣模特试样，买手应该抓住机会尽量了解清楚服装的板型和衣服的舒适性。试衣模特通常身材比较标准，一般比自己穿要更能看出穿着效果。因为穿衣感觉舒适、能满足基本活动是最基础的功能性要求。所以在试衣模特展示服装的过程中，可以让模特做些基本的日常活动，如抬手（假设公交车上拉吊手）、抬腿（假设上车）、弯腰（假设捡地上的东西）等动作，询问模特是否有任何感觉不方便的地方。

总的来说，模特试衣时，要特别注意以下细节问题：

（1）领部，特别是低领衣服，要注意弯腰是否会露出内衣。

（2）袖窿的活动量是否足够，抬手是否有问题。

（3）胸部活动量是否够。有些衣服，特别是衬衫，胸部纽扣会出现紧绷现象。

（4）裤子的腰部处理，弯腰是否看得见底裤。

（5）穿着裤子走路或者抬腿是否有问题。

其他关于对服装商品的判断及分析问题，请详见第二章的商品分析方法。

4. 综合比对

在产品画册上就所初选的款式与商品企划表作综合对比，大致估算、确定所选产品宽度及深度、款式、款量等产品结构是否符合之前预计的商品企划表。

5. 填写订单草稿

接着可以开始填写订单草稿（表8-1）。订单表一般由品牌公司的产品部（有时也是买手）完成。在草稿阶段只需先按款色填总数量，不需填入具体的尺寸分配。按具体尺寸分配订货数量是在订单款式及数量完全确认后再最后完成。

6. 汇总分析

订单做好后，要根据预算的商品企划再进行汇总、对比分析及调整。在这里再次强调一点，商业是有一定弹性的。计划的目的是为了恰当地引导，保证订货方向准确。但因做计划时尚未看到完整的产品线，所以很有可能根据实际完整的产品线的品质再个别调整商品企划书。只是这种调整一般是微调，不应该有高幅度的变化，特别是总采购预算金额不应有太大的变化，否则会影响企业的财务报告及销售预测。

表8-1 订单表（草稿）

女装 1月上市

款号：	款号：	款号：
款式名称： 面料成分、克重： 板型说明： 衣长说明： 设计细节说明： 颜色： 尺寸： 其他说明： 建议零售价： 采购成本：	款式名称： 面料成分、克重： 板型说明： 衣长说明： 设计细节说明： 颜色： 尺寸： 其他说明： 建议零售价： 采购成本：	款式名称： 面料成分、克重： 板型说明： 衣长说明： 设计细节说明： 颜色： 尺寸： 其他说明： 建议零售价： 采购成本：
款号：	款号：	款号：
款式名称： 面料成分、克重： 板型说明： 衣长说明： 设计细节说明： 颜色： 尺寸： 其他说明： 建议零售价： 采购成本：	款式名称： 面料成分、克重： 板型说明： 衣长说明： 设计细节说明： 颜色： 尺寸： 其他说明： 建议零售价： 采购成本：	款式名称： 面料成分、克重： 板型说明： 衣长说明： 设计细节说明： 颜色： 尺寸： 其他说明： 建议零售价： 采购成本：

第三节 | 订单汇总、对比与分析

订单草稿完成后，就要做订单汇总并与早期做的商品计划逐一再做对比与分析，找出差异所在，评估差异是否合理。对比分析方法与第五章中商品企划一样。

1. 商品上市计划对比表

对比审核最终选订的商品总量及上市日期与当初计划是否基本一致（表8-2）。

表8-2　按上市日对比分析实际订货与计划订货

上市日	第1批		第2批		第3批		…	汇总		汇总差异（%）	差异原因说明
计划/实际	计划订货	实际订货	计划订货	实际订货	计划订货	实际订货		计划订货	实际订货		
共需款式数量											
占本季总款量（%）											

2. 大类商品结构表对比分析

按产品大类对比分析订货结构是否符合预期（表8-3）。

表8-3　按产品大类对比分析实际订货与计划订货

产品类别	款量对比			件数对比			OTB对比			差异说明
	计划订货	实际订货	差异（%）	计划订货	实际订货	差异（%）	计划订货	实际订货	差异（%）	
总计										

3. 按零售价格对比分析

表8-4　按零售价格对比分析实际订货与计划订货

零售价格区间	款量对比			件数对比			差异说明
	计划订货	实际订货	差异（%）	计划订货	实际订货	差异（%）	
总计							

4. 按色彩对比分析

表8-5　按色彩对比分析实际订货与计划订货

颜色	款量对比			件数对比			差异说明
	计划订货	实际订货	差异（%）	计划订货	实际订货	差异（%）	
总计							

5. 按面料对比分析

表8-6　按面料对比分析实际订货与计划订货

面料种类	款量对比			件数对比			差异说明
	计划订货	实际订货	差异（%）	计划订货	实际订货	差异（%）	
总计							

6. 订货平均标价毛利率与目标标价毛利率对比

所有的努力最终是为了保证盈利。因此，最后要再做个订单平均标价毛利率的汇总分析，以保证所采购商品组合可以达到目标标价毛利率水平。

根据这些结构性的对比分析，要再次调整订单，并再次比较分析。通常这个过程至少会反复2~3次，几易其稿，才能最终定稿。随后再填入正式订单（表8-7）。订单完稿时，一定要做以下两点检查，确保订单的准确性。

（1）订单完稿时，必须按尺寸提供订货明细。尺寸比例按当时细分商品企划制订，见表5-9。

（2）订单完稿后，一定要检查订单有无人工输入错误。在现实生活中，常有初级买手，或者特别容易粗心的人填入错误数字，特别是多0或少0的问题。比如10不小心输成100等。这看似极小的差异，却可能造成灾难性的后果。所以任何事情，做后检查是都很重要的习惯。

表8-7 订单表

公司名称： 品牌名称：

类别	订货日	上市日	款号	款名	颜色	数量						供应商	采购成本单价（不含税）	标价毛利率	总采购成本
						XS	S	M	L	XL	共计				
共计															

第四节 ｜ 订单跟进与管理

如是自有品牌企业，买手完成订单后会在指定期限内将订单交给生产部，由生产部开始后期生产流程。如是参加品牌公司订货会的经销商买手，则订单通常会通过品牌公司销售部上交品牌公司。

订单提交转为生产订单后，会因为各类因素而不断出现变化。通常情况下，这些变化不会影响总体订单质量。订单产生变化的原因主要有以下几点：

（1）某款式订单总量未达到最低生产量要求。就生产工艺而言，面料织布、染色都有最低长度要求，辅料采购也有最低定量。因此一旦这些最低定量要求无法满足，就会导致订单被取消。

（2）生产成本远超预算，这种情况下通常也会取消订单。

（3）大货生产因故货期严重延期。现实生活中，产品100%准时上市的可能性不大。对于大多数的服装企业来说，多少都会有大货晚到情况。但一定要控制在合理的比例及时间段里。例如，2周的延误期通常被认为是可接受的。但如果超过2周延期1个月甚至2个月，这对买手和销售人员而言几乎是致命打击。

（4）大货在生产过程中除了被取消的可能性，还会有设计或者品质上的变化。通常较多的改变是颜色、款式、细节或者面料。这些改变也通常是因为大货生产工艺限制而导致的。比如某些颜色打色一直不达标，在时间有限的情况下，可能要考虑换色或者就接受现有颜色的标准；某些款式过于复杂而导致成本增加，在不影响整体款式效果的前提下，可以适当改变设计细节；某些面料因为一些技术或者成本原因需要更换相似面料等。

如果是本公司自有品牌，通常任何关于订单的变化都应当及时通知买手并得到买手的确认。对于经销商模式，成熟的品牌公司会不定期通知经销商各类关于订单取消或者产品线改变的问题。

有经验的买手会在订单里加入"订单跟踪信息",将产品相关的变化信息记录在表8-8中,这样最后收货时对货品信息的变化情况就一目了然。订单跟踪主要跟进三方面内容:首先是数量跟进。一般来说,数量方面经常发生的状况是款式因生产或其他方面原因被取消,数量因此变零;还有一种经常发生的状况是颜色变化、换色或者干脆被取消等。其次需要重点跟进的是采购成本。一般来说,订货时所收到的成本为"预算成本"。"预算成本"通常是基于供应商制作样衣时所做的成本预算。而在大货生产过程中,实际生产成本与预算成本总有一定的误差。有时由于从订货到生产间会有2~6个月的时间差,期间也可能遭遇原材料突然涨价的问题。因此买手一定要确保最后的实际采购成本与订货时预算成本差异在合理范围内,否则应当提出质疑,甚至有权要求取消该款。最后需要重点跟进的是"时间表"。对于服装产品而言,过季服装就和过期食品一样,很难被健康消化。所以做买手的很忌讳货期延迟的问题。如果事先已知订单将延误交货,买手则应该立即相应地调整上市计划和销售计划。

表8-8 订单跟进表

类别	款号	款名	颜色	件数对比												采购单价成本对比		时间跟进		其他产品变化说明
				订货						实际到货						订货预算采购成本	实际支付采购成本	计划上市日	实际上市日	
				XS	S	M	L	XL	共计	XS	S	M	L	XL	共计					
共计																				

第五节 | 配货单

一般交给生产部或者品牌公司的是总订单。真正上市时，还需要按各店铺所需为每家店铺配货。这是个颇为琐碎与耗费时间的过程。想象一下当拥有数百家店铺时，其工作量将有多大。通常这个工作是由买手助理或者店铺店长协助完成，信息管理系统较发达的企业用系统来自动分配，最后交由仓库配货单拣货发货。

给店铺配货的过程类似于做一份订单，同样要参考店铺历史销售数据配货，但配货单的内容不必像总订单那么复杂。只要有款号、金额、件数、尺寸明细即可（表8-9）。

表8-9 配货单

款号	颜色	建议零售价	预计上市日	店铺1						店铺2						店铺3						…						总计					
				XS	S	M	L	XL	共计	XS	S	M	L	XL	共计	XS	S	M	L	XL	共计	XS	S	M	L	XL	共计	XS	S	M	L	XL	共计
共计																																	

重点总结

（1）订货会是买手工作中的重中之重。如买手需去异地参加订货会，需要了解清楚开会日程、地点、相关联系人。会议地点在国外的要提前办好签证。

（2）订货会前需要携带好所有相关的数据资料，包括本季商品企划、本季销售预测、本季采购预算及本品牌历史季销售数据明细。

（3）订货的第一步是初选产品，先记录下产品关键设计特征，并且给产品归类，A代表高订量；B代表中等订量；C代表低订量。其他则代表不订。不确定是否要订的，可以另外用其他符合比如"？"做个记录。

（4）在有试衣模特的情况下，可以深入了解产品的穿着效果及舒适度。如没有模特试穿，可以自己试穿或者找同事试穿效果。

（5）初选产品后可以按预订的商品计划填入具体订量。随后再反复对订单汇总、分析，与采购预算进行比对。

（6）订单的结果未必要绝对与采购预算一致。但通常来说不应该相差太大。实际订单与预算的差异应当有合理的原因。

（7）总订单完成后，要跟进订单生产状况。

（8）产品到货前，要按店铺配明细订单表。

案例

订货会

对买手而言，参加订货会是一个既令人兴奋但同时也令人抓狂的事情。

订货会令人兴奋，一是因为条件好的品牌公司通常都会选择旅游城市开订货会，甚至到海外开；二是因为有机会见到其他公司的买手，可以多与同行交流；三是可以提前看到品牌公司的新品。

而之所以订货会又是件令人抓狂的事情，则是因为开订货会的过程就像是一场"战争"，买手必须在有限的时间里——通常是几天内，完成大量的数据分析工作直至完成一份高质量的包含至少几百个款量的订单。

对于在经销商公司承担买手工作的人来说，订货会常常是一副非常忙乱的景象——几十个人坐在一间屋子里，共用一套样品——这是最令人烦恼的地方——订货时常常要和其他经销商的买手"抢用"一套样品，有时因为忙乱甚至根本找不到样品，这既耽误时间又打乱思路。买手要尽可能在品牌公司统一介绍产品时把产品细节要点记录下来，做好相应标记，以便于找不到样品时可以根据图片目录回忆产品细节及特点。

订单要经过几次反复推敲、演算才可以最终订稿。特别是对于店铺数量多的公司，演算数据量庞大，所覆盖区域跨度更大，要平衡综合的因素也更多——因此工作量也巨大。所以订货会几天里，买手很少能正常吃饭与睡觉。这也是为什么，为了提高订货效率，买手参加订货会前的数据准备工作至关重要。

总之，现实工作中的订货过程其实是买手最辛苦，压力最大的日子。因为销售的成败常常在此一举。货一旦订得成功合理，对后期销售可以起到事半功倍的作用。

练习

选择三类公司，一类是国际品牌公司的经销商；另一类是国内品牌公司的经销商；然后再选择一家自有品牌的公司，通过网络搜索、同行交流等方法，了解这三类公司的订货会形式及各自的特点。

第九章

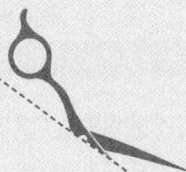

销售跟踪及促销支持

　　销售业绩是检验买手工作的唯一标准。货品采购是否成功，完全由最终的销售来体现。货品抵达各店铺后，买手最重要的日常工作开始了——销售数据分析。每日不间断的数据分析是为了及时掌握各货品销售与库存信息，对目前业绩做出评估，并及时根据业绩做出补货、调配货或者促销的决定。

第一节 | 货品到店前检查

新货到店前需要做一系列的检查与核对工作。这一工作不一定由买手亲自做，但通常作为货品管理人员也应当督促责任部门（常常是仓库或者物流部）检查与核对。因为以下看似很小的问题，却可能耽误货期甚至引起经济损失：

（1）核对件数与订货数量是否相符。

（2）核对到货日是否与约定到货日相符；如货期延误严重并已对销售业绩产生巨大影响，应当通知生产部或者品牌公司寻求赔偿方案。

（3）检查包装是否符合国家标准。包装包括吊牌、缝标、水洗标签、尺寸标是否完整并符合国家质量标准。

（4）检查服装面料成分与质检报告上的面料成分是否一致。

（5）服装外包装是否符合国家或者品牌标准。

服装品牌公司可能都有碰到"专业打假队"的经历。这些特殊客人常常会给品牌公司的品质或者包装挑刺。比如面料成分在吊牌上和洗水标上的不一致，或者与实物不符；或者吊牌上的内容不准确等。这些内容的不一致或者不准确严格意义上确实会误导消费者对产品的认识，因此就可能被怀疑"欺诈消费者"从而引起经济类纠纷。

第二节 | 常用销售报表

一、销售日报表

销售日报表是买手每天都必须看的。现在大多数品牌公司都有自己的销售系统，因此很多报表是系统自动生成的。但是系统只能自动生成报表。买手要做的是根据报表数据分析与掌握货品销售的变化情况并分析变化的原因。

以下是品牌公司常用的日报表。每个公司用的报表格式不尽一致，但内容其实大同小异。另外，数据分析的目的是为了及时掌握信息并找到提升业绩的方法。但在现实生活中服装企业常常有两个极端现象，要么数据分析做得非常简单，抓不到关键要素，有的甚至没有每日具体数据分析，只掌握每天销售金额与件数；要么就是让买手淹没在一片数据之海中，做各种各样的报表。其实报表不在于多，而在于内容简明扼要，反映业绩的本质。能合并的报表应当合并，要明确每份报表的目的，不要为了做报表而做报表。

表9-1是一份品牌常用日报表。该报表按每店汇总了累计成交销售额、销售件数、成交毛利率及平效销售。同时还有与去年同期相比数据。这份报告几乎包含了店铺应有的关键数据信息。销售数据反映业绩的高低，毛利率反应销售折扣，平效销售反映店铺的销售效率。

报告还包含了年度累计数据及当月累计数据。这两个累计数据都有助于：其一了解与去年同期相比的进步或者差异，并找明差异原因、对症下药、解决问题；其二让公司了解离本年度及月度销售目标尚有多远距离，如何力争期限内达标等。

表9-1　品牌每日销售汇总对比表

品牌名＿＿＿＿＿＿＿＿＿　报表截止日期：＿＿＿＿＿＿＿＿＿　报表打印日期：＿＿＿＿＿＿＿＿＿

店铺代号		店铺1	店铺2	店铺3	…	总计
店铺名						
开店日						
使用面积						
销售成交额	今年累计					
	去年同期累计					
	差异（%）					
	今年本月累计					
	去年同月累计					
	差异（%）					
销售成交件数	今年累计					
	去年同期累计					
	差异（%）					
	今年本月累计					
	去年同月累计					
	差异（%）					
销售成交毛利率（%）	今年累计					
	去年同期累计					
	差异（%）					
	今年本月累计					
	去年同月累计					
	差异（%）					
平均每平方米成交额	今年累计					
	去年同期累计					
	差异（%）					
	今年本月累计					
	去年同月累计					
	差异（%）					

表9-2是按折扣率来分析各店业绩的。30%、50%、70%代表折扣，即分别打3折、5折、7折时各店按各折扣率的销售件数分别是多少。报表的末尾，还有与去年同期相比的数据。数据只有比较才有意义。从货品管理目标来说，没有企业希望依靠价格战提升业绩。并且，在季节初期，货品应该尽可能多地正价销售，随着销售周期的加长，才逐步通过折扣销售。否则既很难保证最后的利润水平，又非常影响品牌形象。

表9-2　品牌折扣率销售报告

报告截止日期：＿＿＿＿＿＿＿＿＿＿＿＿＿＿＿＿＿＿＿＿＿＿＿＿　　　　　单位：件

店铺名称	店铺1					...					总计				
日期	正价	≤30%	≤50%	≤70%	总计	正价	≤30%	≤50%	≤70%	总计	正价	≤30%	≤50%	≤70%	总计
总计															
各折扣占比（%）															
去年同期各折扣占比（%）															

表9-3　品牌销售日报

报告截止日期：＿＿＿＿＿＿＿＿＿＿＿＿＿＿＿＿＿＿＿＿＿＿＿＿　　　　　单位：元

日期	店铺1	店铺2	店铺3	店铺4	店铺5	...	总计
	销售成交额	销售成交额	销售成交额	销售成交额	销售成交额	销售成交额	销售成交额
1（周五）							
2（周六）							
3（周日）							
4（周一）							
...							
总计							

表9-3是最常用的销售日报了。该报表也很简单易懂。值得注意的是在日期栏加了周说明。主要是为了了解销售日是平日还是周末。

二、销售周、月报表

日报表更多的是以店铺为单位从各角度分析店铺业绩，而周报表、月报表大多以货品为单位，重点分析每一款货品的销售件数、出货折扣及售罄率。通常来说，品牌的促销活动不会经常变化，好品牌都不会频繁打折。

以下报表是常用的周、月货品分析报表。周、月只代表了时间周期的不同，但分析内容还是一样的。

表9-4主要按大类了解各类别的到货率、售罄率及毛利率表现。因为只有在到货率差不多的情况下，比较售罄率才有意义。本报表同时还能就今年同去年数字进行同期对比。

表9-4　货品大类销售对比报表

季节：＿＿＿＿＿＿＿＿＿＿＿＿＿＿＿＿＿＿＿＿＿＿　　报表截止日：＿＿＿＿＿＿＿＿＿＿＿

性别	类别	年份	订货				收货				销售						
			款量	SKU量	件数	成本价（不含税）	款量	SKU量	件数	成本价（不含税）	款量	SKU量	件数	成本价（不含税）	成交额（不含税）	GP%	售罄率（%）
男装	羽绒服	去年															
		今年															
	棉袄	去年															
		今年															
	夹克	去年															
		今年															
	衬衫	去年															
		今年															
	裤子	去年															
		今年															
	…																
小计																	

续表

性别	类别	年份	订货				收货				销售					GP%	售罄率（%）
			款量	SKU量	件数	成本价（不含税）	款量	SKU量	件数	成本价（不含税）	款量	SKU量	件数	成本价（不含税）	成交额（不含税）		
女装	羽绒服	去年															
		今年															
	棉袄	去年															
		今年															
	夹克	去年															
		今年															
	衬衫	去年															
		今年															
	裤子	去年															
		今年															
	…																
小计																	
总计																	

表9-5是一份货品销售明细表——是按每一款产品、颜色对货品进行明细分析。主要了解每款货品的到货率、售罄率、库龄及平均出货折扣。这是制订货品促销方案的重要依据。

表9-5 货品销售明细表

季节：＿＿＿＿＿＿＿＿＿＿＿＿＿＿＿＿＿＿＿＿＿＿ 报表截止日：＿＿＿＿＿＿＿＿＿＿＿

类别	款色号	产品名称	颜色	到店日	零售标价	订货件数	到货件数	到货比（%）	销售件数	售罄率（%）	库存件数	存销比	平均出货折扣	库龄（天数）	销售排名
总计																

表9-6是畅销款、滞销款报表。排名前几算畅销，排名末几算滞销，每个公司对其定义不尽相同。大多数公司会以排名前十位或者后十位作为畅销款或者滞销款的定义。另外，究竟是以销售件数、销售金额，还是售罄率、贡献毛利率作为排名依据，这也由各公司具体定义。最关键的是报表制作人与阅读人要各自明确了解定义，以免产生沟通上的误解。

将售罄率按不同上市周期拆分也是为了看该款属于"快销"类产品还是"慢销"类产品。

畅销、滞销款报表通常也会附带图片、款名及面料信息，主要帮助买手记忆具体款式的形象。这有助于买手分析、总结哪一类衣服比较好卖，或者难卖。

表9-6　畅销款与滞销款报表

季节：_____　　报表截止日：_____

款色号	色彩	款名	面料	图片	零售标价	采购成本（不含税）	平均实际成交价	实际成交毛利润率	采购数量	占总采购件数（%）	出售数量	占总销售件数（%）	实际上市日期	上市时15天售罄率（%）	上市时30天售罄率（%）	上市时45天售罄率（%）	总售罄率（%）
共计																		

第三节 | 日常货品补充、调配及促销

一、补货

如货品上市后迅速销售完毕，可以通过补加订单再次加量——不过不是所有公司都有补单能力。特别是对于全球品牌来说，这类外包式供应链很难对市场需求做出快速反应。而自己具备制造能力的服装品牌，一般都具备补货能力。具备补货能力最大的优势就在于订货时可以先订部分所需货品，如预先制作50%的货品，待货品上市后根据市场反馈再迅速补做剩余所需的量，这非常有利于库存控制。

补货的量应当根据售罄率及售期时间来依照。假如某一款式上市后1～2周内迅速销空（刚上市时货品不太会打折），说明此款货品很受市场欢迎。在有能力的情况下，应当考虑加量。但千万不要因为市场初期的反馈而导致过于乐观的订量。从营销角度而言，宁愿让"消费者饿着（没货买）"，也不要过量提供货品。

二、货品调配

现实生活中，常会发生某些货品在某些区域或者店铺好卖，但在某些地方或者店铺就很难卖的现象；或者到了一定时期，各店都会出现断码现象。货品调配则是指根据各地区、店铺的销售状况，将畅销款集中到好卖的地区或者店铺；将滞销款集中到特卖店或者折扣店销售；将各店的断码款集中到好卖的点尽可能整合为全码再继续销售。这份工作本身不难，但需要耐心与细心。

根据销售规模大小及业绩好坏，通常货品调配应当尽可能保持在2周一次。货品调配频率要适当，不宜过于频繁（当然更不宜过长）。因为调货工作虽不复杂，但很耗时。买手首先要选出需调配的货品，随后交由调出仓库按调配单挑出实物并装箱，再由物流公司

运送到目的地店铺。如是店铺间调拨，还要消耗店铺员工的时间与精力，相应地也可能会影响销售工作。另外，调配货品也会产生费用——人工费、物流费等。所以要算清调拨费用与可能带来的业绩增长之比。如千里迢迢从北方向南方调拨几十件货品肯定不是件聪明的事情。因此对货品调配的安排要适当与平衡。

三、货品促销

假如您有买手经验，您或许了解经常被商场电话催着打折的经历。靠打折才能销售已让国内的零售行业陷入一种魔咒般的怪圈，最终其实既损利又伤名。在零售行业真正能与商场对抗的服装品牌基本只有那几个大家都耳熟能详的一线品牌。对于大多数的服装品牌而言，只能听从商场的统一促销安排，而且促销费用昂贵。通常而言，商场搞促销时一般会降低从经销商处收取的佣金扣点（相当于和经销商一起承担折扣后商品毛利润的损失），但商场也会同时向经销商收取"促销费"，每次数千元到数万元不等。

促销折扣的多少原则上应当授权买手决定——因为买手需要为最终的毛利负责。对于一般的服装经销商或者品牌商而言，是少有力量来拒绝商场的促销要求的，唯一能谈的就是扣点的高低。买手可以尽量压低扣点数来为公司争取利益。

促销方案一旦制订，就要开始相应地配货工作。这也是商场的要求，促销前几日内，商场一般严禁出货（担心品牌公司把产品调拨到其他商场），并且要求经销商加大进货量。

在第十一章中将以实际案例具体说明促销的灵活运用。

重点总结

（1）货品到货前一定要对货品数量、质量、包装仔细检查，确保与订货时所看见的样品一致。

（2）销售报表包括日、周、月报表。报表主要关注销售额、达标率、售罄率、GP状况。根据不同阶段的销售表现，买手要实时制订出不同的促销方案。促销与GP是对矛盾。一般来说，促销活动力度越大，越有利于提升销售量，但会伤害品牌的毛利率；没有促销活动，又可能导致销售业绩不佳。所以买手需要权衡利弊制订一份有效的促销方案。

案 例

滔博多品牌体育用品店

多品牌与单品牌买手差异

滔博多品牌体育用品店是国内著名的运动用品连锁零售商，隶属百丽集团。截止到2015年全国有40余家店铺，经销100家左右的国内外运动品牌。滔博的产品经理陈立擘，即本案例的受访对象，自2000年起在运动品行业做买手。曾就职于飞脚（The Athelet's Foot）、锐利（Really）等体育运动品零售商公司并担任买手，有着丰富的单品牌及多品牌商品管理经验。以下为陈立擘基于自己多年的经验所总结出的关于多品牌及单品牌商品管理方面的主要差异。

（1）多品牌的商品管理相对单品牌较为复杂。对于单品牌，通常品牌公司会在产品上市、推广、促销打折等与商品相关的活动方面提供一套完整的方案。作为经销这些品牌的买手，主要工作在于订货及跟进。对于单品牌的买手而言，品牌公司提供的是已经烹饪好的菜；而多品牌的买手则好像一个"厨子"，需要自己会"配菜"。原因是，品牌与品牌之间有竞争性也有共性。比如耐克会有跑步鞋，同时彪马也会有，阿迪达斯也有，但是消费者进入店铺只需要一双跑步鞋，所以这时候买手要在品牌之间通过比较，选择最适合目标市场的跑步鞋。而不是每个品牌的跑步鞋都必须选。

（2）对于一家公司而言，每个季节的总采购预算是固定的。因此，给每个品牌分配采购预算对于多品牌买手比较有挑战性。同时也是品牌公司与经销商之间的一种博弈。因为每个品牌都希望买家多花些钱在自己身上。通常多品牌买手会在订货会前给每个品牌的采购预算做个大致分配。这个分配比例多数会根据订货会上看到的实际产品线再次进行调整。如果买手认为某一品牌的产品线更好，会相应提高该品牌的采购预算；同时，需要相应地降低其他品牌的采购预算以保证不超出总采购预算。而对于被降低采购预算的品牌，特别是国际大牌，如何和他们沟通非常考验买手的沟通能力。

（3）多品牌订货通常以价格需求为第一导向，其次才是品牌间的选择。多品牌更加注重产品销售能力，而非产品的形象展现能力。这就使得多品牌店铺的陈列原则讲究"丰满"，而不是"形象"。对于单品牌而言，通常在店铺里会有"形象款"、"销售款"之分，在陈列方面，比较讲究设计感、空间感，一个挂杆陈列的件数不会过于丰满。因此，多品牌在订购产品时多考虑产品的销售能力而非形象展现力；但是单品牌会考虑到形象产品与跑量产品的组合。换句话说，多品牌的产品效率要求比单品牌更高。

（4）在产品销售周期方面，多品牌公司会更加多元化。比如对于单品牌店铺来说，一款产品如果上架3个月还未能产生良好的销售会被认为表现不佳。但是对于多品牌店而言，因为产品线涵盖面广，不同的产品线需要有不同的销售周期考量，而不能单纯地只看总售罄率或者销售周期。比如对于球类产品，或者运动器具类等不存在季节性与淘汰性的产品，其销售周期应该适当放长。

（5）在产品促销方面，多品牌公司更加注重"搭售"促销，而不是类似于单品牌店铺的直接折扣。原因是多品牌的产品线非常丰富，对于提升搭售的可能性较单品大许多。比如，一个消费者如果本来只是要买一双足球鞋，那么多品牌店铺可以再搭售一双足球袜，一套护具，一件背心。对于消费者而言，这些配件可能本来就是他需要的。而多品牌店铺可以以多买多送或者积分方式，将这些配件赠送或者以低价形式给消费者。消费者得到了实惠，店铺则提高了客单价与客单量，是个互惠互利的促销方法。而这些搭售，在产品线相对单一的单品牌店铺较难实现。

（6）两者的消费群体及对营业员的素质要求也不尽相同。多品牌店铺以功能为导向，即以运动系列陈列产品，导购重点介绍不同品牌在功能上的主要区分。进入多品牌店铺的消费者，多为专业运动员或者运动爱好者，他们通常思考的是"我需要一双跑步鞋"，但他（她）不一定知道自己究竟需要哪个牌子的跑步鞋。多品牌店铺的导购则主要就为他们介绍各个品牌的跑步鞋有什么区别，哪一款最适合消费者的体型及运动方式偏好。而单品牌的消费者，通常是以品牌为导向的消费者，他们只知道自己需要一双"耐克"或者"阿迪达斯"鞋。因此，这类店铺的营业员会更加注重品牌故事介绍及形象推广。

（7）在利润控制方面，多品牌会相对占有一定的优势。单品牌店铺与多品牌店铺在产品的采购价方面并没有差异，所以两者在毛利方面没有区别。但是，两者在运营成本方面差异较为显著，主要在于多品牌店铺面积通常偏大，而这使得日常运营的单价费用会相对降低。对于单品牌来说，可能100平方米的店铺也需要有8个员工；但是对于1,000平方米的多品牌店铺来说8个员工可能也足以运营。而租金方面，则是面积越大单价越低。另外，多品牌店铺会面对更多小众品牌。这些品牌因为规模小，产品线单薄，很难独立开店运营。因此，多品牌店铺比较受这类小品牌欢迎。对小众品牌来说，与多品牌店铺合作既可以降低独立运营店铺的成本，也可以借多品牌的连锁点更快速地扩张。而对于多品牌店铺来说，这些小众品牌不但容易合作，提供更丰富的产品线，还可以和他们共同分担一些运营费用。总之，这是个双赢的模式。

练习

表9-7是某奢侈线品牌（销售均价在5,000～10,000元）近三个财年的每一季节产品的销售报表。报表中的金额均为不含税金额，该品牌的毛利标价加价倍数为2。该品牌只在高端的租金店铺出售。

（1）请在以下报表空白处按各时期填入平均成交单价、成交毛利率、库存数量、库存货品成本及售罄率。

（2）请在最后一个空白的汇总报表处填入所有相关的汇总数据。

（3）请根据该品牌定位及各季节货品具体销售状况，分别对已过季货品及当季货品制定出适合的促销方案。

表9-7 某品牌近三个财年销售库存报表

第一财年秋冬产品销售库存报表

产品系列	共到货件数	共到货品成本	总计累计销售件数	总计累计销售货品成本	总计累计销售金额	平均成交单价	成交毛利率（%）	库存数量	库存货品成本	售罄率（%）
经典系列	562	1,711,402	515	1,613,258	2,989,342					
休闲系列	36	53,365	35	51,438	100,900					
珠宝系列	99	73,386	80	58,472	125,040					
皮包/皮带系列	10	24,296	7	17,614	36,510					
总计	707	1,862,449	637	1,740,782	3,251,792					

续表

第一财年春夏产品销售库存报表

产品系列	共到货件数	共到货品成本	总计累计销售件数	总计累计销售货品成本	总计累计销售金额	平均成交单价	成交毛利率（%）	库存数量	库存货品成本	售罄率（%）
经典系列	386	1,217,151	357	1,141,505	2,235,004					
休闲系列	172	274,300	158	238,979	444,085					
珠宝系列	33	25,133	27	20,677	46,280					
皮包/皮带系列	13	25,599	12	22,911	50,700					
总计	604	1,542,183	554	1,424,072	2,776,069					

第二财年秋冬产品销售库存报表

产品系列	共到货件数	共到货品成本	总计累计销售件数	总计累计销售货品成本	总计累计销售金额	平均成交单价	成交毛利率（%）	库存数量	库存货品成本	售罄率（%）
经典系列	310	1,251,685	285	1,181,685	2,586,444					
休闲系列	121	244,739	96	181,489	415,905					
珠宝系列	93	75,646	52	49,713	122,025					
皮包/皮带系列	5	6,204	3	3,500	8,280					
总计	529	1,578,274	436	1,416,387	3,132,654					

第二财年春夏产品销售库存报表

产品系列	共到货件数	共到货品成本	总计累计销售件数	总计累计销售货品成本	总计累计销售金额	平均成交单价	成交毛利率（%）	库存数量	库存货品成本	售罄率（%）
经典系列	464	1,738,455	379	1,469,904	3,537,404					
休闲系列	435	659,646	273	420,709	1,051,597					
珠宝系列	36	25,313	15	13,730	31,300					
皮包/皮带系列	11	25,929	7	16,803	39,390					
总计	946	2,449,343	674	1,921,146	4,659,691					

续表

第三财年秋冬产品销售库存报表

产品系列	共到货件数	共到货品成本	总计累计销售件数	总计累计销售货品成本	总计累计销售金额	平均成交单价	成交毛利率（%）	库存数量	库存货品成本	售罄率（%）
经典系列	1,388	6,329,282	660	2,823,471	6,858,480					
休闲系列	266	467,415	108	192,100	483,400					
珠宝系列	41	29,168	16	12,912	34,965					
皮包/皮带系列	7	12,644	3	5,031	14,880					
总计	1,702	6,838,509	787	3,033,514	7,391,725					

本品牌汇总销售库存报表

产品系列	共到货件数	共到货品成本	总计累计销售件数	总计累计销售货品成本	总计累计销售金额	平均成交单价	成交毛利率（%）	库存数量	库存货品成本	售罄率（%）
经典系列										
休闲系列										
珠宝系列										
皮包/皮带系列										
总计										

第十章

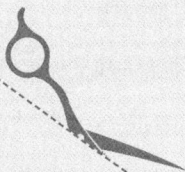

品牌集合店的运营

　　品牌集合店是近5年迅速在中国服装市场成长起来的一种零售模式。顾名思义，品牌集合店即将多个品牌的产品线集合在一个空间售卖。在过去二三十年的时间里，国内的消费者都习惯于在"品牌专卖店（专柜）"里购物。对于"品牌专卖店（专柜）"的依赖，从某个角度也说明国内消费者主要依靠品牌标示来辨识产品的好坏，而相对缺乏对产品本身的认知。就好比许多人买LV，是因为知道它是全球知名奢侈品，而并非因为该品牌的某款具体产品真的适合自己。但是，随着社会的整体素养的提高，越来越多的消费者建立了自己特有的品位，品牌名字逐渐变得不再那么重要，更为重要的是产品的设计、品质及价格是否适合自己。这也就给予一些不知名品牌，特别是新锐设计师成长的机会。也因此，以经销新老独立设计师为主的品牌集合店也成为一种日趋流行的业态。

第一节 | 品牌集合店简介

多品牌的集合店，其实在欧美已有数十年历史，并且是欧美服装市场的主流零售渠道。这种品牌集合店，也可以称为"多品牌店"，或者"买手店"。英文里也有几种不同叫法，"Specialty Store""Boutique Store""Mutli-brands Store"。这类店铺，通常以设计师品牌的时装，或者国际知名服饰类品牌为主。我们众所周知的许多知名国际品牌，在欧美市场，除了开设有为数不多的专卖店之外，大部分都会进入这类品牌集合店销售。在欧美这类比较知名的品牌集合店有Browns与Barney's等。

值得一提的是，国外不少知名买手店也遭遇了互联网的寒流冲击。对此现象，中国的创业者应该警醒，不要将国外的模式生抄硬搬到国内。另外，也要注意任何商务模式，都应当考虑到如何融合入现今这个互联网时代。并借助互联网的特点以及产品优势，创造出一种新型的商业模式。买手精于商品的同时，一定也要在商业模式上有所创新，才能提升客户的体验度与黏度。

在国内的零售市场，其实品牌集合店并非近5年的创新。在运动品市场，很早就有人尝试拓展多品牌渠道。比如20世纪90年代中期至21世纪初，美国的著名运动品零售商，The Athelete Foot（TAF）就曾经进入过中国市场。这家公司在美国曾是耐克、阿迪达斯等运动品牌最大的零售商之一，无奈却在中国市场遭遇了滑铁卢。因为那时的消费者只认耐克专卖店的耐克，而不愿意进入TAF店铺购买耐克，似乎只有品牌专卖店的产品才是"正宗"的。后期相对成功的案例有NOVO，这家以销售中高端运动与时尚休闲品牌为主的多品牌渠道零售商。在高端时装业，国内市场比较有影响力的有洪晃创立的专营中国设计师产品线的BNC店铺、栋梁以及前面提到的Triple Major等。

无论任何一种商业模式，在采购及销售时所涉及的数学概念、销售预算及采购预算等技术方面都是一样的。也因此，本章将把重点放在品牌集合店的具体运营方面。特别是市场上开品牌集合店的人大多自己做买手兼老板。所以本章主要介绍开店选址、预算及店铺日常的运营。

第二节 | 制作开店预算

假设预备开设一家品牌集合店，那么会涉及些什么费用，需要预留多少预算呢？如果团队里有懂得财务的人当然最好。但现实中许多人是个体开店的。所以掌握些关于财务的基本知识也是好的。

基本来说，开设一家零售店铺，主要涉及以下费用：

1. 租金费用

（1）需要注意的是，做预算时，不能只算1个月的租金，而是至少按3个月的租金+X月的押金来算；如果预算充裕，最好按6个月的租金+X月的押金来算。X月的押金，不同城市有不同的惯例。有的地方只需押1个月租金的押金；有的地方需要押3个月；也有的地方根据租约时间长短来定押金多少。

（2）之所以要预留3~6个月的租金，是因为通常开店前半年很难盈利。而租金出现违约状况时惩罚都比较大，所以在这方面应该做好尽可能充分的资金预留。

（3）这个预算是现金流的预算；如果做损益平衡表的预算，则可以按1个月来计算。但是对于创业者来说，现金流才是最重要的。

2. 货品预算（也就是我们之前说的OTB）

对于新店来说，没有库存，因此，都要依靠新货采购。新店的货品预算，应当考虑1~2个月的库存量，以及根据店铺面积需要的最低铺货量。

3. 人员工资

（1）根据店铺的大小，设定员工人数及工资预算。员工工资和租金一样，不能只考虑一个月的，还是应当至少考虑6个月的费用。

（2）工资还要包括国家规定的社保金（养老、医疗、公积金、失业等）。

（3）按照行规，零售店铺员工不仅只提供工资，还有销售提成。销售提成比例因公司而异。这个可以参照下同行的比例。不过，对于新创业的店铺，建议在工资和提成方面能比同行略高，不然很难找到理想人才。

（4）从创业者角度而言，当然是能省则省。刚开始很多创业者会自己直接蹲店。无论是否资金充分，创业者能自己蹲店总是有益的，可以直接感受消费者信息。如果店铺不大，至少应该招1~2名员工轮班。

4. 店铺设计、装修及道具费用

店铺设计及装修费是省不掉的。道具费不同于装修费，装修费是与房屋装修相关的费用，与房屋不可分离；而道具是独立于房屋，可以随时搬离店铺的部分。

5. 其他行政费用

快递费、办公费、通信费等。

但凡创业过的人一定都知道，实际产生的费用总是高于预算的。因此，在做预算时，应该预留至少15%的额外费用。

如果是第一次开店，这些费用在财务上都属于开办费。至于正常营业后的费用，涉及专业的财务知识，应当由专业的财务和会计制作报表。

第三节 | 选择店址

传统观念中，零售店铺选点很重要。所以客流量大的商业街铺以及商场就很受欢迎。虽然这些地方租金也极其昂贵，但是传统零售商不惜代价也要拿下这些地方也是因为对于零售来说，店铺的购物客人多为走过路过的客人，所以客流是基础。

但是，随着社交媒体的普及，特别是对于出生于互联网时代的"80后""90后"，他们更依赖于社交媒体获取信息。因此，对于互联网时代的零售店，不一定都要选择闹市区的商业街。第七章的案例Triple Major就是靠社交媒体口碑将客户吸引到并不处于商业中心的店铺。但是无论如何，虽然自然客流不再重要，但是交通便利还是很重要。如果是定位高端客户群，还要考虑到停车位等问题。

无论地点在哪里，周围的环境氛围还是很重要。虽然不一定是商业区，但还是要考虑如果客人来到这个区域，除了逛本店，还能做什么？如果你的产品线够丰富，那么周围即使一家店铺也没有，可能也可以让客人长久停留。米兰的10 CORSO COMO就是这样一家店铺。它位于一个颇为偏僻的住宅区，其对面有几家销售生活用品的社区店铺，基本上不属于商业区，但是其生意一直比较红火。一方面，是因为其创始人曾是Vogue意大利版的主编，时尚人脉资源比较丰富。但是名人创业失败的也很多，他们的资源不一定能为他们带来可持续的消费，所以成功主要还是依赖于产品本身。10 CORSO COMO米兰店里销售各类生活用品，从服装到陶瓷、装饰用品，还有草本植物等，最令人赏心悦目的是它有个被花园环绕的美丽餐厅。

反之，如果店铺本身产品很单一，又处于一个周边没有让目标客户群可以更多逗留的地方，如书店、餐饮、咖啡、网吧等，那么，除非店铺里有一些非常独特、目标群体又非常喜欢的产品，不然，店铺的可持续发展性就值得质疑。

第四节 ｜ 开店

开新店时都涉及店铺设计与装修、道具配置、员工招聘、店铺配货等一系列工作。如果是在大商场或者主要商业街道开店，还涉及消防安全等政府相关法规的审批问题。此处，主要就开店中最常见，也是令许多创业者最烦心的问题——即店铺设计与装修，提供些个人分享。当然，店铺设计与装修是很专业的事情，理应由专业人员来负责。故本节的重点不是讲解如何设计和装修，而是从店铺运营者及管理者的角度，分享一些注意事项。

（1）装修公司有些像服装加工厂，不到最后一天是不会很上心的。有时候即使合同上明确规定了完工时间，但是装修方也常常会用各种理由来拖延。所以店铺聘请的工程监理很重要。对于自己创业的人来说，有必要自己每天到场跟进。不过，装修是很专业的事情，有条件还是应该聘请有责任感的监理做。

（2）如果是在商场内部开店，那么商场会有硬性规定完工时间，不然可能面临罚款。

（3）要和装修公司分清双方职责。如装修公司员工如果在店铺装修期间出现意外，应该由谁负责（应该是装修公司）。

（4）要注意安全第一位。要注意防火、防水，也要注意人身安全。

（5）设计方面，记住实用优先于美观。实用第一是指安全。比如，地板好看但太滑容易让人摔跤；如果地面有缝隙，要考虑到女性穿高跟鞋是否会绊倒；另外有门槛的地方，是否有明显标记等？收银点是否很容易看到？道具是否有容易伤人的地方？对道具的护理是否容易？比如白色，虽然很好看，但是不耐脏。材料是否容易热胀冷缩？如果是玻璃，玻璃的安全性如何？从布局来说，消防通道是否通畅？下雨天，如何防雨、防水？

（6）与装修队的结账方式。通常应该预付款30%，但是要坚持尾款在验收后再支付。有时候装修队经常会以材料涨价，或者没钱发工资等原因要求提前付款。但是店铺应该坚持按合同办事。原因很简单，对于装修公司来说，店铺的地点是固定的，如果店铺拖欠款，对方是有办法找到的；但是如果把钱给了装修公司，是很难再找到这种游击式的队伍的。

（7）要为店铺购买保险。为了防止意外的发生，商业店铺应该购买店内财产保险及人员（包括客人）的人身保险。万一客人在店铺内发生意外时由这类保险公司可以赔偿可能造成的损失。

案 例

互联网时代的生活方式品牌集合店：良仓

之所以选择"良仓"，是因为它代表了目前互联网时代，一个与服装及零售相关的前沿型案例。应当说，未来10年，这种模式会逐步成为一种主流商业模式。虽然在过去10年，线上与线下更多体现的是矛盾——实体零售商总是抱怨电子商务抢走了自己的生意；不过在未来10年，零售业将会是线上与线下"握手"的时代。同时，实体店的主要功能，将从纯粹销售，转向体验与线下社交功能。这种体验，包括了消费者对商品的体验，也包括消费者相互之间分享经验的体验，以及消费者与商家之间通过直接面对面的情感联络型体验；而线上店铺除了提供销售，同样也起到知识普及、内容分享，以及社交分享等作用。

此案例的另一个特点在于创业者的动机，并非从常规的商业目的出发，而是个人兴趣。随着"80后""90后"青年一代的成长，愿意跟随自己个人爱好、兴趣而创业的人会越来越多。兴趣永远是最好的老师。如何能将个人兴趣转变为个人爱好，又可以聚合有相同爱好的群体，并通过这个群体，创造一个可以让大家共赢的平台，正是本案例希望给大家的一些启发。

"良仓"是一家诞生于互联网时代的生活方式品牌集合店。在线上，它集中了"电子商务""媒体"以及"社交"功能；在线下实体店铺，它则以艺术展览馆（Museum retail shop）形式陈列及销售从世界各地采购的生活用品。小到一把牙刷，大到一辆货运自行车，但凡生活中可能涉及的用品，都属于该店铺的销售范围。

良仓纯粹是由个人兴趣爱好而衍生出的一门生意。创始人彭杨军，服装设计专业毕业生，却最终转行成为一位优秀的摄影师。而如今，摄影师的头衔已不足以概括他的职业。

"创意企业家"或许是个更符合他身份的头衔。因为其涉足的领域，从设计，到商业广告策划，到媒体杂志的创意总监，到文化平台的搭建者，几乎涵括了创意的各个领域。而良仓，则是对其过去20余年职业生涯的一个总结性成果。

良仓最早只是个分享平台。彭杨军喜爱收藏有设计特点的物品。出于对设计的爱好，无论到哪里，看到设计有趣的东西，彭杨军都会想办法买下来。这些东西，小到一把军刀，大到一辆古董车，都在他收藏范围内。而这些收藏品，日后便成为良仓中的展览品部分。因为爱好收藏，彭杨军和其周围朋友，都会身着、身带一些市面上不太看得见的物品。大家见面，常常就会有人问："这东西哪儿买的呀？"而良仓最初的诞生，就是为了这样一份分享——将自己从世界各地淘来的物品在网上分享，有条件的可以发个相关物品卖家的链接。就这样，良仓聚集了一批有同样设计情怀的买家。他们大多从事文化、设计、艺术相关的职业，也有从事金融、工业行业却有着同样艺术与人文情怀的人。他们大多见多识广，周游世界，喜欢从日常生活中寻找与众不同的美。

就这样，良仓从最早的"分享"购买经验的网站，逐步发展为一本新媒体杂志，最后又聚合了大家所喜爱的商品，成长为一家集"电子商务"＋"媒体"＋"社交"的全方位的平台。

而在线下的实体良仓，也在设计及经营理念方面突破了众多传统零售的界限。在空间设计上，良仓参照艺术画廊模式，将新品与二手设计用品（即他自己从世界各地淘来的收藏品）一同陈列在店铺内。虽然这是一家营业店铺，但客人进入店铺后，感觉更像是进入了一家博物馆或者艺术画廊。店铺内古董级别的生活用品，与从世界各地采购而来的新品陈列在同一空间内。对于客人而言，即使不买任何东西，通过店内陈列所展现的故事，也可以学到很多关于设计历史、各地不同年代人们的生活习惯，及设计与社会发展的关系等知识。同时，良仓也会经常举办当代艺术家、设计师作品的展览，开展相关讲座等。总之，良仓的目标是做成一个全方位的O2O模式的当代生活方式店铺。

第十一章

综合练习

　　本章将运用实际案例对第一章至第十章内容做综合性训练及总结。案例中所提供的商业背景条件是有限的，因此所谓的解题答案也仅代表一种训练方法。在实际工作中，商业环境是错综复杂的，因此真实的解决方案可能会有所不同。本练习的重点不是答案本身，而是掌握解决问题的途径与方法。

以下为案例品牌背景资料：

品牌：	某国际休闲类服装品牌
产品线：	男女休闲装
目标消费群：	20～40岁中青年男女性
零售标价范围：	300～1,000元
进入中国市场时间：	1年
截止预算前店铺数量：	2家商场店铺
店铺平均面积：	50平方米

该品牌的其他商品销售信息如下：

	春夏季	秋冬季
平均存销比：	3：1	3：1
平均单件零售标价：	380元	550元
平均单件含税成交单价：	247元	358元
平均含税客单价：	415元	601元
平均标价毛利率：	81%	81%
平均成交毛利率：	71%	71%
平均出货折扣：	6.5折	6.5折
平均每月销售件数：	350件	500件

练习1

表11-1为该品牌按价格区间计算的历史销售数据，请按价格区间计算售罄率、平均出货折扣及平均毛利润率。

表11-1 某品牌按价格区间的销售报告

实际成交价格区间（元）	采购款量	采购总件数	采购总成本(不含税)	采购总零售标价	销售总件数	按零售标价计算销售额	总实际成交销售额（含税）	总销售货品成本(不含税)	售罄率（%）	平均出货折扣	平均毛利率（%）
200以下	8	185	13,443	95,280	32	8,060	5,206	2,325			
201～300	20	757	33,158	240,250	382	121,400	91,650	16,732			

续表

实际成交价格区间（元）	采购款量	采购总件数	采购总成本(不含税)	采购总零售标价	销售总件数	按零售标价计算销售额	总实际成交销售额（含税）	总销售货品成本(不含税)	售罄率（%）	平均出货折扣	平均毛利率（%）
301～400	17	767	53,238	442,090	378	226,580	139,344	26,237			
401～500	25	1,211	99,397	724,800	709	419,310	319,993	58,194			
501～600	16	588	62,415	442,700	285	210,220	156,346	30,287			
601～700	4	126	19,122	124,660	18	17,760	11,898	3,281			
701～800	6	206	30,832	217,340	94	103,860	72,288	15,809			
801～900	3	174	27,868	215,460	86	104,240	73,347	13,271			
900以上	3	51	15,061	89,030	48	83,960	56,715	13,845			
汇总	102	4,065	354,534	2,591,610	2,032	1,295,390	926,787	179,981			

答：

售罄率＝本季总销售件数／本季总进货件数

平均出货折扣＝总实际成交销售收入／总标价销售收入

毛利率＝（销售收入－货品成本）／销售收入×100%

以200元以下价格区间为例，

售罄率＝32／185＝17%

平均出货折扣＝5,206／8,060＝65%

毛利率＝（5,206－2,325×1.17）／5,206×100%＝48%

依此类推，可得表11-2。

表11-2　计算售罄率、平均出货折扣及毛利润率

实际成交价格区间（元）	采购款量	采购总件数	采购总成本(不含税)	采购总零售标价	销售总件数	按零售标价计算销售额	总实际成交销售额（含税）	总销售货品成本(不含税)	售罄率（%）	平均出货折扣（%）	平均毛利率（%）
200以下	8	185	13,443	95,280	32	8,060	5,206	2,325	17	65	48
201～300	20	757	33,158	240,250	382	121,400	91,650	16,732	50	75	79
301～400	17	767	53,238	442,090	378	226,580	139,344	26,237	49	61	78
401～500	25	1,211	99,397	724,800	709	419,310	319,993	58,194	59	76	79
501～600	16	588	62,415	442,700	285	210,220	156,346	30,287	48	74	77

续表

实际成交价格区间（元）	采购款量	采购总件数	采购总成本(不含税)	采购总零售标价	销售总件数	按零售标价计算销售额	总实际成交销售额（含税）	总销售货品成本(不含税)	售罄率（%）	平均出货折扣（%）	平均毛利率（%）
601~700	4	126	19,122	124,660	18	17,760	11,898	3,281	14	67	68
701~800	6	206	30,832	217,340	94	103,860	72,288	15,809	46	70	74
801~900	3	174	27,868	215,460	86	104,240	73,347	13,271	49	70	79
900以上	3	51	15,061	89,030	48	83,960	56,715	13,845	94	68	71
汇总	102	4,065	354,534	2,591,610	2,032	1,295,390	926,787	179,981	50	72	77

练习2

表11-3为该品牌2009年的历史销售数据。该品牌计划2010年新增5家店铺，其中3家百货商场类店铺，2家租金类店铺，请结合该品牌定位及上文所提供信息，预测其2010年销售。

表11-3 某品牌2009年历史销售报告

	1月	2月	3月	4月	5月	6月	7月	8月	9月	10月	11月	12月	2009年
成交销售额	278,856	130,972	143,085	172,550	152,156	146,738	156,927	204,312	217,680	263,855	465,768	197,203	2,530,102
成交件数	639	372	419	570	569	616	753	1,111	874	750	1,541	465	8,679
平均单件成交价	436	352	341	303	267	238	208	184	249	352	302	424	292
占全年销售额之比（%）	11	5	6	7	6	6	6	8	9	10	18	8	100

首先根据第五章第三节中的销售预测方法做环境分析：

外部因素

（1）宏观经济方面：2009年年底经济逐步在恢复，预计2010年将有增长，但增长幅度不会过快。

（2）季节气候方面：气候变化越来越异常，难以预测；作为备用方案，要加强生产与物流能力，随时根据气候变化补充货品。羽绒服订量适中。

（3）竞争品牌方面：经过调研，发现几个市场排名在前的几个同类品牌在同期同比中（2009年比2008年同期），销售业绩均有不同程度的下降，呈现负增长，负增长比率在10%～50%不等。说明2009年总体形势确实差。

内部因素

（1）品牌生命周期方面：该国际品牌在海外已颇为成熟，刚刚登陆国内市场，尚处于初期发展阶段，上升空间大。

（2）销售周期方面：根据表11-3历史数据制作出图11-1，可以看出：最高两个销售峰点是在2009年1月和2009年11月，第三高峰点是2009年10月。查看日历，可以看出，2009年1月正是春节；11月则是该2家商场的周年庆，促销力度大，10月则是因为国庆节。故本销售周期特别受节假日与商场周年庆影响。

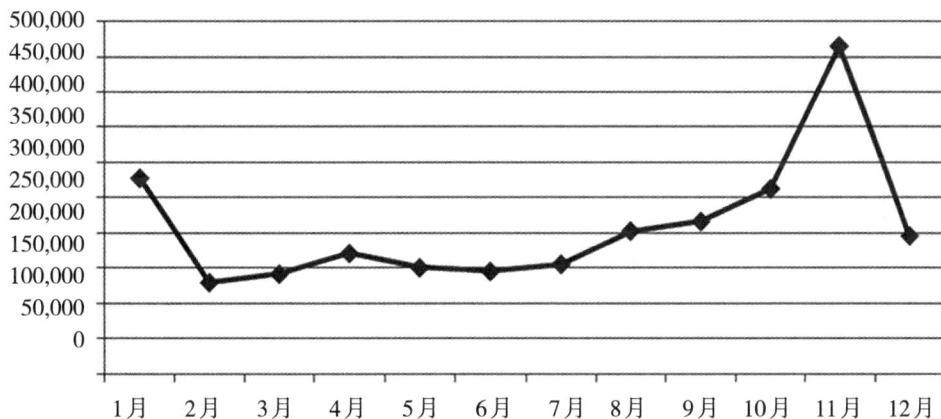

图11-1 某品牌2009年历史销售曲线

（3）拓展策略方面：本品牌计划2010年重点依然拓展上海、北京等一线市场的商场，以期达到市场传播效应，为2011年的二线市场拓展及加盟业务做前期准备。预计开5家店铺，其中3家商场店，2家街面形象店。

（4）产品线方面：经过1年的销售期，发现本品牌标价偏高，但成交价偏低，造成这种结果有两种可能性。第一种可能是过往订货过于乐观，导致销售未达预计目标，从而库存过剩，为了保持良好的现金流，公司不得不通过频繁低折扣快速消化库存；第二种可能是因为过往销售定价偏高，而消费者接受度不高，最终不得不采取低折扣成交。经调查，实际情况有两种原因：一是订货时对销售预计过于乐观，过剩库存导致不得不以低出货折扣快速消化库存；二是库存问题，但该部分库存是由于生产及物流原因导致商品比预计到店铺时间足足迟到了1个月。因此，公司将修正订货预算，同时改善生产及物流状况，保证不再因为这两个原因影响品牌业绩表现。因此，在新的销售预算中，本品牌计划将平均出货折扣从6.5折提高到7折。

（5）市场推广计划方面：公司2010年计划逐步投入市场推广费，主要在当地形象店铺开业时策划些市场活动。

（6）根据所提供资料，该品牌存销比为3∶1，平均售罄率为70%，属于健康水平。

为了准确地预测来年销售，我们将销售预测分为三大块，一为"现有店铺销售预测"；其次预测"新开百货商场店预测"；再预测新开租金店的销售；最后汇总三类店铺预测即为该品牌总预测数据。

现有店铺销售预测

根据以上外部因素与内部因素的综合分析，首先预测现有店铺2010年业绩。现有店铺业绩预测2010年销售增长率定为30%，原因如下：

（1）作为新进入国内市场的国际品牌，增长空间应该很大，有些新品牌头一两年增长率可达100%甚至200%。但由于国际品牌进入新国家市场时，也经常遇到水土不服的状况，需要时间调整产品线使之更加适合本土市场，并且团队较新，无论是商品本身还是具体营运均需要更长时间进行磨合，故同店同比销售增长率预计为积极但偏保守。

（2）结合外部环境来看，2010年整个宏观经济走势并不明朗，国家相关经济政策也有待于进一步确认；从竞争品牌的表现来看，一些曾经市场排名高位的品牌已开始步入下滑期。这也是本品牌预计销售增长趋于保守的原因。

（3）由于本品牌计划将平均出货折扣从6.5折调整到7折，因此，为了将此因素也包含进销售预测，预测以件数为基础，这样能在同等条件下反应销售的真正增长率保持在预计目标30%。因此，这里将用（预测销售件数 × 平均单件成交价）的方法来预测新一年度销售。

（4）计算步骤：

①在2009年每月销售件数的基础上，预计增长30%，基于这个公式，预测出2010年销售件数。

②平均成交单价方面，因为平均出货折扣从6.5折提高到7折。因此，先将2009年的平均单件成交价恢复成原标价单件销售额，再以同样标价销售额乘以新的出货折扣计算出平均单件成交价的预测。例如，2009年1月平均单件成交价是436元，因此可以推算出同期标价销售单价为436 / 0.65 = 671（元）。再以此标价推算2010年1月的平均成交单价为：671 × 0.70 = 470（元）。

③最后用销售件数乘以平均成交单价预算出当月销售额。

④值得注意的是，在预测销售数据时，要把历史销售数据中的偶然因素排除。比如，某个月特别高或者特别低，是否有什么偶然因素。例如，商场周年庆，因为每个商场周年庆的时间不尽相同，因此该店11月的高销售，未必代表其他店铺也会在此月出现高峰。如果某个月的销售显得异常低，也应当查找出主要原因，尽最大可能排除偶发因素。

表11-4　现有店铺销售预测

年度		1月	2月	3月	4月	5月	6月	7月	8月	9月	10月	11月	12月	年度累计
2009年	成交销售额	278,856	130,972	143,085	172,550	152,156	146,738	156,927	204,312	217,680	263,855	465,768	197,203	2,530,102
	成交销售件数	639	372	419	570	569	616	753	1,111	874	750	1,541	465	8,679
	平均单件成交价	436	352	341	303	267	238	208	184	249	352	302	424	292
	占全年销售额之比%	11	5	6	7	6	6	6	8	9	10	18	8	100
2010年预算	成交销售额	390,398	183,361	200,320	241,569	213,018	205,434	219,698	286,037	304,752	369,397	652,075	276,085	3,542,144
	成交销售件数	831	484	545	741	740	801	979	1,444	1,136	975	2,003	605	11,284
	平均单件成交价	470	379	368	326	288	257	224	198	268	379	326	457	314
	占全年销售额之比%	11	5	6	7	6	6	6	8	9	10	18	8	100

根据上表，可预测出2010年现有店铺销售为354万元。

新增3家百货商场店铺预测

由于现有店铺也是一线商场的2家商场店，可以参考现有店铺销售来预测这3家新商场店铺的销售（表11-5）。

如果新开店铺有明确目标，则可以通过清晰地了解目标店铺客流、同类品牌销售业绩等方面更加准确地预测销售。

假设在预测之际，并没有明确的目标店铺，则应当设立几条指导性的开店方向。例如，商场客流及销售状况要好于现有两家店铺，且客层群也较高，购买力较强，总之，零售环境要好于现有店铺。

假设目前该品牌没有明确的目标店铺，但开店方向是消费条件要好于现有店铺的商场。则可以用2009年现有2家店铺的本年销售额作为预算基础，随后在此基础上增长一定比例——既然目标店铺的零售环境优于现有店铺——结合各方面因素，假设新店铺将会比现有店铺去年业绩增长20%。

另外，新店预测还要特别注意开店日期。因为每家新店的预测开店日期是不一致的，因此不能以全年12个月的时间表来预算全年销售。

表11-5　新开3家百货商场店销售预测

年度		1月	2月	3月	4月	5月	6月	7月	8月	9月	10月	11月	12月	年度累计
2009年	成交销售额	278,856	130,972	143,085	172,550	152,156	146,738	156,927	204,312	217,680	263,855	465,768	197,203	2,530,102
	成交件数	639	372	419	570	569	616	753	1,111	874	750	1,541	465	8,679
	平均单件成交价	436	352	341	303	267	238	208	184	249	352	302	424	292
	占全年销售额之比（%）	11	5	6	7	6	6	6	8	9	10	18	8	100

续表

年度		1月	2月	3月	4月	5月	6月	7月	8月	9月	10月	11月	12月	年度累计
2010年新店1预测	成交销售额	180,184	188,980	92,455	111,494	98,316	94,816	101,399	132,017	140,655	170,491	175,770	369,940	1,856,517
	成交件数	383	498	251	342	341	370	452	667	524	450	540	810	5,628
	平均单件成交价	470	379	368	326	288	256	224	198	268	379	326	457	330
	占全年销售额之比（%）	10	10	5	6	6	5	5	7	8	9	9	20	100
2010年新店2预测	成交销售额	—	—	92,455	111,494	98,316	94,816	101,399	132,017	140,655	170,491	175,770	369,940	1,487,353
	成交件数	—	—	251	342	341	370	452	667	524	450	540	810	4,747
	平均单件成交价	—	—	368	326	288	257	224	198	268	379	326	457	313
	占全年销售额之比（%）	—	—	6	7	7	6	7	9	10	11	12	25	100
2010年新店3预测	成交销售额	—	—	—	—	98,316	94,816	101,399	132,017	140,655	170,491	175,770	369,940	1,283,404
	成交件数	—	—	—	—	341	370	452	667	524	450	540	810	4,154
	平均单件成交价	—	—	—	—	288	257	224	198	268	379	326	457	309
	占全年销售额之比（%）	—	—	—	—	8	7	8	10	11	13	14	29	100

续表

年度		1月	2月	3月	4月	5月	6月	7月	8月	9月	10月	11月	12月	年度累计
2010年新店预测汇总	成交销售额	180,184	188,980	184,910	222,988	294,948	284,448	304,197	396,051	421,965	511,473	527,310	1,109,820	4,627,274
	成交件数	383	498	502	684	1,023	1,110	1,356	2,001	1,572	1,350	1,620	2,430	14,529
	平均单件成交价	470	379	368	326	288	256	224	198	268	379	326	457	318
	占全年销售额之比（%）	4	4	4	5	6	6	7	9	9	11	11	24	100

计算步骤：

①考虑到新店开店时间不一致，为了尽可能准确地预测销售额，此处按每家新店细分做销售预测。

②销售预测方法同上，先预测销售件数与平均单件成交价，再计算出销售额。

③2009年的销售额是2家现有店的汇总销售额，因此，在预算新店单店预测时，有必要先算出2009年平均每月单店销售额，即以2009年月销售额除以2。

④预测销售件数增长20%，再乘以新的平均单件成交价，计算出新一年度新店的销售预测。

⑤以目标开店日期为第一个月，预测新店的月销售。

⑥调整销售周期：2010年春节为2月14日开始，销售高峰通常是春节前2~4周，因此2010年将2月销售调整得与1月一致；其次，新目标商场的周年庆未必是11月，可以将12月定为另一销售高峰期，12月的销售预测与11月销售预测对调。

这样可得出3家新商场店的总销售预测近460万元。

新增2家租金店铺预测

租金店通常租金昂贵，并且作为形象店，地理位置肯定比较好，面积也比较大。通常来说，做形象店铺的街面店需要至少提前1年开始寻找目标，因为寻找租金店铺特别是重点商业街的街铺比较耗时，且与房东间的谈判也是个漫长的过程。因此，通常在做下一年预测时，街面形象店这种级别的店铺都应该有明确的开店目标了。

此例中假设2家店铺面积都是100平方米，1家计划在北京，1家计划在上海，商业街条件相当。

新租金店预测可以从3个角度进行：

（1）参照现有店铺：由于销售面积及地理位置的不同，可以参照现有店铺平均每平方米每月的销售作为预测基数。根据历史现有两家商场店铺销售数据，每平方米每年销售额为41,007元。

$$41,007元/平方米×100平方米（新租金店预算单店面积）=4,100,700元$$

$$4,100,700元/12个月=341,725元/月$$

（2）参照同一商业街同类品牌的销售额、平均每月每平方米销售额、客流量、进店率、提袋率、平均成交单价，预测本品牌新店销售。这是最靠谱的预算方法。

假设以下是通过数次观察及其他调研方式取得的信息：

同类店铺、相近面积及同地段同类品牌的销售额据调研淡季是30万元/月，旺季平均在50万元/月；平均成交价大约为480元。

平均客流量为，周一到周五平均为10,000人次/日；周六到周日平均为30,000人次/日，进店率平均为10%；提袋率平均为2%，可得：

平日每天提袋率人次=10,000人次/日×10%的进店率×2%的提袋率=20人/日

周末每天提袋人次=30,000人次/日×10%的进店率×2%的提袋率=60人/日

平均每月提袋人次=20人/日×22天工作日+60人/日×8天周末日=920人/月

已知本品牌含税客单价在春夏季为415元/人次，秋冬季为601元/人次，两季平均为508元/人次，因此，平均月销售预测为920人次/月×508元/人次=467,360元/月。如果需要更准确的数据，可以按春夏与秋冬分别预测。

（3）预测损益平衡点，看实际预测销售额与损益平衡点的差距，及需要盈亏平衡的时间点。通常情况下，在一线商场的重点商业街开街铺因为租金昂贵，要达到盈利几乎很难。因此，许多品牌只将此类店铺当作固定的广告开支。

预测损益平衡点需要财务知识。如果买手没有相关背景，可以请财务部同时帮助。

此例中假设2家租金店铺面积都是100平方米，1家计划在北京，1家计划在上海，商业街条件相当。年度租金预计3,600,000/年/店（包括物业管理费）；装修、道具及灯具所有的预算是3,000元/平方米；店铺员工工资、佣金及社保总预算是200,000元/年/店；水电费及电话费等公用事业费预计100,000元/年/店，其他杂费预计200,000元/年/店。

每家店年度营运费用总计为：

租金/物业管理费	3,600,000/年
装修（按3年期分摊）	3,000元/平方米×100平方米=300,000元
	300,000元/3年=100,000元/年
店铺工资/佣金等	200,000元/年
公用事业费	100,000元/年
其他杂费	200,000元/年
总计	4,200,000元/年

根据该品牌历史记录，其平均实际成交毛利率为71%，因此年度销售额只有达到5,915,493元才可以持平（4,200,000/0.71），即每月492,958元可以达损益平衡点。

综合以上3个角度分析的数据：

（1）根据现有店铺面积预算新租金店单店年度销售额约是34万元。

（2）根据新店所在地理位置预测的月销售额平均约为45万元。

（3）根据损益平衡点预算月销售约为49万元。

为了更加客观、准确地预测销售，要将该品牌在类似地段的现有店铺客流与新店铺客流做个对比分析，以预测是否新店客流及成交率大于现有店铺。通常来说，百货商场比较讲究平效。因此在同等条件下，商场的平效会高于租金商铺。此例中还是要客观地将两店的消费群、客流、进店率及提袋率、客单价进行明细的对比分析后，再决定新店平均每平方米的业绩是否会高于现有商场店铺的同一指标。

另外，根据常规经验，新店开店初期预期销售额总是较低些，经过几个月的运行后可以将销售目标调至更高。

此处，根据以上预测分析，可以在开店初期将目标定为约40万元/月，运营3～6个月后调整到45万元左右。

值得一提的是销售预测除了依靠以上的数据分析外，个人的经验判断也非常重要。销售预测并没有绝对的正误，但肯定应该有一定的逻辑性。

有了总的销售目标，接下来的任务就是将总目标分配到月。之所以需要分配到月，是因为之后要做的采购预算是按月或者季节做的。

可以按以下方法将年度目标分配到月度目标：

（1）参照现有店铺历史销售月占比。

（2）排除现有店铺历史销售数据偶发因素。

（3）结合新一年度的节假日做调整；重点调整春节，从原1月底到2月中；11月的商场周年庆排除，预计12月将高于11月等。

（4）结合新地点的客流规律做调整。

（5）预计前半年业绩平均35万元/月，后半年业绩45万元/月；综合一年业绩为480万元/店，两家店即为960万元（假设1月份开店）。

按以上所述方法，可以预测出两家租金店的销售（表11-6）。

表11-6　新开两家租金店销售预测

月份		1月	2月	3月	4月	5月	6月	7月	8月	9月	10月	11月	12月	年度累计
2009年	成交销售额	278,856	130,972	143,085	172,550	152,156	146,738	156,927	204,312	217,680	263,855	465,768	197,203	2,530,102
	占全年销售额之比（%）	11	5	6	7	6	6	6	8	9	10	18	8	100

续表

月份		1月	2月	3月	4月	5月	6月	7月	8月	9月	10月	11月	12月	年度累计
2010年预测(2家租金店)	成交销售额	768,000	864,000	542,911	654,707	577,326	556,772	595,432	775,224	825,948	1,001,148	1,152,000	1,248,000	9,561,468
	占全年销售额之比（%）	8	9	6	7	6	6	6	8	9	10	12	13	100

将现有店铺、新开3家百货商场店及新开租金店的销售预测汇总，可得以下本品牌总年度销售预测（表11-7）。

表11-7　2010年总销售预测报告

2010年销售预测	1月	2月	3月	4月	5月	6月	7月	8月	9月	10月	11月	12月	年度预计
2家现有店铺预测	390,398	183,361	200,320	241,569	213,018	205,434	219,698	286,037	304,752	369,397	652,075	276,085	3,542,144
3家新商场店铺预测	180,184	188,980	184,910	222,988	294,948	284,448	304,197	396,051	421,965	511,473	527,310	1,109,820	4,627,274
2家租金店铺预测	768,000	864,000	542,911	654,707	577,326	556,772	595,432	775,224	825,948	1,001,148	1,152,000	1,248,000	9,561,468
汇总预测	1,338,582	1,236,341	928,142	1,119,263	1,085,292	1,046,653	1,119,327	1,457,312	1,552,665	1,882,017	2,331,385	2,633,905	17,730,886

练习3

表11-8是上述品牌截至2010年1月第一周末的2009年秋冬货品销售报表。该品牌的秋冬季自每年9月1日起，应于次年2月底结束。该品牌的标价毛利率为81.5%，与商场约定的正价扣点为成交销售额的28%。品牌如做促销活动，则价格每降低10%个点，商场可以让1%的扣点。例如，假如品牌做9折活动，即让利10%给消费者，则品牌交给商场的扣

点就从28%降到27%，依此类推。

此时其他品牌的促销折扣平均在5折左右。

请根据以上信息为该品牌制订相应的促销计划。

表11-8　某品牌秋冬季货品销售报告

大类	年份	款量	SKU量	采购数量	采购货品成本（不含税）	到货数量	到货货品成本（不含税）	到货率（%）	销售数量	成交销售额（不含税）	售罄率（%）	销售货品成本（不含税）	GP（%）
男装时尚线	2008	27	58	2,180	230,772	1,801	190,620	83	1,346	439,506	75	142,086	68
	2009	31	51	1,861	227,243	1,799	220,741	97	469	231,670	26	58,701	75
女装时尚线	2008	41	81	2,713	260,484	1,899	193,115	70	1,228	433,240	65	130,340	70
	2009	33	61	1,832	235,857	1,687	212,466	92	820	382,701	49	101,128	74
男装休闲线	2008	32	77	3,068	295,257	2,758	277,176	90	2,263	791,637	82	223,558	72
	2009	28	72	4,542	439,262	4,544	451,034	100	2,923	961,510	64	276,623	71
女装休闲线	2008	44	120	6,001	611,957	4,902	499,476	82	4,523	1,622,610	92	465,226	71
	2009	36	113	4,918	462,805	4,918	489,147	100	3,219	1,166,565	65	317,352	73
配件	2008	0	0	0	0	0	0	0	0	0	0	0	0
	2009	16	45	1,363	28,549	1,363	29,394	100	529	37,527	39	12,395	67
2008年共计	—	144	336	13,962	1,398,469	11,360	1,160,388	81	9,360	3,286,993	82	961,210	71
2009年共计	—	144	342	14,516	1,393,717	14,311	1,402,782	99	7,960	2,779,973	56	766,200	72

分析：

秋冬季自9月1日起，截至1月第一周末，已有4个月有余，但该品牌到此时的总售罄率只有56%。无论是从行业水准来说，还是与去年同期的82%相比，表现都差强人意。如再不用有效的促销手段，到季末就会留一堆库存，影响公司现金流表现。

从报表中可以看出，几乎所有产品大类的售罄率与去年同期相比都下跌很多。因为数据并不完整，我们无法片面地推测出售罄率的原因。从采购总数量而言，2009年只比2008年采购数量多了3%左右，所以肯定不是采购量的问题。原因可能有两种，一是大环境问题，经调研大多数品牌2009年的销售都比2008年下跌许多；二是可能品牌公司内部管理问题。

由于离季末还有2个月不到的时间，而且1～2月通常是折扣高峰期，各品牌都会推出大力度的促销折扣活动。而到目前为止，根据所提供的GP数据，毛利率保持良好，完全可以通过更优惠的折扣加速货品周转。

通过大类分析，可以发现休闲线普遍卖得比时尚线要好；女装卖得比男装好。为了平衡好毛利与售罄率的关系，可以针对售罄率低的产品线——时尚线和配件做低折扣促销，如4～5折促销；针对售罄率较高的产品线——休闲线做6～7折促销。

假设时尚线做4折促销，休闲线做6折促销，我们可以计算最终公司获得的毛利是多少，标价毛利率为81.5%，按正价销售时商场抽成28%，则品牌扣除商场提成后获得的最终毛利率是：81.5% −28% = 53.5%（表11−7中的GP毛利率是商场抽成前的毛利率）。

如做4折促销，让利60%，则商场抽成为28%−6%=22%，品牌扣除商场提成后获得的毛利率是［40%−（1−81.5%）］/40% − 22% = 29.25%。

如做6折促销，让利40%，则商场抽成为28%−4%=24%，品牌扣除商场提成后获得的毛利率是{［60%−（1−81.5%）］/ 60%}− 24% = 43.5%。

根据表11−6，时尚线与配件库存的总和（到货量−销售量）与休闲线的库存总和数量差不多都是3,000余件，几乎各占一半。假如时尚线与配件做4折活动，休闲线做6折活动，则最后扣除商场提成的平均毛利率约为（43.5%+29.25%）/2=36.38%。

根据表11−7，截至当时的实际毛利率为72%，与标准毛利率81.5%相比，可以推算当时的出货折扣约6.6折。推算方法如下：

标准毛利率为81.5%，则说明100元的不含税零售价成本为18.5元（此处全部为不含税价，下同）。

当毛利率为72%时，则可以推算售价为成本价18.5 /（1−0.72）= 66.07元；即原价100元的货品，实际出货价为66.07元，因此几乎等于6.6折。

6.6折时，商场的扣点应为28%−3%=25%，因此此时品牌的最后毛利率为72% − 25% =

47%。

根据表11-8，截至当时的销售数量已达7,960件，占总到货量的54%，因此可以推算，假如对库存产品分别做4折和6折促销，最终整个季节的毛利率约为47%（已销售部分毛利）×54%（已销售部分量的占比）+36.38%（库存部分预算毛利）×46%（库存量占总货量比）=42.12%。

也就是说，如果对库存货品分别做4折和6折促销，则该品牌在季末的最终毛利率为42%左右。可以向财务请教该毛利是否可以允许品牌最终保持一定的净利润。有商业背景的买手可以在了解了品牌的日常运营费用后自己计算出净利润，只要最后还是有利可图，那么买手应该尽可能加大促销力度，消化库存。

4折与6折仅仅是个方向性的指导。在实际运营中，买手要根据库存状况、销售周期、竞争品牌表现、达标情况等一系列具体情况，假设不同的促销方案，并做出对比分析，选取一种能够平衡各方利益的最佳方案。

参考文献

［1］ CUSHMAN M. L. A Practical Approach to Merchandising Mathematics [M]. Oxford: Fairchild Books, 2011.

［2］ GOWOREK, H. Fashion Buying [M]. Oxford: Blackwell Pub. Ltd, 2007.

［3］ GUTHRIE, K. M. STEELE，C. W. Perry's Department Store: a Buying Simulation for Juniors, Men's, Wear, Children's wear, and Home Fashion/Giftware [M]. Oxford: Berg, 2009.

［4］ 濮微. 服装面料与辅料 [M]. 北京: 中国纺织出版社, 1998.

［5］ 吉田美智子, 彭竹山. 服饰色彩搭配手册 [M]. 上海: 上海世界图书出版公司, 2005.

［6］ 冷芸. 中国时尚: 对话中国服装设计师 [M]. 北京: 中国纺织出版社, 2014.

［7］ MCKELVEY, K.MUNSLOW, J. Fashion Forecasting [M]. New Jersey: Wiley–Blackwell, 2008.

附录　买手专业术语中英文对照

英语	简称	中文	英语	简称	中文
Acrylic		腈纶	Daily Wear		日常装
A-line Skirt		A字裙	Dealer		经销商
Allocator		配货员	Deep Cut Square Neckline		低方领
Ball Jacket		球衣	Deep V neckline		低V领
Basic		基本款	Department Store		百货商场
Batwing Sleeve		蝙蝠袖	Dinner Jacket		男式晚宴装
Bell Sleeve		喇叭袖	Distributor		分销商
Bermuda Shorts		百慕大裤	Distributor's Buyer		分销商公司的买手
Bishop Sleeve		主教袖	Dolman Sleeve		多尔曼袖
Blazer		休闲便西服	Down Jacket		羽绒服
Blouse		衬衫	Dress Shirt		便西服衬衣
Boat Neckline		船领	Duffle Coat		带风帽的粗尼大衣
Bolero		波雷诺外套	Duster Coat		中短装风衣
Boot-cut Pants		喇叭裤	E-commerce		电子商务
Broomstick Skirt		扫帚裙	Eisenhower Jacket		艾森豪威尔夹克
Bubble Skirt		灯笼裙	Fabric Care		面料护理
Business to Business	B2B	企业对企业	Fabric Contents		面料成分
Buying Conference		订货会	Fabric Sourcing		面料开发
Camisole		吊带贴身小背心	Fabric Weight		面料重量
Cap Sleeve		盖肩袖	Fads		短线款
Capri		卡普里裤	Fashion		时尚款
Car Coat		便装短外套	Fashion Buyer		时装买手
Casual Wear		休闲装	Field Jacket		战地服
Catalogue Selling		产品目录销售	Fit		合体
Classic		经典款	Flannel		法兰绒
Cutting, Making, Trimming	CMT	服装加工	Flax		麻
Color Palette		色板	Fleece Jacket		抓手卫衣
Corduroy		灯芯绒	Flight Jacket		飞行装
Cost of Goods	COG	产品成本	Free-standing Shop		街铺
Cotton		棉	French Terry		毛圈布
Couture		高级时装	Full Skirt		伞裙
Cowl Neckline		大樽领	Gabercord		华达呢
Crepe		绉布	Girl's Fashion		少女装
Crepe de Chine		双绉	Grading		推档
Crepe Satin Plain		素绉缎	Gross Profit	GP	毛利率
Culottes		裙裤	Guay abera		轻便绣花衬衣
Customer Profile		顾客档案	Halter Neck Dress		环领裙

英语	简称	中文	英语	简称	中文
Halter Top		环领背心	Outwear		外套
Harem Pants		哈伦裤	Overalls		工装裤
Heavy Outwear		厚外套	Oxford		牛津布
Henley Shirt		半开襟T恤	Pants		裤子
Inventory		库存	Pattern Cutting		板型
Inventory Aging		库龄	Shirt		衬衫
Inventory vs. Sales Ratio		存销比	Shirtwaist Dress		衬衣裙
			Shopping Mall		销品茂
Jean		牛仔布	Silk		真丝
Jumper Skirt		连体裤	Silk Jacquard		提花绸
Khaki		卡其	Skinny Pants		窄脚裤
Kilt Jacket		苏格兰裙套装	Skirt		半身裙
Knitwear		针织物	Sleeve		袖子
Lab Dip		色卡	Slim Fit		紧身型
Lacoste		双珠地	Spec Sheet		工艺单
Lady's Wear		少淑装	Sports Wear		运动装
Lead Time		发货期	Suits		职业套装
Leather Goods		皮革品	Sundress		太阳裙
Leg of Mutton Sleeve		羊腿袖	Super Market		超市
Leggings		打底裤	Surplice Dress		包裹领裙
Logo		品牌标识	Sweatshirt		卫衣
Loose Fit		宽松板型	Taffeta		塔夫绸
Man-made Fabric		人造纤维	Tank		A字背心
Manufacturer		制造商	Tent Dress		帐篷裙
Mark Down		折让	Terry		毛巾布
Mark Up		加价	Trench Coat		风衣
Marketing		营销	Trousers		裤子
Melton		麦尔登	T-shirt		T恤
Merchandise Planning		商品计划	Turtle Neck		樽领
Merchandiser		跟单	TV Shopping		电视购物
Minimum Order Quantity	MOQ	（订货的）最低订量	Tweed		粗花呢
			Twill Weave		斜纹组织
Motorcycle Jacket		摩托车手夹克	Vest		背心
Neckline		领型	Wholesaler		批发商
Nehru Jacket		尼赫鲁装	Windbreaker		防风夹克
Norfolk Jacket		诺福克夹克	Wool		羊毛
Off-the-shoulder		露肩领	Woven Fabric		机织物
Old Women's Wear		中老年装	Young Lady's Fashion		少淑女装
One-piece		整件装			
Open-to-buy	OTB	采购预算			